はじめの一歩

THE FIRST STEP!

就業規則をつくるならこの1冊

社会保険労務士
岡田良則 [著]

自由国民社

はじめに

　昨年（平成30年）の通常国会において「働き方改革関連法」が成立し、本年4月より主要な部分が施行されました。現在、多くの企業が対応に苦慮しているところです。

　ただし、働き方の改革が求められるのは、法律が変わるからではありません。日本人の働き方に対する考え方、企業の経営環境が大きく変わってきているからです。

　少し前まで、戦後の荒廃した日本において、我が国の先輩たちは身を粉にして働いてきました。その結果、日本は経済大国にまで成長することができましたが、男女の役割意識（男が外で働き、女が家庭を守る）、仕事第一主義などの考えを作り出してきたのでしょう。

　現在、日本は大きな岐路に立たされています。経済成長はこれまでのような高水準が望めなくなり、少子高齢化による人手不足が企業の存続も危うくするまでに深刻な状態です。

　これらの問題が引き起こしたのは、長時間労働による過重労働、ワーキングプアなどという正規・非正規労働者の待遇格差などです。

　今、法律が手を打とうとしているのは、この長時間労働などの部分であり、そもそもの問題である経済や人手不足は、直ぐに解消は望めないかもしれません。だから、「働き方改革」なのです。従来の日本の働き方では、育児をしながら働く女性、定年後の高齢者、外国人、障害者など、多様な人材を使いこなすことが難しいのです。

　また、経済的な豊かさよりも、心の豊かさを求める若者たちなどにどのような働き方を提案できるかが問われています。新しい働き方・ルールを構築する上で必要になるものの1つが「就業規則」です。誰を対象とする規則なのか、どのような時間で働いてもらうのか、仕事の上で注意すべきことは何かなど、人材活用に求められるのは企業の労務管理能力です。

　本書は、「働き方改革関連法」などの最新の法令に基づき、必要度の高い諸規程まで、ベースになる「モデル規定」と会社の選択で利用する「応用規定」を紹介しています。

　最後に、本書が、皆様の労務管理に役立つことを願います。

平成31年3月

著者　岡田　良則

「働き方改革関連法」の概要

　本書は、「働き方改革関連法」への就業規則の対応を視野に編集しました。非常に重要な改正ですから、ここで、施行スケジュールと概要を確認しましょう。

改正の主な柱

- **長時間労働の是正、多様で柔軟な働き方の実現等**
- **雇用形態にかかわらない公正な待遇の確保（同一労働同一賃金）**

《 多岐にわたる改正内容を一括審議するため、次の **8つの法律** を中心に構成されています 》

【労働基準法】
【労働安全衛生法】
【労働者派遣法（労働者派遣事業の適正な運営の確保及び派遣労働者の保護等に関する法律）】
【労働契約法】
【パート労働法（短時間労働者の雇用管理の改善等に関する法律）】
【雇用対策法】
【労働時間等の設定の改善に関する特別措置法】
【じん肺法】

　段階的に施行されるため、いつから、どのような改正が行われるかをチェックしておきましょう。また、中小企業や一部業務等に猶予措置などもあります。自社が、いずれに該当するのかを本書の掲載ページなどから早引きもできるようにしてあります。中小企業に該当するかは、139ページで確認してください。

主な改正内容と施行スケジュール

施行日	改正内容	本書のページ
2019年4月1日	●時間外労働の上限規制強化 [大企業] 　限度時間の法定化と罰則による規制強化など	108ページ
	●フレックスタイム制の拡充 　清算期間を最長1ヵ月から3ヵ月に延長	68ページ
	●使用者からの年次有給休暇の時季指定義務 　年10日以上付与する者に年5日の時季指定	169ページ
	●高度プロフェッショナル制度の創設 　脱時間給制として一定業務に労働時間等の適用除外	118ページ
	●勤務間インターバルの普及促進（努力義務） 　終業から翌日始業まで一定の休息時間の確保 　[努力義務]	121ページ
	●産業医・産業保健機能の強化 　事業者から産業医への情報提供義務など	
2020年4月1日	●時間外労働の上限規制強化 [中小企業] 　限度時間の法定化と罰則による規制強化など	108ページ
	●同一労働同一賃金「パート有期労働法」 　[大企業] 　正社員と非正規労働者の不合理な待遇差の禁止強化	240ページ
	●同一労働同一賃金「派遣法」 　正社員と非正規労働者の不合理な待遇差の禁止強化	240ページ
2021年4月1日	●同一労働同一賃金「パート有期労働法」 　[中小企業] 　正社員と非正規労働者の不合理な待遇差の禁止強化	240ページ
2023年4月1日	●中小企業への割増賃金率引き上げ猶予措置廃止 　時間外労働が月60時間超の割増賃金（50％）の猶予措置廃止	139ページ
2024年4月1日	●時間外労働の上限規制強化 　[一部業務等の猶予終了] 　限度時間の規制強化について一定業務等の猶予終了	113ページ

就業規則をつくるならこの1冊

[目　次]

序　章　就業規則の基礎知識

1 統計に見る労使トラブルの現状 ……………………………………… 14
　　急増する労使のトラブル／なぜ、労使トラブルが増えるのでしょう

2 行政の厳しい指導「是正勧告」……………………………………… 16
　　突然「トラブル」発生／「是正勧告書」には素早く対応する

3 労働契約における就業規則の役割 …………………………………… 18
　　労使トラブルのタネは労働契約にあり！／労働条件を統一的・画一的に定める就業規則／合理的な不利益変更は可能

4 労働者は労働法に守られている ……………………………………… 20
　　労働法の目的は労働者保護／労働条件は労働基準法を下回ることができない／労働基準法は民法に優先する／異なる労働条件の定めには優先順位がある

5 就業規則の作成ルール ………………………………………………… 22
　　事業場ごとに全労働者について必要／必ず盛り込むべき事項が定められている

6 就業規則の作成から届出 ……………………………………………… 24
　　就業規則には別規程も含まれる／就業規則の届出には労働者の意見が必要／周知義務がある／本社で一括届も可能

　コラム 最近改正・施行された主な労働法 ………………………… 28

第1章　総則と人事

7 「総則」の定め方 ……………………………………………………… 30
　　「総則」は規則全体のまとめ役／目的には受け皿を付ける／社員の定義は明確に／あいまいな適用範囲はトラブルの原因となる！

8 「募集・選考」の定め方 ……………………………………………… 32
　　健全な労使関係は採用から始まる／採用こそ使用者に自由が許されている／募集・選考の規定は採用方法の徹底のため

9 労働契約を結ぶ際の労働条件の明示 ………………………………… 34
　　採用時に労働条件は文書で交付

10 差別禁止のルール …………………………………………………… 36
　　業務に係わりのない理由で差別はできない／国籍などを理由に差別をしてはならな

い／男女の性により差別をしてはならない

11 その他の労働契約の禁止行為 ─────────── 38
労働を強制することは最も重い処罰の対象／長期に労働者を拘束できない／
退職すると違約金を求めるなどの契約はできない

12 「採用時の提出書類」の定め方 ─────────── 40
提出書類の不提出は採用取り消しとなりうる

13 「試用期間」の定め方 ───────────────── 42
試用期間は短縮も延長もできる／試用期間中の解雇／勤続年数の通算

14 「異動」の定め方 ─────────────────── 44
人事異動は会社の自由か？／「配置転換」は会社の自由が原則／「出張」は会社が
自由に命じられる／「出向」は採用時の同意等が必要となる／「転籍」はその都度
労働者の同意が必要となる／出向では労働基準法が双方の会社に適用される

15 「休職」の定め方 ─────────────────── 48
休職とは会社が行う処分である／休職には種類を設ける／休職には期間を設ける／
休職中の給与を無給にするときは規定する／社員負担分の社会保険料は振り込ませ
る／休職期間満了までに復職できなければ退職とする／復職は会社が理由なく拒む
ことは出来ない／短期的な欠勤を繰り返す者のために通算を規定する

コラム 募集採用時の年齢制限は原則禁止！ ─────── 54

第2章　労働時間

16 労働時間の考え方 ─────────────────── 56
会社に適した労働時間を採用する／不可欠・不可分行為や、手待ち時間も含む／
「法定労働時間」「所定労働時間」「実労働時間」がある

17 法定労働時間と「所定労働時間」の定め方 ───────── 58
「週40時間まで」が労働時間の大原則／所定労働時間は変更もできる

18 労働時間の特例と間違えやすい労働時間 ─────── 60
教育時間や健康診断も労働時間になる

19 変形労働時間制の特徴とメリット ─────────── 62
毎日「所定労働時間」は同じでなくてもいい

20 「1ヵ月単位の変形労働時間制」の定め方 ──────── 64
就業規則などに規定して変形労働時間制を導入する／業務の繁閑で具体的な時間を

設定する／労働時間の限度は計算で求める／具体的な就業規則の規定例を参考に

21 「フレックスタイム制」の定め方 ……… 68
始業時刻などは労働者が自主的に決める／割増賃金の支払い／他の時間外労働規制との関係／労働時間は一定期間で清算する／フレックスタイム制の規定例

22 「1年単位の変形労働時間制」の定め方 ……… 75
1年間で最大2,085時間まで所定労働時間にできる／労使協定の締結と届出が要件となる／所定労働日数は年間280日が限度／対象期間は区分することができる／特定期間は連続して労働させることができる／対象期間に途中入社または途中退社する場合／労使協定の記載例（年間カレンダーで通知する場合）

23 「1週間単位の非定型的変形労働時間制」の定め方 ……… 81
小売や飲食店などのために短期の変形労働時間制がある

24 「事業場外労働」の定め方 ……… 83
実際の労働時間を採用しない「みなし労働時間制」とは／
出張などは所定労働時間の労働とみなすことができる

25 「専門業務型裁量労働制」の定め方 ……… 85
「裁量労働制」は成果で労働を評価するもの／定められた一定の業務のみ適用できる／健康・福祉確保措置と苦情処理措置を実施すること／実際に対象労働に従事したときのみ適用される

26 「企画業務型裁量労働制」の定め方 ……… 91
まだまだ新しいホワイトカラーの労働時間制／企画、立案、調査・分析の業務に拡大！／「労使委員会」の設置が適用の要件となる／学卒者など業務未経験者は対象とならない／労使委員会の議事録は3年間保存すること／健康および福祉の確保・苦情処理の措置が必要／記録の保存と定期報告が必要／労使委員会の決議は労使協定に代えることができる

27 「休憩時間」の定め方 ……… 99
休憩時間は一斉・自由が原則／労使協定があれば一斉に休暇を与えなくてよい／特別な責任のある業務は自由に利用させなくてよい／外出を許可制にすることもできる

28 「休日」の定め方 ……… 101
「週休2日制」でも法定休日はいずれか一方となる／
休日は毎週1日とする以外の方法もある／休日の振り替えと代休は違う

29 「時間外・休日労働」の定め方 ……… 105

残業はまったく自由に命じられるわけではない／非常の場合は事後的許可でも許される／残業は労使の合意で実施する／事業場ごと監督署へ届出が必要／36協定は免罰効果／限度時間がある／特別条項付き協定で更に延長できる／具体的にいつから始まるのか／改正後は実労働にも上限時間／適用除外がある／新たに指針も策定／就業規則の見直しポイント

30 労働時間の特例と適用除外 ……………………………… 115
小規模な商業などには「労働時間の特例」がある／
労働時間・休憩・休日の規定を適用しない者／店長は管理監督者か

31 高度プロフェッショナル制度の定め方 ……………… 118
新設された「高度プロフェッショナル制度」／委員会の決議と本人の同意が必要

コラム 勤務間インターバルを努力義務に！ ……………… 121

32 公民権の行使 ……………………………………………… 124
公のために労働を免除する／社員が裁判員となったら会社は出勤を強制できない

第3章　賃　金

33 賃金とは ………………………………………………… 126
労働基準法では交通費も賃金となる／「ノーワーク・ノーペイの原則」

34 賃金の支払い5原則 …………………………………… 128
賃金の支払い方には5つのルールがある／現金払いが原則、口座振込みが例外／
本人以外には親であっても支払ってはならない／勝手に積立金などを控除することはできない／年俸制であっても分割して毎月1回は支払うこと／
給料日は決まった日でなければならない

35 強制的な天引き等の禁止 ……………………………… 134
多額の金銭を貸し付けて賃金から勝手に控除してはならない／
社内預金等は一定のルールのもとで行うこと

36 割増賃金の計算と支払い ……………………………… 136
残業代は割り増しで支払う／割増賃金の計算に家族手当などは含めない／
長時間労働には高い割増率／限度時間を超える残業は25％を超える割増賃金率に（努力義務）／月60時間を超える残業は50％の割増賃金率に（中小企業猶予）
／就業規則の規定例／割増賃金率の引き上げに代えて代替休暇を付与できる／
具体的な割増賃金の計算例／出来高制の割増賃金の計算は異なる／具体例で確認！

37 平均賃金とは …………………………………………… 146

労働者の平均的な賃金を用いることがある／計算方法は法律で決まっている／算定する事由により起算日がある／時給者などは最低保障の計算がある

38 「賃金体系」「支払形態」の定め方 …… 148
賃金は就業規則と別に定める／賃金はいくつかの要素を組み合わせて支払う／時給や日給も労働形態などで使い分ける

39 賃金の支払い方法の定め方 …… 150
働かなかった時間の賃金は支払わなくてよい／支払方法等

40 「昇給・降給」の定め方 …… 152
昇給は必ず規定しなければならない／降給の実施は賃金規程に明記されていることが条件となる

41 「賞与」の定め方 …… 154
賞与は支給しない場合も明記する／評価して賞与を支給する

42 「退職金」の定め方 …… 156
退職金の目的／「退職金規程」を別に設ける／懲戒解雇など支払わないケースを明確に

コラム「年俸制」は降給自由？ …… 158

第4章　休暇と服務規律

43 「年次有給休暇」の定め方 …… 160
有給休暇は必ず与えなければならない法定休暇／前年に欠勤が多かった者には与えなくてよい／有給休暇の日数は勤続により増やしていく／休暇の権利は2年経つと時効で消滅する／有給休暇は計画的に与えることもできる／休暇取得日の賃金は3通りの支払い方がある／休暇の取得日は変更を求めることができる／有給休暇の使用単位は／労使協定で定める事項／時間単位の年次有給休暇の賃金／計画年休を時間単位で与えることはできない／どのように時季指定するか／管理簿の作成と保存も必要

44 「特別休暇」の定め方 …… 172
特別休暇は使用者の任意で定める／慶弔休暇は事由ごとに定める／長期勤続の功労を讃えるリフレッシュ休暇

45 「服務規律」の定め方 …… 174
「服務規律」で職場のルールを示す／重要な服務規律は独立条文で詳細に

46 「二重就業禁止」の定め方 …… 176
「二重就業禁止」で社員の副業を禁止する／「競業避止義務」で企業の営業秘密を守る

47 「守秘義務」と「個人情報保護」の定め方 ………………… 178
　　退職後まで「守秘義務」を守らせる／個人情報保護についても規定に追加する

48 「出退勤」や「欠勤」の定め方 ………………………………… 180
　　出退勤の時刻を確認すること／欠勤、遅刻などは手続きを守らせる

49 「セクハラ」の定め方 …………………………………………… 182
　　社員の行ったセクハラには会社も責任を負う

50 「インターネット利用」の定め方 ……………………………… 184
　　インターネットはルールを定めて利用させる／電子メールの私的利用は禁止する／
　　利用方法は別規程を作成する

コラム パワハラの予防・解決に向けて ……………………………… 186

第5章　退職・解雇・制裁・表彰、他

51 「自己都合退職」の定め方 ……………………………………… 188
　　「解雇」以外の労働契約の終了を「退職」という／
　　労働者は原則2週間前までに自己都合退職を申し出る

52 「定年」の定め方 ………………………………………………… 190
　　定年は解雇ではなく退職／65歳までの希望者全員の雇用が原則／
　　対象高年齢者に基準を設ける場合

53 「その他の退職」に関する定め方 ……………………………… 194
　　退職の事項はすべて規定する／貸付金等の返還と退職時の証明

54 「解雇」の定め方 ………………………………………………… 196
　　解雇にも、いろいろある

55 解雇権の濫用とは ………………………………………………… 198
　　解雇には合理的な理由が必要

56 解雇制限等のルール ……………………………………………… 200
　　解雇してはならない場合／妊産婦の解雇は原則できなくなった

57 解雇の手続き ……………………………………………………… 202
　　即時解雇は30日分の賃金相当額を支払う／
　　2ヵ月以内の有期雇用などは解雇予告がいらない

58 「安全衛生」の定め方 …………………………………………… 204
　　労働者を使用すれば「安全配慮義務」を負う／健康診断は必ず実施する

59 「災害補償」の定め方 …………………………………………… 206

災害補償義務は労災保険で補われる／療養が長期になるときは打切補償で解雇できる

60 「制裁」の定め方 ... 208
制裁は種類と対象となる行為を定める／制裁は軽い罰から検討する／
管理職の責任も問うことができる

61 「表彰」の定め方 ... 212
表彰は社員の志気を高める

第6章　女性と年少者、育児・介護・パート

62 年少者の就業制限と労働時間 ... 214
18歳未満の年少者には就業制限がある／年少者の労働時間は大人と異なる

63 女性の労働と母性保護の概要 ... 216
女性には母性を保護するための特別のルールがある

64 「産前産後休業」の定め方 ... 218
産前は直前まで、産後は6週間後から本人の希望で勤務も可／
産前産後休業は母性保護の基本ルール

65 均等法の母性保護規定 ... 220
均等法は差別禁止だけではない／妊産婦の母体を保護する／
妊産を理由とした解雇は禁止

66 「育児・介護休業」の定め方 ... 222
育児や介護を退職の理由にしないために／育児・介護休業は別規程で定める／
育児休業／介護休業／時間外労働の制限／所定外労働の免除／深夜業の制限
／事業の正常な運営を妨げる場合は拒否できる／子の看護休暇／介護休暇／
短時間勤務制度（育児）／始業・終業時刻変更等の措置（育児）／
短時間勤務等（介護）／マタハラ防止措置／実効性の確保

67 パートタイマーの意義と「パート労働法」 ... 232
正社員とパートタイマーの区別とは／パートタイマーの役割の変化とパート労働法
／「正社員と同視すべき」パートタイマーの均衡待遇／労働条件通知書を発行しな
いと10万円までの過料／正社員への転換を推進／パートタイマーからの苦情に対応

68 有期労働契約の終了・雇い止め ... 236
パートタイマーには雇用調整の役割がある／期間を定めない労働契約とみなされる
ことがある／有期労働契約の締結・更新および雇い止めのルール／
5年超えたら無期労働契約に転換

69 「同一労働同一賃金」のルール ……………………………… **240**
不合理な格差をなくすために／パート・有期労働法へ整理／どう「不合理」を判断するのか／規定作成の注意点！

70 パートタイマー就業規則の具体的な定め方 ……………… **243**
パートタイマーの就業規則は非正社員の基本／パートタイマーの事情に配慮して作成する／パートタイマーにも年次有給休暇は必要／社会保険の適用／健康診断／契約期間の更新に上限を定めるか

巻 末 モデル規程集

就業規則（正社員） ……………………………………………………… **248**
賃金規程 …………………………………………………………………… **260**
退職金規程 ………………………………………………………………… **265**
育児・介護休業規程 ……………………………………………………… **267**
パートタイマー就業規則 ………………………………………………… **278**
［さくいん］ ……………………………………………………………… **287**

［本書に使用した法令、通達等の正式名称］

【法令等】	安衛法、安全衛生法	→ 労働安全衛生法
	安衛則	→ 労働安全衛生規則
	育介法、育児・介護休業法	→ 育児休業、介護休業等育児又は家族介護を行う労働者の福祉に関する法律
	均等法、男女雇用機会均等法	→ 雇用の分野における男女の均等な機会及び待遇の確保等に関する法律
	契約法	→ 労働契約法
	高年法	→ 高年齢者等の雇用の安定等に関する法律
	個人情報保護法	→ 個人情報の保護に関する法律
	雇用対策法	→ 雇用対策法
	最低賃金法	→ 最低賃金法
	障害者雇用促進法	→ 障害者の雇用の促進等に関する法律
	パート・有期法、パート・有期労働法	→ 短時間労働者及び有期雇用労働者の雇用管理の改善等に関する法律
	民法	→ 民法
	労基法	→ 労働基準法
	労基則	→ 労働基準法施行規則
	労組法	→ 労働組合法
【通達等】	基発 → （厚生）労働省労働基準局長から各都道府県労働局長宛の通達
	発基 → （厚生）労働省事務次官から各都道府県労働局長宛の通達
	基収 → 各都道府県労働局長からの法令の解釈に関する疑義についての問い合わせに対する（厚生）労働省労働基準局長による回答

序◆章

就業規則の基礎知識

1 統計に見る労使トラブルの現状

急増する労使のトラブル

近年、労使のトラブルが非常に増えています。図表は、厚生労働省が公表した「個別労働紛争解決制度」を利用した相談件数です。中でも民事上の個別労働紛争は、増加傾向にあることが分かります。

トラブルの内容としては、「いじめ・嫌がらせ」「解雇」「その他の労働条件」が最も多くなっています。

「個別労働紛争解決制度」とは、平成14年に施行された「個別労働関係紛争の解決の促進に関する法律」に基づき、総合労働相談コーナーにおける相談、労働局長の助言・指導、紛争調整委員会による「あっせん」などを行うものです。

なぜ、労使トラブルが増えるのでしょう

このようなトラブルが増加している理由として、次のようなものがあげられます。

①長期的な不況から企業の体力が弱まり労働条件が悪化したこと　②終身雇用という強い労使関係が消滅し、これまでのような「働かせてやっているんだ」といった家族的または師弟関係のような使用者の言い分は通じなくなった　③恵まれた家庭環境で個性を尊重されて育った若者達の労働に対する意識が変化した　④過労死までの事件から、特に長時間労働に対し行政の指導が厳しくなってきた…などがあります。

これが現在の状況である以上、このような時代に適した労務管理を行わなければなりません。

法律上、みなし労働時間という合法的な処理方法もあります。工夫することで、このような問題は解決できるかもしれません。

本書では、これら様々な課題への解決方法を詳しく解説していきます。

序章 就業規則の基礎知識

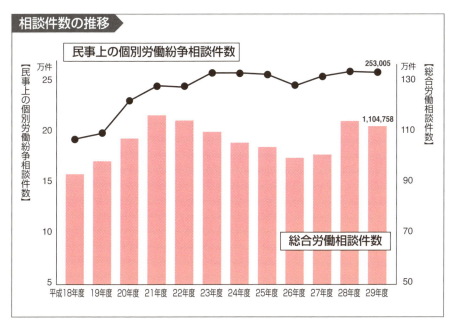

相談件数の推移

民事上の個別労働紛争相談内容の内訳／（平成29年度）

2 行政の厳しい指導「是正勧告」

突然「トラブル」発生

　ある日1通の書類が届き…、突然、労使トラブルがはじまります。

　多くの場合は、労働基準監督署へ労働者からの訴えがあり、「来署通知書」（労基法104の2）などで出頭が求められたり、「臨検」（労基法101）という労働基準監督官の立ち入り調査が実施されたりします。この労働基準監督官は、法律により「事業場などに立ち入ること」「書類の提出を求めること」「使用者や労働者に対して尋問を行うこと」などの権限がありますから、むやみに拒否することはできません。

　そして、このような場合、就業規則が「作成されているか」「届出はあるか」「どのような内容になっているか」と、書類上の問題まで確認され、会社の日頃の順法意識が問われるのです。

　たいていは、会社で法律をよく理解していなかったことが原因となって、改善が求められることになります。意地を張らずに前向きな対応をしていただきたいところです。

「是正勧告書」には素早く対応する

　労働基準監督官が臨検などを行って、法律違反があったと判断したときは、その違反事項の改善を求める**是正勧告書**という書類が交付されます。事業主には、受領の確認としてサインと押印が求められます。

　この是正勧告書には、是正期日が記されていて、この期日までに是正を完了する必要があります。つまり「残業代の未払い」であれば、期日までに労働者に支払いを済ませ、その振込書のコピーなどを添付し**是正報告書**により完了した旨を報告しなければなりません。

　法律的には、この是正を行わなかったからといって、直ちに罰則の適用ということにはなりませんが、労働基準監督官は刑事訴訟法に規定する司法警察官という権限をもっていますから、悪質な場合は送検されることがあります。

是正勧告書の交付の際、「是正報告書」の用紙も渡されます。指摘事項の是正が完了したら、この報告書を提出することになります。

書き方としては、勧告書にならって「法第○条」と記載した後、是正した事実を記載していきます。

是正勧告書（例）

是 正 勧 告 書

平成○年○月○日

株式会社　○○○○
代表取締役　○○　○○　殿

○○労働基準監督署
労働基準監督官　○○　○○　㊞

　貴事業場における下記労働基準法、労働安全衛生法_____違反及び自動車運転者の労働時間等の改善のための基準違反については、それぞれ所定期日までに是正の上、遅滞なく報告するよう勧告します。
　また、「法条項等」欄に□印を付した事項については、同種違反の繰り返しを防止するための点検責任者を事項ごとに指名し、確実に点検補修を行うよう措置し、当該措置を行った場合にはその旨を報告してください。

法条項等	違 反 事 項	是正期日
労基法第37条	労働者○○××に対する時間外・休日労働割増賃金を平成16年7月30日以降支払っていなかったこと。（右期日までに支払うこと。）	H○.10.5
	不払額　520,177円	
受領年月日 受領者氏名	平成○○年○月○日 ○○　○○	（　）枚のうち （　）枚目

是正報告書（例）

是 正 報 告 書

平成○年○月○日

○○ 労働基準監督署長　殿

事業場の名称　株式会社　○○○○
所　在　地　東京都千代田区○○○○
使用者職氏名　代表取締役　○○　○○　㊞

　平成○年○月○日○○△△労働基準監督官より指摘をうけた労働基準法、労働安全衛生法等違反及び指導事項について下記のとおり是正したので報告します。

記

違反の法条項 指 導 事 項	是 正 内 容	是正完了 年 月 日
労基法第37条	労働者○○○○に対する時間外・休日労働割増賃金を指導事項に従い右記期日に振込により支払った。	H○.9.30
	振込額　487,857円。	
	（520,177円より源泉所得税32,320円を控除）	

3 労働契約における就業規則の役割

労使トラブルのタネは労働契約にあり！

　少し前までの労使関係では、終身雇用があたりまえで、極端に言えば労働者は使用者に自らの人生を委ねていました。しかし、このような封建的あるいは師弟のような関係では、使用者の善意だけが頼りであって、労働者は使用者の顔色を伺うように暮らすことにもなりかねません。

　労働者と使用者の間にあるのは、あくまでも対等な立場で、合意に基づき締結される**「労働契約」**です（契約法3Ⅰ）。

　労働契約は、労働者が使用者のもとで働くこととし、使用者がこれに賃金を支払うこととし、これらを両者が合意することで成立します（契約法6）。

　その際、何時から何時まで働いてもらうのか、休日はいつなのか、賃金はいくらなのかといった労働条件も決定されます。

労働条件を統一的・画一的に定める就業規則

　会社は、労働者と十分に協議して納得のいく内容の労働契約を締結することが望ましいわけです。しかし実際には、始業時刻、有給休暇…など、労働者1人ひとりと異なった労働条件の契約を締結することは、会社に膨大な負担となり、正常な業務を妨げることになってしまうでしょう。

　そこで、社員全員を「まとめて」「そろった条件で」運営するためには、使用者が労働条件のパターンを定めることが必要となります。

　判例では、この「使用者が労働条件や職場の秩序に関して統一的かつ画一的に定めたルール」が「就業規則」だとしています〈秋北バス事件：最高裁判決/昭和43.12.25〉。

合理的な不利益変更は可能

　就業規則に定められた事項は、個々の労働者にとって、契約の際に約束された労働条件、つまり「労働契約」の内容となります。

　しかし、会社の経営環境は時とともに変化しており、一旦定められた就業規則の内容も、しばしば変更が求められることになります。

　この変更のうち、契約締結時に約束された労働条件が、その後の変更によって低下する場合を「**不利益変更**」といいます。

　もちろん、労働者1人ひとりの同意があれば不利益変更も可能ですが、労働者が十数人の小規模な会社でなければ、個々の労働者の同意を得ることは困難です。そこで、会社が一方的に労働者に不利益な就業規則の変更ができるのかが問題となってきます。

　原則として、使用者が労働者の合意なく不利益変更をすることはできないとされていますが、次のような事項について合理的な場合は、新たな就業規則により労働条件が変更されることが認められています（契約法9、10）。

就業規則の不利益変更の可否の判断ポイント

① 労働者の受ける不利益の程度
② 労働条件変更の必要性
③ 変更後の就業規則の内容の相当性
④ 労働組合などとの交渉の状況
⑤ その他の就業規則の変更の事情

　判例でも、原則として個々の労働者の同意が必要としつつも、多くの労働者を集合的に処理するという就業規則の特殊性から、その不利益変更が「合理的なもの」である限り「個々の労働者において、これに同意しないことを理由として、その適用を拒否することは許されない」と示して、個々の労働者の同意がなくても不利益変更が認められるとしています〈前掲、秋北バス事件：最高裁判決〉。

　結局、このような不利益変更に対して労働者が拒否しようとする場合は、団体交渉等の正当な手段によって対応するしかないわけです。

4 労働者は労働法に守られている

労働法の目的は労働者保護

　使用者と労働者は、本来は対等な立場であり、他の法律に反したり公序良俗に反しない限り、誰とどのような契約を結ぶかはすべて自由であるのが原則です（これを**契約自由の原則**といいます）。

　ところが労働者は、自分の労働力を提供した対価としての「賃金」のみで生活しているため、経済的には使用者より弱い立場にあり、たとえ不利益な条件であっても、自己の生活を守るためには、使用者とその不利益な労働契約を結ばざるを得ないこともあります。

　そのため、まったく自由な契約を許せば、労働者の権利や自由は使用者によって一方的に侵害される恐れも生じてしまいます。

　労働基準法などの労働諸法令は、このような弱い立場にある労働者を保護するため、「契約自由の原則」を修正した法律といえます。

労働条件は労働基準法を下回ることができない

　「**労働基準法**」は、労働条件の最低基準を定めた法律で（労基法１Ⅱ）、労働基準法で定める基準に達しない労働条件を定める労働契約は、その部分については無効となって、無効となった部分は労働基準法で定める基準によることになります（労基法13）。

　例えば、6ヵ月継続勤務し、80％以上の出勤率を満たした労働者に対して、使用者が就業規則で年次有給休暇の付与日数を8日と定めたような場合、労働基準法が定めている10日を下回るため、（仮に労働者が同意したとしても）その就業規則の規定の効力は認められず、労働基準法にしたがって「10日」与えたものとなるのです。

労働基準法は民法に優先する

　労働基準法は、労働条件の基準に関して、「民法」よりも、より具体的に定めています。その具体的な部分については民法に優先して適用されるため、労働基準法に定めがない場合のみ民法の規定によるという形をとっているわけです。

　例えば、民法では労使ともに「雇用は、解約の申入れの日から2週間を経過することによって終了する」ことになっていますが、労働基準法では使用者にのみ「労働者を解雇しようとする場合においては、少なくとも30日前にその予告をしなければならない」と義務を課しています。

　このように、労働基準法は、私法上の一般法である民法に対する特別法としての地位にあります。

異なる労働条件の定めには優先順位がある

　労働条件を定める方法としては、就業規則の他に、前に説明した「労働契約」や、労働基準法等の労働諸法令、さらに、労働組合のある事業場では「**労働協約**」（労働組合と使用者の間で結ばれる労働条件その他に関する協定（労組法14））があります。

　それぞれの効力の序列を示すと次のようになります（労基法13、93、労組法16）。

法令と他の規範の優先関係

① **法　　令**
　↑　法令の基準に達しない労働条件はその基準による。
② **労働協約**
　↑　労働協約の定めに反することはできない。
③ **就業規則**
　↑　就業規則の水準に達しない労働条件はその水準となる。
④ **労働契約**

序章　就業規則の基礎知識

5 就業規則の作成ルール

事業場ごとに全労働者について必要

　就業規則は、法律により常時10人以上の労働者を使用する使用者について、作成と届出の義務が課されています（労基法89）。

　「労働基準法」の運用は事業場単位ですから、「10人以上」かどうかは、「**事業場**」ごとに判断され、支店、工場など複数の事業場を所有する使用者は、各事業場ごとに、所轄の労働基準監督署への届出が必要となります。

　また、就業規則は、その事業場の全ての労働者について適用されるので、パートタイマーなど異なる労働条件で働く労働者については、一般の労働者と区別した就業規則の作成・届出が必要です。

　なお、「事業場」と認められるかどうかは次の基準で判断されます（昭和22.9.13発基17号）。

事業場の判断基準

① 名称や経営主体などにかかわりなく、相関連して一体をなす労働の態様によって判断される。

② 工場、事務所、店舗など、一定の場所において相関連する組織のもとに事業として継続して行われる作業の一体をいう。

③ a) 同じ場所にあるものは原則として分割することなく1個の事業とし、分散しているものは原則として別個の事業とする。

　　b) 同一の場所にあっても、著しく労働の態様を異にする部門は、従事する労働者、労務管理等が明確に区別され、かつ、主たる部門と切り離して適用することで法が適切に運用できる場合は、その部門を1つの事業とする。

　　c) 場所的に分散しているものであっても、出張所、支所等で規模が著しく小さく、組織的関連ないし事務能力等を勘案して、1つの事業という程度の独立性がない場合、直近上位の機構と一括して1つの事業として取り扱う。

必ず盛り込むべき事項が定められている

就業規則には、何でも好きに規定したりしなかったりできるわけではなく、**絶対的記載事項**と**相対的記載事項**を盛り込むことが必要になります（労基法89）。

絶対的記載事項とは、必ず記載しなければならない事項であり、相対的記載事項とは、定めるのであれば記載しなければならない事項です。絶対的・相対的記載事項の一部を欠く就業規則は、他の部分の効力はあるものの、使用者が法律上の責任を履行したことにはなりません（昭和25.2.20基収276号）。

その他にも任意的記載事項として、「目的」「制度の趣旨」「適用範囲」などを定めることができます。

任意的記載事項の内容は、全て使用者の自由とされており、公序良俗、法令に反するものでなければ何を記載してもかまいません。

就業規則の記載事項

絶対的記載事項	始業および終業の時刻、休憩時間、休日、休暇ならびに労働者を2組以上に分けて交替に就業させる場合においては就業時転換に関する事項
	賃金（臨時の賃金等を除く）の決定、計算および支払の方法、賃金の締切りおよび支払の時期ならびに昇給に関する事項
	退職に関する事項（解雇の事由を含む）
相対的記載事項	退職手当の適用される労働者の範囲、退職手当の決定、計算および支払の方法ならびに退職手当の支払の時期に関する事項
	臨時の賃金等（退職手当を除く）および最低賃金額に関する事項
	労働者に食費、作業用品その他を負担させる場合に関する事項
	安全および衛生に関する事項
	職業訓練に関する事項
	災害補償および業務外の傷病扶助に関する事項
	表彰および制裁の種類・程度に関する事項
	前各号のほか、事業場の労働者の全てに適用される定めに関する事項

6 就業規則の作成から届出

就業規則には別規程も含まれる

　就業規則は、何もかも含めて作成してしまうと、条文数も膨大となり、かえって分かりづらくなってしまう恐れがあります。これを避けるため、「賃金規程」や「退職金規程」など、別規程を設けることが認められています。

　別規程を設ける場合、各規程の存在を示し、つながりを分かり易くするため、就業規則に委任規定（例えば「賃金については、別に定める「賃金規程」による」という定め）を設けます。

　さらに、パートタイマーなど、労働条件が異なるグループの労働者については、別の就業規則を設ける場合があります。この場合は、本則に適用の除外規定（例えば「パートタイマー、アルバイト、契約社員については、本則は適用しない。」という定め）と委任規定（例えば「これらの社員については別に定める。」という定め）を設けます。

　そして、別規程を含む、これら全てが一体となって事業場の「就業規則」となります。

就業規則の届出には労働者の意見が必要

　就業規則は、「就業規則（変更）届」と「意見書」（26、27ページ参照）を添付して、所轄労働基準監督署長へ届け出なければなりません。

　意見書とは、就業規則の内容について労働者の意見の記入を求めたもので、事業場の「労働者を代表する者」に記入してもらいます。

　「労働者を代表する者」とは、事業場に労働者の過半数で組織する労働組合がある場合はその労働組合、ない場合は労働者の過半数を代表する者です（労基法90）。

　この意見聴取は、就業規則の作成に労働者を参加させる趣旨ですが、たとえ「全面的に反対」との意見があっても、届出をすることはできます。

　また、代表者の選任については、管理監督者ではないこと、民主的な投票、

挙手などの方法によることが必要です（労基則6の2）。

更に、使用者は、労働者を代表する者であること、もしくは労働者の代表になろうとしたこと、または代表者として正当な行為をしたことを理由に、その労働者に対して不利益な取り扱いをしてはいけません。

これら提出書類は、2部ずつ作成し、1部は受理印を押して会社の控えとして戻されます。後日、助成金の申請の際など受理印が必要なこともありますので、控えは紛失しないよう保管して下さい。

周知義務がある

就業規則は、常時各作業場の見やすい場所に掲示し、または備え付ける等の方法により、労働者に周知させなければなりません（労基法106）。「総務部の棚にある」ということではいけません。

「作業場」とは、業務の行われている個々の現場をいい、主として建物別等によって判断されます（昭和23.4.5 基発535号）。

就業規則は、労働者に周知されることによって職場のルールとしての「効力が生じる」という考え方が多数です。周知方法が曖昧なために就業規則としての効力が争われた判例もありますから、事業場の全労働者に周知されるよう公正な取り扱いに配慮して下さい。

本社で一括届も可能

支社や営業所でも同一内容の就業規則を適用している場合に、次の要件のもとに、本社が一括して本社所轄の労働基準監督署に届出ることができます。

①事業場の数に対応した部数の就業規則を提出すること。
②本社と各事業場の就業規則が同一の内容である旨が付記されていること（付表を添付する）。
③事業場ごとの就業規則にそれぞれ過半数労働組合（ない場合は労働者の過半数代表者）の意見を記した書面の正本が添付されていること。

就業規則(変更)届

就 業 規 則 (変 更) 届

○○ ○○ 労働基準監督署長殿

平成　年　月　日

　今回、別添のとおり当社の就業規則を制定(変更)いたしましたので、従業員代表の意見書を添付の上お届けします。

事業場の所在地　渋谷区恵比寿○-○-○

電　話　番　号　０３（○○○○）○○○○

企 業 の 名 称　株式会社　○○○○

事 業 場 の 名 称　本社

使用者の職氏名　代表取締役　○○ ○○　㊞

労働保険番号	府県	所掌	管轄	基幹番号	枝番号	被一括事業場番号
	1 2	3	4 5	1 2 0 0 0 0 0 0 0		

業　種	○○○○	労働者数	２５人 (企業全体:約７０人)

意見書

意　見　書

株式会社　〇〇〇〇
代表取締役　〇〇　〇〇　殿

平成　年　月　日

　平成　年　月　日付をもって意見を求められた就業規則案について、下記のとおり意見を提出します。

記

第〇条第2項の特別休暇については、5日とされたい。

その他については、特に異議ありません。

従業員代表　〇〇　〇〇　㊞

（選出の方法　投票　　　　　）

序章　就業規則の基礎知識

最近改正・施行された主な労働法

◆**育児介護休業法**［一部を除き平成22年6月30日より］
（中小企業は下線について平成24年7月1日より実施）
①子育て期間中の働き方の見直しとして「<u>短時間勤務制度・所定外労働の免除の義務化</u>」「子の看護休暇の拡充」、
②父親の育児休業の取得促進として「パパ・ママ育休プラス」「産後8週間以内の父親の育児休業取得の促進」等、
③<u>介護休暇の創設</u>など。　　　　　　　　　　　⇒ **222** ページ参照

◆**高年齢者雇用安定法**［①平成23年4月より］［②平成25年4月より］
①労使協議が整わない場合に就業規則で対象者の選定基準を定める猶予措置が終了し、中小企業も労使協定が必要に。
②選定基準の設定を認めず、希望者全員の65歳までの雇用を義務化。
　　　　　　　　　　　　　　　　　　　　　　⇒ **190** ページ参照

◆**労働契約法**［一部を除き平成25年4月より］
有期労働契約が5年を超えて反復更新された場合には、労働者の申し出により無期契約に転換させる仕組みが導入されます。
　　　　　　　　　　　　　　　　　　　　　　⇒ **236** ページ参照

◆**パート労働法**［平成27年4月より］
正社員と同視すべきパートタイマーの範囲が拡大されます。
また、雇い入れ時の説明義務や過料・企業名公表制度が創設されます。
　　　　　　　　　　　　　　　　　　　　　　⇒ **233** ページ参照

◆**育児介護休業法**［平成29年1月、平成29年10月より］
育児介護休業の対象となる有期契約労働者の要件緩和、介護休業の分割取得、介護の所定労働時間の免除措置を新設など（1月より）。
育児休業を最長2歳まで延長可能に（10月より）。　⇒ **222** ページ参照

◆**働き方改革関連法**［平成31年4月より段階的に施行］
時間外労働の上限規制、年次有給休暇の使用者側からの時季指定、「同一労働同一賃金」の規制の見直しなど。　⇒ **3** ページ参照

第 1 章
総則と人事

7 「総則」の定め方

「総則」は規則全体のまとめ役

就業規則の規定は、一般的に「第1章 総則」として、［目的］［定義］［遵守義務］など、規則の全体に共通する事項を定めることから始めます。会社によっては、総則の前に「前文」を設け、制定の趣旨などを定める場合もあります。このような規定は、法律で絶対必要と決められているものではなく、以下で説明するように就業規則をまとめていく上でのテクニックにかかわる部分です。

目的を示す

［目的］の規定は、法律的には、任意の部分です。

一般的には、○○会社の定める就業規則であることを記せば足りますが、社員に対して就業ルールが定められている旨を示しましょう。

モデル規定

（目　的）
第1条　この規則は、○○○○株式会社（以下「会社」という）の社員の服務と労働条件、その他就業に関する事項を定めたものである。

社員の定義は明確に

就業規則に規定される当事者として、「社員」を明確に定義することが必要です。口約束で、入社について曖昧な約束がなされるなどのトラブルがないように、会社として「社員」の身分を与える基準を定めておきます。

また、「一般職」と「総合職」など、正社員でありながら、役割の異なる労働者がいて、就業規則のなかで呼び分ける場合は、誤解や恣意的な判断がされないよう、ここで、会社の定める基準を定義することもあります。

> **モデル規定**
>
> （社員の定義）
> 第2条　この規則において社員とは、第7条に定める手続きを経て会社に採用された者であって、雇用期間の定めがなく、職務変更および勤務地変更があり、会社の中核を担う者（いわゆる「正社員」）をいう。

あいまいな適用範囲はトラブルの原因となる！

　労働基準法では、事業場に使用される者で、賃金を支払われる者は、法人の役員などを除き、全て「労働者」としているので（労基法9）、パートタイマーやアルバイトなど、異なる雇用形態、労働条件の者も、法の適用としては「労働者」であることに変わりはありません。

　そのため、就業規則の適用範囲を、単に「社員」としただけでは、全ての労働者が適用対象となってしまいます。会社が、一般社員とパートタイマーを区分し、それぞれに別の就業規則を適用する場合は、どの就業規則によって労働させるのかを明確にしなければなりません。

　この点、適用される労働者の範囲が不明確であったため、会社が支払う意思のなかった退職金の支払いが命じられた判例もあります〈清風会事件：東京地裁判決／昭和62.8.28〉。

> **モデル規定**
>
> （適用範囲）
> 第3条　この規則は、前条に定める社員に適用する。ただし、期間を定めて雇用する次の者についてはこの規則を適用せず、別に定める規則を適用する。
> ①パートタイマー
> ②契約社員（無期転換した者を含む）

8 「募集・選考」の定め方

健全な労使関係は採用から始まる

　どのような人材を採用するかは、会社の発展を大きく左右する問題です。優秀な社員を得ることは、会社にとって最大の好機といえるでしょう。

　ところで、労使の関係において、辞めさせるときにはいろいろ不満を聞きますが、なぜその人物を採用したのかを振り返って反省する言葉はあまり聞きません。「雇ってみなければ分からない」ということも理解できますが、是非、慎重な選考を願うところです。

　我が国の労使関係においては、解雇が厳しく制限されていることから、採用時に人材を見極めることが、唯一、最大のトラブル防止策となるのです。

採用こそ使用者に自由が許されている

　会社が誰と労働契約を結ぶのかは、「契約自由の原則」により、自由に決定することができます。一度採用を決定すれば、特定の社員に差別的な扱いをすることは男女雇用機会均等法などでも禁止されていますが、採用に当たっては広く自由が認められています。

　判例でも、特定の思想・信条をもっている人について、そのことを理由に雇い入れを拒んだとしても、それを当然に違法とはいえないとしています〈三菱樹脂事件：最高裁判決／昭和48.12.12〉。

　ただし、近年は、労働者保護や政策的な問題から、次のように、徐々に募集・採用に関する法律の規制が増えてきました。

労働者の募集・採用に関する規制

① 最低年齢を下回る労働者を使用してはならない（労基法）

② 一定の割合で障害者を雇用しなければならない（障害者雇用促進法）

③ 募集・採用、配置、昇進に関し、性別にかかわりなく均等な機会を与えられなければならない（男女雇用機会均等法）

ただし、すでに生じている男女労働者間の格差を解消するために企業が行う積極的取組（「ポジティブ・アクション」といいます）により、女性採用を拡大するなどの差別は認められます。

④ 募集・採用について、その年齢にかかわりなく均等な機会を与えなければならない（雇用対策法）

ただし「長期勤続によるキャリア形成を図る場合」など例外的に年齢制限が認められることもあります。

⑤ 労働者の募集および採用の際の年齢制限理由の提示（高年法）

募集・選考の規定は採用方法の徹底のため

　就業規則への規定としては、会社が一定の基準で選考し、条件を満たした者のみ社員として採用することを定めます。

　募集段階では、応募者は未だ社員でないため、就業規則や労働基準法で規制することはできません。したがって、「募集・選考」の規定は、社内に対し、採用方法の徹底を示すものということになります。

モデル規定

（採用選考）
第5条　会社は、入社希望者のうちから選考して社員を採用する。
　2．　入社希望者は、次の書類を事前に会社宛に提出しなければならない。
　　　ただし、会社が指示した場合は、その一部を省略することができる。
　　　①自筆による履歴書（3ヵ月以内の写真貼付）
　　　②中途採用者は、職務経歴書
　　　③新規卒業者は、最終学校卒業（見込）証明書、成績証明書
　　　④その他、会社が提出を求めた書類

9 労働契約を結ぶ際の労働条件の明示

採用時に労働条件は文書で交付

　労働契約は、本来使用者と労働者の合意のみで成立しますが、単に口頭による「合意」のみでは、その労働契約の成立や内容について後日トラブルが生じかねません。

　そこで、「労働基準法」では、後々のトラブルを防止するために、労働条件のうち一定の事項については契約締結時に明示すること、そして特に重要な事項については、書面で交付することを定めています（労基法15）。

　この場合の書面とは、厚生労働省の作成した「**労働条件通知書**」のモデル（右ページ参照）を用いても結構ですし、賃金や就業場所など各人によって異なる労働条件を除き、就業規則の交付でもかまいません。労働条件のうち明示すべき事項、書面交付事項は次のとおりです。

明示すべき労働条件

文書による明示事項	口頭でも可能な明示事項
①労働契約の期間に関する事項 ②就業場所、従事すべき業務 ③始業・終業時刻、所定労働時間を超える労働の有無、休憩時間、休日、休暇、就業時転換に関する事項 ④賃金の決定、計算および支払の時期に関する事項 ⑤退職に関する事項（解雇の事由を含む）	昇給に関する事項
⑥退職手当の適用労働者の範囲、決定・計算および支払の方法、支払時期に関する事項 ⑦臨時に支払われる賃金・賞与、それらに準ずる賃金、最低賃金に関する事項 ⑧労働者に負担させるべき食費、作業用品その他に関する事項 ⑨安全および衛生に関する事項 ⑩職業訓練に関する事項 ⑪災害補償および業務外の傷病扶助に関する事項 ⑫表彰および制裁に関する事項 ⑬休職に関する事項	

モデル規定

(労働条件の明示)
第6条　会社は、社員の採用に際し、採用時の賃金、労働時間、その他の労働条件が明らかとなる書面を交付する。

労働条件通知書

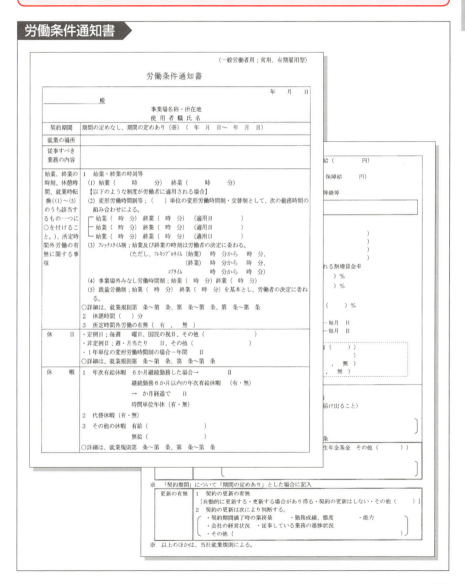

第1章　総則と人事

10 差別禁止のルール

業務に係わりのない理由で差別はできない

　雇用する上で、業務に係わりもなく、特定の個人に差別的な扱いをすることは許されません。
　特に産業のサービス化により女性労働者の活躍の場が増えていますが、まだまだ女性の労働環境は改善の余地があります。
　ただし、パートタイマー、アルバイトなどの雇用形態の異なる労働者や、従事する職務が異なる労働者を区別して取り扱う場合は、ここにいう「差別」には該当しません。

国籍などを理由に差別をしてはならない

　日本国籍を持たない外国人労働者を差別すること、特定の宗教的・政治的信念を持つ者を差別すること、および生まれながらの地位に対して差別的取り扱いをすることは禁止されています（労基法3）。
　ただし、政治的なビラを会社構内で配布するなど、思想・信条などが行動となって現れた場合で、その行動が会社の秩序維持に対して重大な影響を及ぼすようなときに、その秩序違反行為を理由に制裁を課すことなどは、ここでいう「差別」にはなりません。

男女の性により差別をしてはならない

　性別を理由に、差別的な取り扱いをすることは、禁止されています。
　まず、使用者は、労働者が「女性であること」を理由として、賃金について、男性と差別的取り扱いをしてはいけません（労基法4）。
　ただし、職務内容や能力の違いなどにより賃金が異なったとしても、ここにいう「差別」にはなりません。
　また、賃金以外の労働条件なども、男女雇用機会均等法により差別的な取り扱いは禁止されています。

①雇用管理上の差別

　募集・採用など次の雇用管理の各ステージにおいて、性別を理由とする差別が禁止されています。以前は女性を対象とする差別が禁止されていましたが、平成19年の改正から男性に対する差別も禁止されました（均等法5～6）。

> 募集・採用、配置（業務の配分および権限の付与を含む）・昇進・降格・教育訓練、一定の福利厚生、職種・雇用形態の変更、退職の勧奨・定年・解雇・労働契約の更新

※女性のみを対象とした取り扱いや女性を優遇する取り扱いを原則として禁止する一方、雇用の場で男女労働者間に事実上生じている格差を解消することを目的として行う措置は違法ではありません（均等法8）。

②間接差別の禁止

　身長、体重など、労働者の性別以外のことを要件とするものであっても、実質的に性別を理由とする差別となるおそれがあるものとして厚生労働省令で定める措置については、合理的な理由がない限り、差別として禁止されています（均等法7）。

厚生労働省令で定める措置

- 労働者の募集または採用に当たって、労働者の身長、体重または体力を要件とすること
- 労働者の募集もしくは採用、昇進または職種の変更に当たって、転居を伴う転勤に応じることができることを要件とすること
- 労働者の昇進に当たり、転勤の経験があることを要件とすること

③妊娠・出産を理由とする解雇等の禁止

　女性の妊娠や出産を理由とする退職の定めや解雇の禁止、パートタイマーへの変更などの不利益変更も禁止されています。

　さらに、妊娠中・産後1年以内の者を解雇するときは、「妊娠・出産・産前産後休業等による解雇でないこと」を事業主が証明しない限り無効となることになりました（均等法9Ⅰ～Ⅳ）。差別等によらない解雇である場合、その理由を証明できるよう、本人理由であれば始末書を取っておくなど怠らないようにして下さい。

11 その他の労働契約の禁止行為

労働を強制することは最も重い処罰の対象

　使用者は、暴行、脅迫、監禁、その他の精神や身体の自由を奪い、労働者の意思に反して労働を強制してはいけません（労基法5）。このような「**強制労働**」は、封建的な時代からの最も悪質な習慣であって、「労働基準法」では、最も重い処罰（1年以上10年以下の懲役または20万円以上300万円以下の罰金）の対象になると定めています。

長期に労働者を拘束できない

　労働契約は、期間を定めるもの（就労開始日と終了日をあらかじめ定める契約）と、期間を定めないもの（就労開始日のみを定め、終了日を定めない契約）との2種類に分かれます。

　期間の定めのない契約は、一定の条件に従って、いつでも退職や解雇という形で労働契約を終了させることができます。

　しかし、期間の定めのある契約は、途中における退職または解雇は原則としてできません。仮に、やむを得ない理由もなく期間の途中で退職や解雇をすると、相手から損害賠償を求められることにもなります（民法626～628）。

　このように、「**長期労働契約**」は、労働者の意思に反して拘束が長期にわたり、労働契約の基本である「自由な立場」が損なわれる恐れがあるので、「労働基準法」は、有期労働契約（期間の定めのある労働契約）に契約期間の上限を設けています（労基法14）。

　しかし、有期契約の労働者の多くが契約の更新を繰り返すことにより、継続的に雇用されている現状等を踏まえ、平成16年1月1日に施行された改正労働基準法では、この契約期間の上限が緩和されました。まず、これまでの上限は原則1年であったところ3年まで延長されました。もし法律に違反して3年を超える契約をした場合は、3年の期間を定めた労働契約とみなされます。しかし、例外的に次の場合は、3年を超えて労働契約を結ぶことができます。

3年を超える労働契約が許される場合

① 一定の事業（3年を超える建設事業など）の完了に必要な期間を定める場合

② 職業訓練（労基法70）を受けるため労働基準監督署長の許可を得て労働する期間

　　　　　　　　　　　　　　　　　　　　　　　〉必要な期間

③ 厚生労働大臣が定める高度な専門的知識等を有する者

　＊専門的知識等を有する者とは次に掲げる一定の者に限ります。
　イ）博士
　ロ）公認会計士、医師、歯科医師、獣医師、弁護士、一級建築士、税理士、薬剤師、社会保険労務士、不動産鑑定士、技術士、弁理士
　ハ）システムアナリスト等資格試験に合格したもの
　ニ）特許発明者等
　ホ）年収1075万円以上で一定の要件に該当する者等。交渉上劣位に立つことのない労働者を、その専門的知識を必要とする業務につかせる場合に限定すること

　　　　　　　　　　　　　　　　　　　　　　　〉5年まで

④ 満60歳以上の労働者との契約

平成16年改正の暫定措置として、1年を超える労働契約を締結した労働者（上記①③④に該当する者は除く）は、1年経過後においては、使用者に申し出ることにより、いつでも退職することができることになっています。

退職すると違約金を求めるなどの契約はできない

　労働者が労働義務を履行しない場合に、損害発生の有無にかかわらず一定額の違約金を徴収する旨を明記したり、または事実のいかんにかかわらず一定額を徴収する損害賠償の予定をすることは禁止されています（労基法16）。

　労働契約は、労働者の自由意思により締結または解約がなされることを前提としていますが、もし、締結した労働契約が解除できないような内容になっていたら、労働者は解約の自由を奪われ、使用者に隷属せざるを得なくなってしまうからです。

　もっとも、これは、現実に生じた損害についての賠償まで禁止したものではありません。

第1章　総則と人事

12 「採用時の提出書類」の定め方

提出書類の不提出は採用取り消しとなりうる

　採用決定者には、採用決定の通知を送るとともに、人事管理上必要な書類の提出を求めます。

　これらの書類が提出されない場合、例えば、誓約書など、提出することが労働契約成立の要件であるようなとき、その不提出は、採用後の「業務命令に対する不従順」を予測されることから、直ちに「解雇または採用取消」とすることが認められるケースも多くなっています。

　また、書類提出後において、住所変更、子の出生など、提出書類の内容に変更があった場合、変更届を提出することも定めておく必要があります。この場合、会社が本人の新しい住所を把握していないとか、社会保険等の必要な手続きがなされない、家族手当の変更が遅れるといったことにもなりますから、社員に速やかに会社へ届出るよう提出期限を定めることが望まれます。

①**住民票記載事項証明書**

　　採用決定者の身元の確認は、住民票や戸籍謄本ではプライバシーへの配慮から相応しくないとされ、行政指導で「住民票記載事項証明書」にするよう求められています。

②**身元保証書**

　　「身元保証書」の提出をもとめることは、仕事の上でのリスクを担保するほか、本人の自覚を促す意味もあります。一方では、保証人に過大な負担を負わせることにもなることから、「身元保証ニ関スル法律」によって、保証期間について、次のように規制されています。

身元保証の期間
●契約期間の定めがない場合 → 3年（商工業見習は5年）
●契約期間を定める場合　　　→ 5年
＊使用者は、労働者の仕事に変更があった場合、保証人に通知する義務があり、保証人は将来に向けて解除する権利があります。また、法律に反する不利益な契約は全て無効となります。

③健康診断書

　特定の病気に対して差別的な考えを持ってはなりませんが、業種によっては、一定の健康状態の確認ができなければ採用できないこともあります。

　また、「過労死」の問題でも、採用時の血圧や既往症といった病気の確認資料を使用者が持っていなければ、「安易に過重な労働を課していた」と使用者に責任の目を向けられても仕方がありません。使用者には、その労働力を安全に使用する義務があるのです。

④税務、社会保険の関係書類

　新たに労働者を採用した場合は、所得税法および社会保険各法に定める必要書類の提出を求めることになります。

―モデル規定―

（採用決定者の提出書類）
第7条　社員として採用された者は、採用後2週間以内に次の書類を提出しなければならない。ただし、会社が指示した場合は、その一部を省略することができる。
　①　住民票記載事項証明書
　②　身元保証書
　③　誓約書
　④　扶養家族届
　⑤　年金手帳・雇用保険被保険者証（前職がある場合）
　⑥　源泉徴収票（採用された年に他から給与所得を受けていた場合）
　⑦　免許、資格証明書
　⑧　健康診断書
　⑨　マイナンバー（個人番号）カードの写し、または通知カード等の写しと身元確認書類
　⑩　その他会社が提出を求めた書類
2．　前項2号の保証人は、独立生計を営む成年者とする。

（変更届）
第8条　前条1項に掲げる提出書類の記載事項に異動が生じた場合は、1ヵ月以内に届け出なければならない。

13 「試用期間」の定め方

試用期間は短縮も延長もできる

　選考によって労働者の採用を決定したとしても、短い採用試験だけでは、労働者の性格、能力などを完全に判断することは困難です。

　そこで、一般的に会社は、正式な採用の前に**「試用期間」**を設けます。

　試用期間とは、使用者が、試用期間中に当社の社員として不適格であると判断した場合は、その労働者を解雇することができるという契約（「解約権留保付労働契約」といいます）であると解釈されています。

　試用期間を設ける場合、次の点を検討します。

①**期間**

　　試用期間については法律に明確な定義がないため、設定するか否か、期間の長さなどは原則として使用者の自由な意思で行なわれます。一般的には、3ヵ月程度が多いようですが、6ヵ月、1年という会社もあります。

　　ただし、あまり長期的なものは、労働者の立場からすると、不安定な状態が長く続くことになるため望ましいとはいえません。

②**期間の短縮または延長**

　　試用期間は、短縮または延長することができます。

　　ただし、短縮・延長は、労働者の適格性を判断するために必要な場合のみ認められるべきで、むやみに、期間の定めもなく延長することは認められません。

試用期間中の解雇

　試用期間中の解雇は、通常の解雇よりも広い範囲で解雇の自由が認められています。ただし、試用期間中の勤務状態等により採用当初では知ることができなかったこと、または知ることが期待できないような事実を知るに至った場合であって、その者を引き続き企業に雇用しておくことが適当でないと判断することに合理的理由があるときに限られています〈三菱樹

脂脂事件：最高裁判決／昭和48.12.12〉。

なお、労働基準法では、解雇について予告を必要としていますが（202ページ参照）、試用期間中の労働者で、採用から14日を超えていない者については、予告が除外されています。

勤続年数の通算

試用期間は、退職金などの計算において、勤続年数に通算するのかどうかを明確にしておく必要があります。

試用期間を終えても、そのまま継続勤務することから、試用期間は勤続年数に通算することが望ましく、一般的にもほとんどの会社が通算しています。

モデル規定

（試用期間）

第9条　新たに採用した者については、採用の日から3ヵ月間を試用期間とする。ただし、特殊の技能または経験を有する者には、試用期間を設けずまたは短縮することがある。

2．前項の試用期間は、会社が必要と認めた場合、3ヵ月の範囲で期間を定め更に延長することができる。この場合、2週間前までに本人宛に通知する。

3．試用期間を経て引き続き雇用されるときには、試用期間の初めから勤続年数に通算する。

（採用取消し）

第10条　第7条1項の書類を、正当な理由なく期限までに提出しなかった場合は、採用を取り消すことができる。

2．試用期間中、能力、勤務態度、人物および健康状態に関し社員として不適当と認めた場合は解雇する。ただし、14日を超える試用期間中のものを解雇するときは労働基準法に定める手続きによる。

14 「異動」の定め方

人事異動は会社の自由か？

　社員の職場や職制上の地位の変更などを「**異動（人事異動）**」といい、次のようなものがあります。

> 昇進 ／ 配置転換 ／ 出張 ／ 出向（在籍出向）／ 転籍（移籍出向）

　これまでの日本では、終身雇用を前提にしてきたため、配置転換、昇進などを頻繁に繰り返し、必要な労働力（人材）を、主に企業の内部で育成してきました。

　また、解雇が厳しく制限されているため、余剰な人員が発生すれば、他の職場へ移すなどの措置が不可欠であり、異動は、経営上、重要な雇用調整手段となっています。

　では、それぞれの異動について、社員本人の同意は必要なのでしょうか。このような視点から順に説明していきましょう。

「配置転換」は会社の自由が原則

　配置転換とは、労働者の職場の変更をいい、勤務地の変更が伴う場合を、特に転勤といいます。

　配置転換について、労働者の個別の同意が必要かどうかについては、これを必要とする（つまり、異動させる場合、改めて労働者の同意を要する）という考え方と、あらかじめの同意で足りる（「包括的同意」といい、就業規則等に定められていれば個別の同意を要しない）という考え方があります。

　判例では、後者の考え方を採用していて、就業規則に「業務上の都合により、社員に異動を命じることがある。この場合、正当な理由なしにこれを拒むことはできない。」旨の定めがあれば足りるとしました〈東亜ペイント事件：最高裁判決／昭和61.7.14〉。営業所などがあり、転勤のある会社では必ず規定しておいてください。

ただし、勤務地限定の採用の場合、または介護の必要な家族がいる場合〈ネスレジャパン事件：神戸地裁判決 / 平成15.11.14〉などの転勤命令について、使用者の権利濫用として無効とされている判例もあります。

「出張」は会社が自由に命じられる

出張とは、取引先へ訪問するなど、臨時的に社外（主に遠方）で勤務することをいいます。

労働者に出張を命じることは、一般的には使用者が労働者へ指揮命令する権利の範囲内であることから、配置転換のように就業規則に根拠を求めるまでもなく、命じることができるとされています〈石川島播磨重工業事件：東京地裁判決 / 昭和47.7.15〉。

したがって使用者は、労働者に特別な事情がある場合などを除き、労働者の同意を得ることなく、出張を命じることができます。

モデル規定

（異　動）

第11条　会社は、業務上の必要がある場合、社員に勤務場所、職種の変更および役職の任免などの人事異動を命じる。

　2．　会社は、取引関係または資本関係のある企業に対して、社員の人材育成、取引先の業務支援、その他の事由により社員に出向を命じることがある。この場合、会社は別に定める「出向規程」により、出向事由、任務、出向予定期間および出向中の労働条件、賃金等の取り扱いその他の必要事項について、1ヵ月前までに本人に通知する。

　3．　社員は、正当な理由のない限り、前各項の異動命令に従わなくてはならない。

（業務の引継ぎ）

第12条　社員が前条によって異動する場合は、業務の引継ぎを完了し会社の指示する期間内に異動しなければならない。

「出向」は採用時の同意等が必要となる

出向（在籍出向）とは、会社が雇用する労働者を、その雇用関係を維持したまま他の会社の社員として勤務させることをいいます。

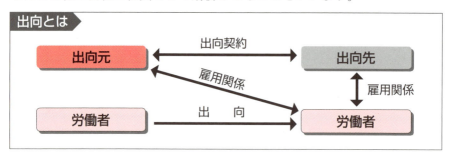
出向とは

出向の場合、指揮命令する者が変わり労働条件も一般に異なります。そこで、使用者の人事権は、配置転換の場合などより制限されます。

また、民法では「使用者は、労働者の承諾がなければ、その権利を第三者に譲渡することができない」（民法625Ⅰ）とされているので、単に就業規則に基づく包括的同意で足りるのかが問題となってきます。

判例では、就業規則や以前から実施されてきたといった慣行によって、「労働者の承諾」が得られたとして、包括的同意によって使用者の人事権を認めたものがありますが、企業グループ間での出向の実情、採用時の同意、労働条件が大きく引き下げられないことなどが必要です。

また、配置転換と同様に、業務上の必要性、労働者の事情などを考慮して運用する必要があります（契約法14）。

就業規則においては、単に「出向させることがある」程度ではなく、（45ページ【モデル規定】のように）出向の条件・手続き等を明確にする方がよいでしょう。

その上で、入社時に十分な説明を行い、誓約書に「出向命令に対し異議なく従います。」の一文を設け、同意を求めておくことが望ましいといえます。

「転籍」はその都度労働者の同意が必要となる

転籍（移籍出向）とは、企業が雇用する労働者について、現在の労働契約を終了させて、同時に転籍先との労働契約を締結することをいいます。

使用者が転籍を命じるためには、原則として労働者の個別の同意が必要だと考えなければなりません。

判例でも、「転籍は、移転先との新たな労働契約の成立を前提とするものであるところ、この新たな労働契約は元の会社の労働条件ではないから、元の会社がその労働協約や就業規則において業務上の都合で自由に転籍を命じうるような事項を定めることは出来ず、従ってこれを根拠に転籍を命じることは出来ない」と示しています〈ミクロ製作所事件：高知地裁判決／昭和53.4.20〉。

一方で、転籍が著しく不利益であることなどの根拠がない限り、入社時の包括的同意を認める判例〈日立精機事件：千葉地裁判決／昭和56.5.25〉もありますが、関連企業に限るなど転籍条件を明確にし、労働条件を同等にするなど慎重に実施するべきでしょう。

出向では労働基準法が双方の会社に適用される

出向、転籍の場合の「労働基準法」の適用に関しては、雇用関係が複雑であることから、その取り扱いの基準が、次のような解釈例規により示されています（昭和61.6.6基発333号）。

出向・転籍と「労働基準法」の適用基準

出　向

出向（在籍型出向）の労働者については、出向元および出向先の双方とそれぞれ労働契約関係があるので、出向元および出向先に対しては、それぞれ労働契約関係が存する限度で労働基準法等の適用がある。すなわち、出向元、出向先および出向労働者三者間の取り決めによって定められた権限と責任に応じて出向元の使用者または出向先の使用者が出向労働者について労働基準法等における使用者としての責任を負うものである。

転　籍

転籍（移籍型出向）は、転籍先との間にのみ労働契約関係がある形態であり、転籍元と転籍労働者との労働契約関係は終了している。このことにより、転籍労働者については、転籍先についてのみ労働基準法等の適用がある。

15 「休職」の定め方

休職とは会社が行う処分である

休職とは、病気など、社員に勤務させることが不可能もしくは適当でない理由が生じた場合に、社員の地位はそのままに勤務のみを禁止する会社の処分をいいます〈近畿大学事件：大阪地裁判決／昭和41.9.30〉。

公務員の場合は法律に定めがありますが、民間の場合は特に法律の定めがありませんから、使用者が任意に定めるものです。

終身雇用を前提としてきた日本では、容易に解雇することができないことから、長期的に労働の提供がなされないケースで、一定期間の解雇を猶予し、代わりにその理由がなくなるまでの勤務を禁止するものです。

休職には種類を設ける

休職には、次のようなものがあります。

①**傷病休職**

　業務外の傷病によって一定期間を継続して欠勤した場合に、その後の欠勤期間を休職とするものです。

②**自己都合休職**

　繁忙期に実家の農作業を手伝うなど、傷病以外の自己都合によって一定期間欠勤する場合、その事由が続く間を休職とするものです。

③**公務休職**

　議員などの「公の職務」に就任した社員には、法律の規定（労基法7）により労働を免除しなければならないため、その期間を休職とするものです。

　ただし判例では、単に議員などに就任したことを理由とした休職の処分を否定した例もありますので、慎重に判断しなければなりません。

④**起訴休職**

　刑事事件に関し起訴された場合に休職とするものです。日本の場合、起訴された者の有罪となる可能性が極めて高いことから、起訴されただ

けでも会社の信用を低下させ、また、公判出頭のため就業に支障をきたすからです。

　ただし、有罪が確定する前の処分であることから正当性が争われることもあります。判例も個々の事例によって異なるのが現状で、運用にあたっては十分慎重に対処しなければなりません。

⑤**組合専従休職**

　労働者が労働組合の職務に専従することとなる場合、その期間を休職とするものです。

⑥**出向休職**

　業務命令によって労働者を出向させる場合に、その期間を休職とするものです。

⑦**その他休職**

　労働災害による休職や、その他想定外の休職が必要になった場合に備えたものです。

モデル規定

（休　職）

第13条　社員が次のいずれかに該当する場合は、休職を命ずる。
　　　　① 傷病休職（業務外の傷病により引き続き欠勤し、1ヵ月を経過しても就労できないとき）
　　　　② 自己都合休職（社員の都合により欠勤し、1ヵ月を超えて就業できないとき）
　　　　③ 公務休職（公務に就任し、相当の期間就業できなくなったと認められるとき）
　　　　④ 起訴休職（刑事事件に関し起訴され、相当の期間就業できないと認められるとき）
　　　　⑤ 専従休職（会社の許可を得て会社外の職務に専従するとき）
　　　　⑥ 出向休職（社命により関連会社等へ出向するとき）
　　　　⑦ その他休職（会社が休職の必要があると認めたとき）
　2.　前項1号および2号の欠勤期間が、断続している場合であっても、同一の事由により1暦月に10日以上欠勤したときは、その翌月の欠勤日数を通算して合計30日を超えたときに休職とする。

休職には期間を設ける

休職には、その理由ごとに限度となる期間を定めます。それぞれの期間については、3ヵ月程度から3年程度まで会社によって様々ですが、あまり短すぎては意味がありません。

特に傷病休職の場合、給与の代わりに支給される健康保険の「傷病手当金（病気療養のため労務不能の際に支給されるもの）」が、1年6ヵ月（初診日より）を限度とされていることから、休職期間も1年6ヵ月とする会社が多いようです。

その他の場合は、その具体的な理由により必要な期間が異なることから、一般に「会社が必要と認めた期間」などと規定します。

休職中の給与を無給にするときは規定する

休職期間の賃金については、その事由によって、有給とするのか無給とするのかを明確に定める必要があります。傷病休職などは無給とするのが一般的です。

休職は使用者が命じる処分ですから、判例でも、何の定めもなく無給とした使用者の処分について否定したものがあります。

また、勤続年数は、退職金などに反映されますから、休職期間が含まれるのかどうかを明確に定めておく必要があります。退職金については、休職期間を勤続年数に含めるかどうかは任意です。

社員負担分の社会保険料は振り込ませる

休職中の社会保険料の社員負担分は、会社が負担するケースもありますが、一般に社員に定期的に振り込みで支払わせます。

傷病休職の場合、前述のとおり、健康保険から「傷病手当金」が支給される場合がありますが、これは一部でも給与を受けている場合、減額または停止されるしくみとなっています。社会保険料の社員負担分を補助した場合も給与とみなされ傷病手当金が減額されるため、会社が負担しても本人の手取り額はあまり変わらないのです。

モデル規定

（休職期間）

第14条　休職期間は、休職事由および勤続年数の区分により、それぞれ次のとおりとする。

　　①前条1号の場合

勤続年数	休職期間
1年未満	6ヵ月
1年以上3年未満	1年
3年以上	1年6ヵ月

　　②前条2号の場合は、2ヵ月間
　　③前条4号の場合は、未決期間
　　④前条3号、5号、6号、7号の場合、会社が必要と認めた期間

（休職期間の取り扱い）

第15条　休職期間については賃金を支給せず、また勤続年数にも通算しない。

　2．　休職により賃金が支払われない期間の社会保険料の社員本人負担分については、原則として、各月分を会社が立替えた後に本人に請求するものとし、社員はその請求月の翌月末日までに会社へ振り込んで支払うものとする。

休職期間満了までに復職できなければ退職とする

休職期間が長期にわたる場合に、就業規則へ「休職期間が満了しても**復職できない場合**」を退職事由として定め、その期間の満了によって自動的に退職とします。

この場合は、あらかじめ就業規則に定められた一定の事由に該当したことによる自動退職ですから、解雇にはあたりません。

判例でも、「休職期間満了の際に休職事由が消滅しないときは退職する旨の規定がある場合には、解雇の意思表示を要せず、雇用関係が当然終了する」としたものがあり〈電機学園事件：東京地裁判決／昭和30.9.22〉、その他の多くの判例でも、退職の定めの有効性を認めています。

復職は会社が理由なく拒むことは出来ない

休職の事由が消滅した場合、労働者には、当然に復職する権利があり、使用者の裁量で拒むことはできません。

ただし、傷病によって休職していた者については、一般に復職の判断を医師の診断書によって決定します。

特に、復職できずに期間満了で退職となる場合、休職者の状況が元の業務に従事することができる程度ではなくても、事務職など他の業務に従事することはできないかも検討する必要があります。

判例では、休職者の能力、経験、地位、会社の規模、業種、会社の労働者の配置・異動の実状および難易度に照らして検討するべきとしています〈片山組事件：最高裁判決／平成10.4.9〉。

短期的な欠勤を繰り返す者のために通算を規定する

復職時の職務や、復職した者が同一または類似の理由で再び欠勤した場合に通算する規定も定めておくべきでしょう。

最近は、うつ病などで短期的に欠勤を繰り返す人が多く、このような定めをしておかなければ、ずるずると会社が対応に振り回されることにもなります。

―― モデル規定 ――

（復　職）

第16条　休職期間満了前に休職事由が消滅した場合は、原則として休職前の職務に復帰させる。ただし、事情により、休職前の職務と異なる職務に復帰させることがある。また、社員は正当な理由なくこれを拒むことはできない。

2．休職者は、休職事由が消滅したときは、会社に届け出なければならない。

3．傷病休職者が復職するときは、医師の診断に基づき会社が決定する。なお、診断を求める医師については、会社が指定することがある。

4．第13条１項１号および２号により、休職していた者が出勤し、同一または類似の事由により出勤後３ヵ月以内に再び欠勤するに至った場合は、前後の欠勤は連続しているものとみなして通算する。

5．休職期間が満了しても事由が消滅しない場合は、休職期間の満了をもって自動退職となる。

募集採用時の年齢制限は原則禁止！

募集採用時の年齢制限は、「雇用対策法」により原則禁止されています。従来、年齢制限については努力義務とされてきました。しかし、高齢者などの応募の機会が閉ざされてしまうため、より均等な機会が与えられるよう募集採用における年齢制限が禁止されたのです。

ただし、次のとおり、合理的な理由があるときは例外的に年齢制限が認められます。この例外事項は、従来の年齢制限が認められる10のケースについて縮小されたものです。

《 年齢制限が認められる場合 》

① 定年年齢を下回ることを条件とするとき
　※ 期間の定めのない労働契約については、定年年齢を上限として年齢制限をすることが認められます。
② 労働基準法等で特定の年齢層の就業等が禁止されている業務についてその年齢層以外とするとき
③ 長期勤続によるキャリア形式を図る観点から若年者等を期間の定めのない労働契約の対象として募集、採用するとき
　※ ただし、ア）対象者の職業経験について不問とすること、イ）新規学卒者以外の者にあっては、新規学卒者と同等の処遇であることという要件を満たす必要があります。
④ 特定の年齢層の特定の職種の労働者の数が少ない一定の条件の場合に、その職種の業務の遂行に必要な技能・知識の承継を図ることを目的とするとき
　※ 期間の定めのない労働契約に限ります。
⑤ 芸術・芸能の分野における表現の真実性等を確保するために特定の年齢層にするとき
⑥ 高年齢者の雇用を促進するため、特定の年齢以上の高年齢者（60歳以上に限る）とするとき、など
　※ また、特定の年齢層の雇用を促進する国の施策（雇入れ助成金等）を活用するため、その施策の対象となる特定の年齢層に限定して募集・採用する場合には、年齢制限をすることが認められます。

第2章 労働時間

16 労働時間の考え方

会社に適した労働時間制を採用する

労働時間は、賃金とならび最も重要な労働条件といえます。そのため、就業規則の作成において最も工夫を要する部分なのです。

会社にとっては、1日でどれだけの製品を作れるか、あるいは営業時間帯は何時から何時とするべきかなど、経営の仕組みを左右する問題です。

近年「サービス残業」や「賃金不払い」などの事件が後を絶ちません。特に残業時間の取り扱いについては、注意が必要です。

労働基準法では、原則的な労働時間制の他に、多くの方法を許しています。無理な労働時間制を導入することなく、会社ごとの実態を考慮して「変形労働時間制」や「裁量労働制」を導入できないかなど、十分検討いただきたいところです。

不可欠・不可分行為や、手待ち時間も含む

労働時間とは、使用者の指揮監督の下に労務を提供している時間をいいます。「労務の提供」のうちには、本来の作業に当たらなくともその作業を遂行するため必要不可欠ないし不可分の行為も含まれます〈三菱重工長崎造船所事件：長崎地裁判決／平成元.2.10〉。

例えば、「あなたの仕事は○○の組立です」といった場合、本来の作業だけに限らず、その作業のために必要な工具の準備など、本来の作業を遂行するために不可欠・不可分の作業も含んで「労働時間」となるのです。

したがって、始業時刻の前に、作業の準備などを命じている場合、本来の作業でなくとも、使用者はその時間分の賃金を支払わなくてはなりません。

では逆に、拘束時間（就業規則で定めた時間帯、または使用者の指示により拘束されている時間）に何も作業をしないで、待機していた場合（手待ち時間）はどうでしょうか。

休憩時間といえるためには、単に作業に従事しないというだけでなく、

労働者が権利として労働から離れることを保障されていることが必要で、その他の拘束時間は手待ち時間といっても労働時間として取り扱われます（昭和22.9.13発基17号）。

「法定労働時間」「所定労働時間」「実労働時間」がある

労働時間といっても、労働基準法上には次のような概念があり、労働時間を管理する上では、それらは区別して理解しておかなくてはなりません。

まず、**「法定労働時間」** とは、法律で定められた、日、週などの一定の期間に労働者を使用することができる上限の時間をいいます。

ただ会社は、仕事を遂行する必要に迫られて、この法定労働時間を超えて例外的な労働（いわゆる **「残業」**）をさせることがあります。このような超過時間を **「法定外労働時間（時間外労働）」** といって、法律の定める「割増賃金」を支払わなければなりません。

また、法律では、就業規則の絶対的記載事項として「始業と終業の時刻」を定めることを義務づけていますから、使用者は各労働日における労働時間の始めと終わりの時刻を定めなければなりません。

このようにして定められた時間を **「所定労働時間」** といいます。

使用者が、この所定労働時間を法定労働時間よりも短く定めた事業場において残業を命じた場合、その残業が法定内に収まったとしても、その残業時間は所定外の労働時間とされてしまいます。ただし、法律上この時間に時間外労働の割増賃金を支払う義務はありません。

以上のように、法定労働時間、所定労働時間の他、実際に労働者が労働した時間を **「実労働時間」** といいます。

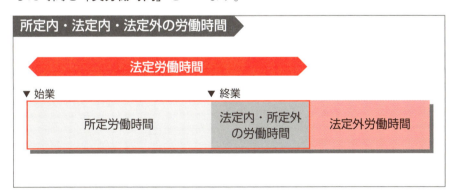

所定内・法定内・法定外の労働時間

17 法定労働時間と「所定労働時間」の定め方

「週40時間まで」が労働時間の大原則

　使用者は、法定労働時間を超えて労働者を使用することはできないということが労働時間の大原則です（いわゆる「残業」については105ページで説明します）。

　つまり、使用者は、休憩時間を除き1週間について40時間を超えて労働をさせてはいけません。また、1週間の各日については、休憩時間を除き1日について8時間を超えて、労働させてはいけません（労基法32）。

　このように法律は、1週で40時間以内、各日で8時間以内とし、「週」を労働時間の基本単位としています。ここにいう1週間とは、就業規則に「何曜日から」という起算日を定めた場合はその規定に従い、そのような定めがなければ、日曜日から土曜日の暦週をいい、1日とは、原則として午前0時から午後12時までの暦日をいいます（昭和63.1.1基発1号）。

所定労働時間は変更もできる

　右のモデル規定は、最もシンプルな「週休2日制、1日8時間労働」の場合を定めています。その2項では、交通ストライキなどにより労働者が始業時刻に間に合わなくなった場合などに、労働時間を変更し、始業・終業時刻を遅らせる（または早める）ことがある旨を規定しています。

　この場合、1日の法定労働時間を超えない限り、本来の終業時刻を超える部分を時間外労働とする必要はありません（昭和26.10.11基発696号）。同様に、遅刻した者についてその遅れた分の時間だけ終業時刻を遅らせても、時間外労働とする必要はありません（昭和29.12.1基収6143号）。ただし、このような取り扱いをするためには、就業規則に労働時間の変更があることを明記しておく必要があります。

　次に、労働時間の定め方として、簡単な応用例を右ページにあげてみます。【具体例②】のケースでは、原則1回の勤務は暦日を単位とするところ、深夜勤務で1勤務が2暦日に渡ります。この場合「始業時刻の属する日」

の勤務とみなして労働時間を数えます（昭和42.12.27基収5675号）。

モデル規定

（所定労働時間）
第40条　所定労働時間は、休憩時間を除き1日について8時間とし、始業および終業の時刻は、次のとおりとする。

始業時刻	午前8時00分
終業時刻	午後5時00分

2．前項の始業、終業の時刻は、業務の都合または交通機関のストライキなどにより、全部または一部の社員に対し、変更することができる。ただし、この場合においても、1日の勤務時間が前項の時間を超えないものとする。

応用規定

【具体例①】曜日により1日の所定労働時間が異なる場合
（所定労働時間）
第○条　所定労働時間、休憩時間および始業・終業の時刻は次のとおりとする。

曜日	所定労働時間	始業時刻	終業時刻	休憩時間
月曜～金曜	7時間	8:30	16:30	12:00～13:00
土曜	5時間	8:30	14:30	11:30～12:30

【具体例②】三交替制勤務の場合
（交替制勤務）
第○条　交替制で勤務する者の所定労働時間は7時間とし、休憩時間および始業・終業の時刻は次のとおりとする。

時間帯	始業時刻	終業時刻	休憩時間
早番	0時00分	8時00分	4時00分～ 5時00分
中番	8時00分	16時00分	12時00分～13時00分
遅番	16時00分	24時00分	20時00分～21時00分

2．各班の勤務時間は、早番・中番・遅番の順で毎週月曜日に次の時間帯に転換する。ただし、業務の都合により、各班または個人について転換する時間帯を変更することがある。

18 労働時間の特例と間違えやすい労働時間

教育時間や健康診断も労働時間になる

　所定労働時間外に労働者が次のようなことを行った場合は、労働時間となるでしょうか。いずれも間違いやすいケースですから、現在、会社でどう扱っているか、チェックしてみて下さい。

①**教育・研修の時間**

　所定労働時間中に研修などを行った場合、もちろん労働時間となります。

　所定労働時間外に研修などを行う場合は、まったくの任意参加であれば労働時間とする必要はありません。しかし、使用者が制裁等を課して出席を強制するとき、または法律の定めにより実施するとき、その時間は労働時間となります（昭和26.1.20基収2875号）。

②**健康診断の時間**

　「安全衛生法」は、健康診断として、一般健康診断と有害業務などの特殊健康診断の２つを義務付けています。

　一般健康診断は、一般的な健康の確保をはかることを目的として事業者にその実施義務を課したものであって、業務の遂行との関連において行われるものではないので、労働時間に含めるかどうかは労使協議で定めるべきものとされています。

　特殊健康診断は、事業の遂行に絡んで当然実施されなければならない性格のものですから、所定労働時間内に行われるのが原則で、労働時間に含まれます（昭和47.9.18基発602号）。

③**自発的残業**

　労働者の自発的な残業については、具体的に指示した仕事が、客観的に見て正規の勤務時間内ではできないと認められる場合のように、法定労働時間を超えて勤務することになると予想できたうえで勤務させた場合（これを「黙示の指示」という）には、「勝手にやった」とか「知らない」ということはできず、時間外労働となります（昭和25.9.14基収2983号）。

④**昼休みの来客当番**

　昼休みなど、休憩時間とされているにもかかわらず、労働者に電話当番、来客当番などを指示して、自由な休憩をさせなかった場合、その時間は労働時間となります（昭和23.4.7基収1196号）。

⑤**安全・衛生委員会の開催時間**

　「安全衛生法」によって義務付けられている安全・衛生委員会の開催時間は、業務遂行のために必要な時間であり、労働時間と解されています（昭和47.9.18基発602号）。

⑥**任意に出勤して従事した消火作業時間**

　会社で火災が発生した場合、既に帰宅した労働者が会社の指示がなくても任意に出社して消火作業に従事したときなどは、労働時間とみなされます（昭和23.10.23基収3141号）。

⑦**交替で仮眠を取るドライバー**

　ドライバーが2名交代で運転する長距離トラックなどで、運転しない一方が助手席で休憩したり仮眠を取っているときでも、これは「手待時間」であって、労働時間として扱われます（昭和33.10.11基収6286号）。

　ただし、フェリーを利用する場合などで、自由に休憩を取ることができるときなどは、労働時間に含めなくてもよいとされています（コンメンタール）。

19 変形労働時間制の特徴とメリット

毎日「所定労働時間」は同じでなくてもいい

　近年、ＩＴ化や産業のサービス化などにより、私達の仕事の仕方は大きく変わりつつあります。そのため、原則的な労働時間管理（１週40時間、１日８時間を超えて労働させてはならない）のみでは、法律が十分に対応できなくなってきています。

　昭和63年の「労働基準法」改正から、我が国の労働行政は労働時間の短縮を重点目標に掲げ、**「変形労働時間制」**という柔軟な労働時間制を与えることで、中小企業の法定労働時間達成と、多様な労働形態に対応できる体制の整備を図ってきました。

　この「変形労働時間制」とは、業務の繁忙期と閑散期を平均するという考え方、つまり、一定の期間を平均し、１週間当たりの労働時間が40時間を超えない範囲であれば、特定の週に40時間を超え、または特定の日に８時間を超えて労働させることを許すという制度です。

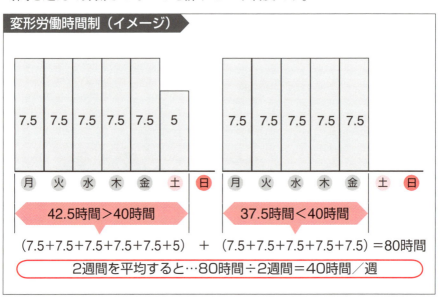

左の図の場合、1週目だけでは40時間を超えてしまいますが、2週目を40時間未満にすることで、平均すると1週間当たり40時間以下に収まります。
　この変形労働時間制には、次の4つの制度があります。

変形労働時間制の種類

	特　徴	協定の締結	監督署への届出
①1ヵ月単位の変形労働時間制	土曜出勤が必要であったり、比較的短期間で繁閑の調整が必要な会社で、あまり難しい手続きなしに導入できる。	就業規則 or 協　定	協定の場合 必　要
②フレックスタイム制	時差出勤により労働者の通勤疲労を軽減できる。	必　要	不　要 （必要※）
③1年単位の変形労働時間制	長期間で繁閑の差が激しい業種で、所定労働時間の調整ができる。	必　要	必　要
④1週間単位の変形労働時間制	適用できるのは特定の業種のみ。毎週の繁閑に対応することができる。	必　要	必　要

※ 清算期間が1ヵ月を超えるものは必要

　これら4つの制度は、事業場全体でどれか1つを選択する必要はなく、例えば、工場の作業者は「1年単位の変形労働時間制」、設計部門は「フレックスタイム制」などのように、特定のグループごとに組み合わせて適用することもできます。

20 「1ヵ月単位の変形労働時間制」の定め方

就業規則などに規定して変形労働時間制を導入する

「1ヵ月単位の変形労働時間制」とは、1ヵ月以内の一定の期間（例えば、4週間とか3週間など）を平均し、1週間当たり40時間を超えなければ、その一定期間のうちで特定の週（例えば、隔週、月末の週など）に40時間を超え、また特定の日（例えば金曜日など）に8時間を超えて労働させることができる制度です（労基法32の2）。

適用の要件は、次の2つです。

> ①労使協定の締結または就業規則その他これに準ずるものによる定め
> ②就業規則または労使協定の届出

上記①の「その他これに準ずるもの」とは、就業規則の届出義務がない事業場における、届出されていない就業規則などをいいます。また、労使協定の締結は、労使の話し合いによる労働時間制度の導入を促進することに趣旨があり、協定があるからといって、就業規則の絶対的記載事項である労働時間の規定を省略させるものではありません（平成11.1.29基発45号）。そこで、一般的には、就業規則に規定し届出することになります。なお、労使協定には、有効期間を定めなければなりません。

業務の繁閑で具体的な時間を設定する

右ページの図表は、月末に業務が集中する会社の例です。

A、Bの部分は、変形労働時間制をとらなければ、本来は法定労働時間を超えてしまう部分ですが、1ヵ月単位の変形労働時間制を採用することにより、Aの部分は週40時間を超えても、またBの部分は1日8時間を超えても割増賃金の支払義務は発生しないことになります。

このように、1ヵ月単位の変形労働時間制は、1ヵ月以内の一定期間における1週間当たりの平均労働時間が40時間以内になることが前提です。

したがって40時間以内となっているかを確かめるためには、変形期間の総労働時間が次のページの式で求めた時間以内であることが必要となります。

労働時間の限度は計算で求める

総労働時間の計算方法は次のようになります。

$$40\text{時間} \times \frac{\text{変形期間の暦日数}}{7\text{日}}$$

前のページの事例の場合、1ヵ月(31日)の変形期間での総労働時間は177時間となっていますが、式から求めた総労働時間は177.1時間ですから、法定労働時間内に収まっているということになり、適法です。

このように、変形期間を暦月とした場合は、次のように、各月の暦日数により限度となる総労働時間が異なります。

月の日数	労働の限度
31日	177.1時間
30日	171.4時間
29日	165.7時間
28日	160.0時間

具体的な就業規則の規定例を参考に

就業規則への具体的な定め方を紹介します。【具体例①】の「隔週週休2日制」は、中小企業で多いケースです。

第2週の平日に祭日が来る場合は、土曜日を所定労働日とすることもできます。この場合は、就業規則の「休日」の規定にその旨を規定して下さい。

労働時間については、就業規則においてできる限り具体的に特定すべきです。しかし、業務の実態から月ごとに勤務割を作成する必要がある場合には、就業規則において始業終業時刻、組合せの考え方、勤務割表の作成手続き及びその周知方法等を定めておいて、それにしたがって各日ごとの勤務割は、変形期間の開始前までに具体的に特定すればよいとされています（昭和63.3.14基発150号）。【具体例②】がその例です。

応用規定

【具体例①】隔週週休2日制の例（各日の所定労働時間7時間15分）

（所定労働時間）

第○条　所定労働時間は、休憩時間を除き、1日について7時間15分とし、2週間ごとに平均し、1週間当たりの所定労働時間は40時間を超えないものとする。
　　　　各日の始業および終業の時刻は次のとおりとする。

始業時刻	午前8時00分
終業時刻	午後4時15分

（休　日）

第○条　休日は2週間ごとに定め、次のとおりとする。

第1週	日曜日
第2週	土曜日、日曜日

　2．前項に定める各週は、平成○年4月1日の月曜日を起算日とする。

【具体例②】各月の労働日と労働時間をカレンダーで通知する場合

（所定労働時間）

第○条　所定労働時間は、1ヵ月単位の変形労働時間とし、変形期間を平均し、1週間当たりの所定労働時間は40時間を超えない範囲で勤務する。各日の始業および終業の時刻は次のとおりとする。

各日の所定労働時間	始業時刻	終業時刻
7時間	8時00分	16時00分
8時間	8時00分	17時00分
9時間	8時00分	18時00分

　2．前項の所定労働時間および始業・終業の時刻は、毎月1日を起算日として、各月の開始する1週間前までにカレンダーを配布して通知する。

21 「フレックスタイム制」の定め方

始業時刻などは労働者が自主的に決める

「フレックスタイム制」とは、始業および終業の時刻を労働者の自主的な決定に委ねる制度です（労基法32の3）。この制度では、何時から何時まで何時間働くかは本人の自由ですから、所定労働時間は各週・各日では定めず、一定の期間の総労働時間（その期間を平均して1週間当たり40時間を超えない範囲）として定めます。

この一定期間を「清算期間」といいます。これまで清算期間の上限は1ヵ月でしたが、「働き方改革関連法」により平成31年4月1日より改正され、最長3ヵ月までとすることができるようになりました。

清算期間が長くなれば、ある月の繁忙期は長時間労働になってしまっても、翌月は勤務時間を減らし疲労回復にあてることができるなど、よりメリハリのある働き方を実現することができます。

ただし、1ヵ月を超える場合、手続きや給与計算が複雑になりますから、後述する清算期間による違いを比較しておいてください。

フレックスタイム制の用語

- **清算期間**
  3ヵ月以内の期間として、総労働時間を定める単位となる期間をいいます。
- **コアタイム**
  必ず労働しなければならない時間帯を設定する場合のその時間帯をいいます。
- **フレキシブルタイム**
  あまりにも早い始業や遅い終業を制限するため、労働者の選択する時間帯を設ける場合のその時間帯をいいます。
- **標準労働時間**
  労働者が1日の労働時間の目安とするために定める時間数をいいます。

「コアタイム」や「フレキシブルタイム」は必ずしも設ける必要はありませんが、他社との連絡や会議などに招集するため、ある程度の範囲を設定しておくことは必要でしょう。

　ただし、フレキシブルタイムが極端に短いものや、始業、終業の何れか一方のみを労働者の決定に委ねる制度は、法律で定めるフレックスタイム制には該当しません（昭和63.1.1基発1号）。

　フレックスタイム制の適用要件および労使協定で定めるべき事項は次のとおりです（労基法32の3、労基則12の2、3）。

---

① 就業規則その他これに準ずるものでフレックスタイム制の採用を定めること
② 労使協定で具体的な枠組みを定めること
③ 労使協定の届出※

労使協定で定めるべき事項

① 対象労働者の範囲　　　　② 清算期間および起算日
③ 清算期間の総労働時間　　④ 標準となる1日の労働時間
⑤ コアタイム（任意）　　　⑥ フレキシブルタイム（任意）
⑦ 有効期間※

※ 清算期間が1ヵ月を超える場合

割増賃金の支払い

　清算期間を3ヵ月とする場合、時間外労働の割増賃金は3ヵ月の労働の結果だけで判断すると考えるでしょうか？　しかし、それでは、極端に長時間労働の月がでてくる可能性があります。また、ある月の実労働時間に応じた賃金について、労働者に数ヵ月先まで支払いを待たせることになります。

　そこで、1ヵ月超3ヵ月以内の清算期間の場合、開始の日以後の1ヵ月ごとに区分し、その1ヵ月ごとの平均労働時間が週50時間を超えるときは、超えた時間について割増賃金を支払うよう定められました（平成30.9.7基発1号）。

　この割増賃金は、3ヵ月の清算期間を終えたときに、結果的に平均40

時間に収まっているとしても支払わなければなりません。

なお、従来どおりの1ヵ月以内の清算期間で運用する場合は、この50時間の縛りはありません。

まとめましょう。清算期間を1ヵ月超3ヵ月以内とした場合に、時間外労働となるのは次のとおり①と②の部分です。具体的な計算式を確認してください。

清算期間1ヵ月超3ヵ月以内の場合の時間外労働となる時間

① 単月
　Aの実労働時間－50時間×（Aの暦日数÷7）
　　A＝清算期間を1ヵ月ごとに区分したそれぞれの期間
② 清算期間の総計
　清算期間の総実労働時間－B－①の時間
　　B＝清算期間の法定労働時間の総枠＝40時間×（清算期間の暦日数÷7）

他の時間外労働規制との関係

清算期間1ヵ月超3ヵ月以内とする場合の前述の①単月で「週平均50時間超」を時間外労働とする取り扱いについては、割増賃金の計算だけではなく、次の他の規定でも用います（平成30.9.7基発0907第1号、平成30.12.28基発1228第15号）。

　a．時間外労働が月60時間を超える場合の割増賃金率50％以上
　　（139ページ参照）
　b．時間外労働が月80時間（ここも改正により月100時間から短縮されています）を超えた労働者が申し出た場合の医師による面接指導（安衛法66の8Ⅰ）。
　c．実労働の時間外労働の上限規制「単月100時間未満」「平均80時間以下」（108ページ参照）

まず基本的なルールは、前述のとおり、「①単月」「②清算期間の総計」の順に見ますが、②の清算期間の総実労働時間に対する法定労働時間の総枠を超える時間（単月で時間外労働とした時間を除く）は最終月に乗せる

ところがポイントです。

たとえば図の場合、6月、7月、8月の3ヵ月の平均で、時間外・休日労働の時間が80時間を超えています。6月だけの実労働時間は少ないですが、3ヵ月の超過分「89時間」が乗ってくるため「時間外労働＋休日労働の合計」が「99時間」となっています。

このようにa～cいずれも同じように見ていきます（aは休日労働は含みません）。

清算期間3ヵ月の場合の時間外・休日労働の見方

	4月	5月	6月	7月	8月	9月
実労働時間（休日労働除く）	210.0	220.0	179.0	271.0	295.0	150.0
週平均50時間となる時間	214.2	221.4	214.2	221.4	221.4	214.2
週平均50時間を超える時間				49.6	73.6	
法定労働時間の総枠	520.0			525.7		
法定労働時間の総枠を超える時間			89.0			67.1
時間外労働			89.0	49.6	73.6	67.1
休日労働			10.0	10.0	10.0	
時間外労働＋休日労働の合計			99.0	59.6	83.6	67.1

3ヵ月平均が80時間を超えており、法違反

ポイント！
清算期間3ヵ月の結果は最終月の時間外となる。

労使協定の例

　株式会社〇〇〇と株式会社〇〇〇労働組合は、「労働基準法」第32条の3の規定に基づき「フレックスタイム制」に関し次のとおり協定する。

（適用対象者）
第1条　「フレックスタイム制」の適用は次の部署に勤務する者とする。
　　　　①商品企画室　　②製品開発部

（清算期間）
第2条　清算期間は、毎月21日から翌月20日までとする。

第2条　清算期間は、4月、7月、10月、1月の各1日を起算日とし
　　　　その翌々月末日までの3ヵ月間とする。

（総労働時間）
第3条　清算期間における総所定労働時間は、7時間30分に、その清算期間の所定労働日数を乗じて得た時間とする。

（標準労働時間）
第4条　標準となる1日の労働時間は、7時間30分とする。

（コアタイム）
第5条　「コアタイム」は、午前9時30分から午後3時30分までとする。

（フレキシブルタイム）
第6条　「フレキシブルタイム」は、次のとおりとする。
　　　　始業時刻　午前7時00分から午前9時30分まで
　　　　終業時刻　午後3時30分から午後7時00分まで

（有効期間）
第7条　本協定の有効期間は、〇年〇月〇日から1年とする。

平成〇年〇月〇日

　　　　　　　　　　　　　　株式会社〇〇〇
　　　　　　　　　　　　　　　代表取締役　〇〇〇〇　㊞
　　　　　　　　　　　　　　株式会社〇〇〇労働組合
　　　　　　　　　　　　　　　執行委員長　〇〇〇〇　㊞

※　☐は清算期間が1ヵ月を超える場合

労働時間は一定期間で清算する

フレックスタイム制を導入した場合、各清算期間で、所定労働時間と実労働時間に過不足が生じます。この過不足について、超過・不足の別に、それぞれ次のように取り扱う必要があります。

①**超過労働時間**

74ページの【規定例の4項】のように、超過労働時間については割増賃金を支払って清算します。

この場合、「次の清算期間で不足時間が生じる可能性がある」といって、次に繰り越すことはできません。賃金は、1ヵ月以内の計算期間ごとに毎月清算して支払わなければなりません。

②**不足労働時間**

不足した労働時間については、不足時間分の賃金を控除するか、または不足時間を次期に繰り越すかのいずれかの方法を取ることができます。不足分の賃金を控除する場合は、就業規則にその旨を明記して下さい。

不足時間を繰り越す場合は、次期は本来の所定労働時間に加算して労働させることができます。ただし、その合計時間が、清算期間の法定労働時間の総枠を超える場合は、割増賃金の支払が必要となります（昭和63.1.1基発1号）。

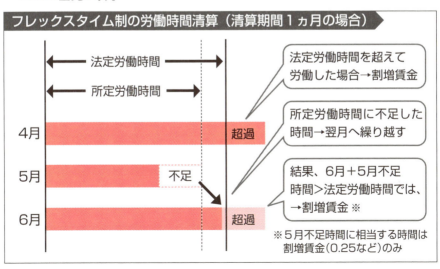

フレックスタイム制の規定例

次にフレックスタイム制の規定例を示しておきます。

フレックスタイム制では、労働時間・休憩・休日・賃金など、他の一般の労働者と異なる事項が多いため、必要があれば別規程を設けて下さい。

応用規定

（フレックスタイム制）

第○条　前条の規定にかかわらず、「フレックスタイム制」に関する協定を締結したときは、その対象者については、始業および終業の時刻について本人の自主的決定に委ねるものとし、協定の定める条件により勤務するものとする。

2. フレックス勤務をする者は、清算期間の総労働時間に著しく不足が生じないよう努めなければならない。

3. フレックス勤務をする者は、自ら始業および終業の時刻を決定するにあたり、与えられた業務に支障が生じないよう努めなければならない。

4. 清算期間の総実労働時間が、清算期間の総所定労働時間を超える場合、その超過時間（第10項後段に定める割増賃金を支払った時間を除く）について時間外労働として割増賃金を支給する。

5. 清算期間の総実労働時間が、清算期間の総所定労働時間に満たない場合、その不足時間に相当する額を賃金から控除する。

6. コアタイム（○時○○分から○時○○分まで）に遅刻、早退、私用外出をした場合、一般の勤務に準じて査定する。ただし、その時間分の賃金は控除しない。

7. フレックス勤務をする者は、深夜勤務、休日勤務、または賃金計算期間について月平均50時間を超えて勤務しようとするときは、所属長の許可を受けなければならない。

8. 社員が、清算期間の途中に、フレックスタイム制の適用部署から非適用部署に異動した場合、異動日の前日の期間までをその期間の清算期間として実労働時間を清算する。また、フレックスタイム制の非適用部署から適用部署に異動した場合、異動日から、その清算期間の終了までをその期間の清算期間とする。

9. フレックス勤務をする者は、毎週金曜日までに、次の週の出社および退社の予定時刻を、所属長に届け出るものとする。

10. 協定で定めた清算期間が1ヵ月超3ヵ月以内であるときは、その協定を所轄労働基準監督署へ届出るものとし、1つの賃金計算期間について月平均50時間を超える勤務をした者には、その超えた時間について賃金規程○条の割増賃金を支払うものとする。

※ 下線部分は改正による清算期間1ヵ月超3ヵ月以内を導入する場合。導入しない場合は不要。

22 「1年単位の変形労働時間制」の定め方

1年間で最大2,085時間まで所定労働時間にできる

「1年単位の変形労働時間制」とは、1年以内の一定の期間を平均し、1週間当たり40時間を超えない範囲で、その期間の内、特定の週に40時間を超え、または、特定の日に8時間を超えて労働させることができる制度です（労基法32の4）。

「1年単位の変形労働時間制」の総労働時間の限度も、1ヵ月単位の場合と同様に次の式で求めます。

$$40時間 \times \frac{変形期間の暦日数}{7日}$$

変形期間を最大限1年とした場合、年間の総労働時間の限度は、2,085時間となります（40×365／7≒2,085時間）。

ただし「1年単位の変形労働時間制」では、変形期間が長期にわたるため、1週間について延長できる限度は52時間まで、1日について延長できる限度は10時間までとされています（労基則12の4 Ⅳ）。

また、週の労働時間が48時間を超える場合は、次の2つの要件を満たすよう定めなくてはなりません。

1週48時間を超える場合の要件

①連続して週48時間を超える所定労働時間を設定する週が3週以内であること。
②対象期間を起算日から3ヵ月ごとに区切った各期間において、週48時間を超える所定労働時間を設定した週の初日が3回以内であること。

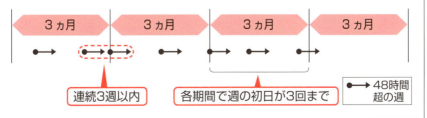

労使協定の締結と届出が要件となる

　１年単位の変形労働時間制を行う場合の要件と労使協定で定めるべき事項は次のとおりです（労基法32の4Ⅰ、労基則12の2、12の4Ⅰ）。

①労使協定を締結すること　　②労使協定の届出

労使協定で定めるべき事項

①対象労働者の範囲　　　　　　　　　②対象期間（１年以内）
③特定期間（対象期間中の特に業務が繁忙な期間）　　④所定労働日等

１年を通して明示する場合 ▶	対象期間における所定労働日および労働日ごとの所定労働時間
１ヵ月以上の期間ごとに区分した場合 ▶	・対象期間のうち区分された最初の期間 → 対象期間における所定労働日および労働日ごとの所定労働時間 ・最初の期間を除く各期間 → 対象期間における労働日数および各期間の総所定労働時間

⑤協定の有効期間　　　　　　　　　　⑥起算日

労使協定の例

　株式会社○○○と株式会社○○○労働組合は、「１年単位の変形労働時間制」に関し次のとおり協定する。

（適用対象者）
第１条　本協定に基づく１年単位の変形労働時間制は、当社の全社員に適用する。
　２．　前項にかかわらず、育児または介護を要する者を扶養する社員、その他特別の配慮を要する社員に対する本協定の適用に当たっては、会社は、労働組合代表と協議する。

（適用対象期間）
第２条　本協定の対象期間は、平成◇年４月１日から平成△年３月31日までとする。

（所定労働時間）
第３条　対象期間における、所定労働日または各労働日の所定労働時間は、別紙「年間カレンダー」による。

（有効期限）
第４条　本協定の有効期限は、平成△年３月31日までとする。

平成○年○月○日
　　　　　　　　　　株式会社○○○　　　　代表取締役　　○○○○　㊞
　　　　　　　　　　株式会社○○○労働組合　執行委員長　　○○○○　㊞

所定労働日数は年間280日が限度

対象期間の所定労働日数については、次のような制限が設けられています（労基法32の4Ⅲ、労基則12の4Ⅲ）。

①**原則**＝対象期間が３ヵ月を超える場合は対象期間１年当たり280日（休日は365−280＝85日となります）が限度となります（対象期間が３ヵ月以下の場合の制限はありません）。

なお、対象期間が３ヵ月超１年未満の場合は280日を対象期間の暦日数／365日によって按分した日数が限度となります。

②**例外**＝旧協定（対象期間３ヵ月超、かつ新たな協定の対象期間の直前１年以内のもの）があるとき、以下のいずれかに該当する場合は、旧協定の対象期間１年当たりの労働日数から１日を減じた日数または280日のいずれか少ない日数が限度となります。

労働日数の限度

イ）新たな協定の「１日の労働時間のうち最も長いもの」が旧協定の定める１日の労働時間のうち最も長いもの、または９時間のいずれか長い時間を超える場合

　新 １日の労働時間のうち最も長いもの ＞ **旧** １日の労働時間のうち最も長いもの（または９時間）

ロ）新たな協定の「１週間の労働時間のうち最も長いもの」が旧協定の定める１週間の労働時間のうち最も長いもの、または48時間のいずれか長い時間を超える場合

　新 １週の労働時間のうち最も長いもの ＞ **旧** １週の労働時間のうち最も長いもの（または48時間）

対象期間は区分することができる

「対象期間を区分する」とは、対象期間の全ての期間について所定労働日および各労働日ごとの所定労働時間をあらかじめ定めることができない場合に、対象期間を１ヵ月以上の期間ごとに区分（例えば、１年間の対象期間を３ヵ月ごとに４区分）し、とりあえず各期間ごとの労働日数と総労働時間のみを定め、各期間の到来する前までに、所定労働日および各労働日ごとの所定労働時間を定めていく方法です。

この場合、各区分のうち最初の期間については、協定締結の際に所定労

働日とその所定労働日毎の所定労働時間を定めなければならないこととされています。

その後の各期間については、①各期間の開始する少なくとも30日前までに、②労働者の同意を得て所定労働日および各労働日ごとの所定労働時間を定めればよいとされています（労基法32の4Ⅱ）。

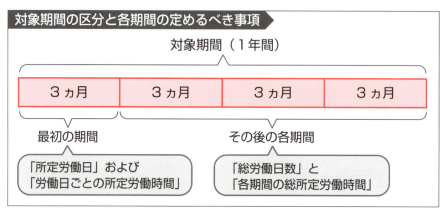

特定期間は連続して労働させることができる

「特定期間」とは、対象期間中の特に業務が繁忙な期間をいいます。

対象期間中に連続して労働させることができる日数については、6日が限度（つまり、6日連続して労働日とした後は休日を設けなければならない）と定められています。ただし、労使協定で特定期間を定めることによって12日（週1日の休日）まで連続する労働日を延長することができます（労基則12の4Ⅴ）。

この特定期間は、業務の繁忙な期間として法の趣旨に沿ったものであれば、特に期間の限度はありません。また、複数の期間を定めることもできます（平成11.3.31基発169号）。

対象期間に途中入社または途中退社する場合

対象期間の途中に入社または退職した者がでた場合、一定期間を平均するという変形労働時間の考え方が適用できなくなります。

この場合、その者が対象期間中に所定労働時間として勤務した時間を平均し週40時間を超える場合（例えば、所定労働時間が法定労働時間より長い期間のみ勤務して退職したときなど）、超過する時間については割増賃金を支払わなければなりません（労基法32の4の2）。

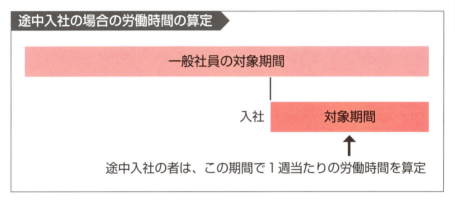

途中入社の場合の労働時間の算定

労使協定の記載例（年間カレンダーで通知する場合）

1年単位の変形労働時間制を採用する場合、毎年所定労働日が変わりますから、一般には、カレンダーを配布して所定労働日を通知します。カレンダーは協定の届出に添付します。

応用規定

（1年単位の変形労働時間制）
第○条　前条の規定にかかわらず、労働組合と「1年単位の変形労働時間制」に関する協定をしたときは、協定に定める対象者については、その協定の定めるところにより勤務する。
　2．変形期間における、所定労働日および各日の所定労働時間は、原則として、毎年2月末日までに「年間カレンダー」を配付して明示する。

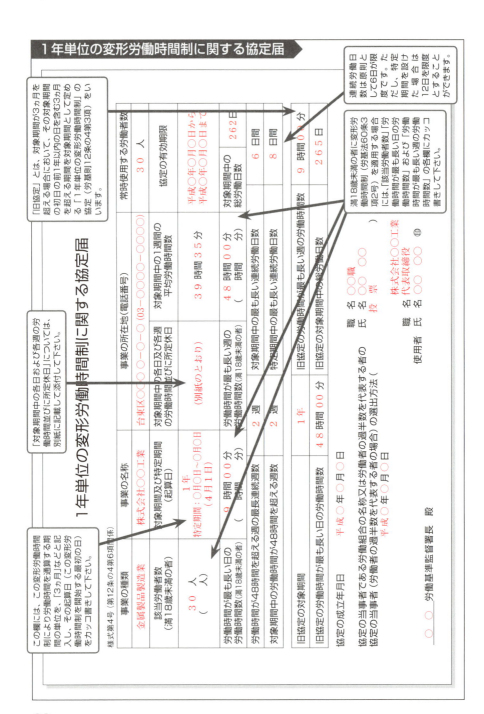

23 「1週間単位の非定型的変形労働時間制」の定め方

小売や飲食店などのために短期の変形労働時間制がある

「1週間単位の非定型的変形労働時間制」とは、日ごとの業務に著しい繁閑の差が生ずるとして定められた事業（小売業、旅館、料理店、飲食店に限る）で、常時30人未満の労働者を使用する事業場について、労使協定を前提に、各週の総労働時間が40時間を超えない範囲であれば、特定の日の所定労働時間を10時間まで延長することができ、また、各々の週の開始する前までに、その週の労働日と、各日の労働時間を書面で通知することができる制度です（労基法32の5、労基則12の5）。

1週間単位の非定型的変形労働時間制を行う場合の要件と、労使協定で定めるべき事項は次のとおりです。

①対象事業場であること　②労使協定を締結すること
③労使協定の届出

労使協定で定めるべき事項	
①1週間の所定労働時間	②割増賃金の支払い

応用規定

（変形労働時間制）
第○条　会社は、社員代表と「1週間単位の非定型的労働時間制」に関し協定を締結した場合には、第○条にかかわらず、協定の定めるところにより、社員は、1週間について40時間、1日について10時間の範囲で労働するものとする。
2. 会社は、各週（日曜日から土曜日までの1週間）の労働日および各日の労働時間を、各週の開始する前日までに書面により通知する。
3. 通知した労働日および労働時間は、業務の都合その他やむを得ない事由がある場合は、変更することがある。この場合、会社は、少なくとも前日までに書面により通知する。

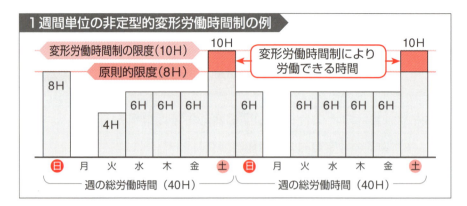

労使協定の例

　有限会社○○○と社員代表○○○○は、「１週間単位の非定型的変形労働時間制」に関し、次のとおり協定する。

（所定労働時間）
第１条　各週（日曜日から土曜日の１週間とする）の所定労働時間は、40時間以内、各日の所定労働時間は10時間以内とする。

（通　知）
第２条　会社は、各週の労働日および各日の所定労働時間について、各週の開始する前日までに書面により社員に通知する。

（労働日の変更）
第３条　業務の都合またはやむを得ない事由がある時は、通知した労働日または各日の所定労働時間を変更することがある。この場合、会社は、前日までに書面により社員に通知するものとする。

（割増賃金）
第４条　社員が、あらかじめ通知した所定労働時間を超えて労働し、または所定休日に労働したときは、会社は、賃金規程第○条の定めるところにより、時間外手当または休日手当を支払う。

（有効期限）
第５条　本協定の有効期限は、平成△年３月31日までとする。

平成○年○月○日
　　　　　　　　　　　　　株式会社○○○
　　　　　　　　　　　　　　　　　代表取締役　○○○○　㊞
　　　　　　　　　　　　　　　　　社員代表　　○○○○　㊞

24 「事業場外労働」の定め方

実際の労働時間を採用しない「みなし労働時間制」とは

　ここまで、どのような場合が労働時間となるのか、どのように労働時間を組んでいくのかを述べてきましたが、いずれも労働者が働いた正確な時間を算定しなければならないものでした。ところが、労働形態が多様化すると、働く場所や業務の内容によっては、正確な労働時間の管理が難しい場合もあります。

　そこで「労働基準法」では、労働者に仕事の遂行方法を任せ、労働時間は、あらかじめ定められた一定の時間働いたものとみなす制度として、「事業場外労働」「裁量労働時間制」の2つの制度を定めています。これらを**「みなし労働時間制」**といいます。

　ただし、みなし労働時間制を採用しても、休憩、深夜労働、休日については適用を除外されませんから、通常の労働者と同様に取り扱わなければなりません（昭和63.1.1基発1号）。

出張などは所定労働時間の労働とみなすことができる

　「事業場外労働」とは、営業マンなどの外勤者や出張のため1日を通して上司の指揮監督から離れる者など、使用者が労働時間を適切に管理できない場合をいいます。

　このような労働時間については、所定労働時間勤務したものとみなすこととし、その労働が通常、所定労働時間を超える場合には、「当該業務の遂行に通常必要とされる時間を勤務したものとみなす」という取り扱いをしています（労基法38の2）。

　なお、通常、所定労働時間を超えて労働する場合において、労使協定には「通常要する時間」を定め、労働基準監督署長に届け出たときは、その協定で定めた時間を勤務したものとみなします。

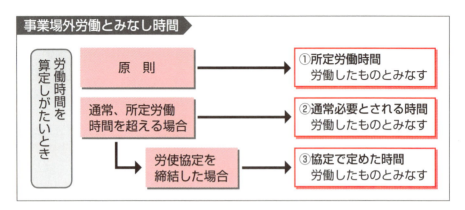

モデル規定

(事業場外労働)
第43条 外勤、出張その他会社外で就業する場合で、労働時間を算定しがたいときは、所定労働時間就業したものとみなす。

　モデル規定では、臨時に出張した者や、営業職などで所定労働時間程度の外勤者を想定し労働時間を定めていますから、みなし労働時間は、所定労働時間としています。

　常に所定労働時間を超えて事業場外労働する労働者がいる会社では、労働時間の算定についてトラブルのないよう労使協定を締結することが望ましいでしょう。

　事業場外労働とは、単に社外で働く者全てに適用されるものではなく、会社の「具体的な指揮監督が及ばず、かつ、労働時間の算定が困難な場合」とされていますから、次のような報告を受けて正確な時間がわかる場合などには適用されません（昭和63.1.1基発１号）。

事業場外労働が適用されない場合
①何人かのグループで事業場外労働に従事する場合で、そのメンバーの中に労働時間の管理をする者がいる場合
②事業場外で業務に従事するが、無線やポケットベル等によって随時使用者の指示を受けながら労働している場合
③事業場において、訪問先、帰社時刻等当日の業務の具体的指示を受けた後、事業場外で指示どおりに業務に従事し、その事業場にもどる場合

25 「専門業務型裁量労働制」の定め方

「裁量労働制」は成果で労働を評価するもの

「裁量労働制」とは、業務の性質上、その業務の遂行を、従事する労働者の裁量に委ね、あらかじめ定めた一定の時間（必ずしも所定労働時間ではなく業務に要する時間）労働したものとみなす制度です。例えば、デザイナーなど、発想に価値があるものや、本人の知識や経験によって遂行方法が異なるものなど、一概に労働時間について労働の対価（賃金）を支払うことが見合わない場合、その賃金は、労働時間に対してではなく、労働の成果について支払われるため、労働時間の管理としては、実際の労働が、所定労働時間に満たなくとも、また超えていても、あらかじめ定めた一定の時間を労働したものとみなします。

このような裁量労働制は、「専門業務型」と「企画業務型」の２種類があり、いずれも労働者に対して自己管理と業務の達成責任を求めた制度といえます。

定められた一定の業務のみ適用できる

まず、「専門業務型裁量労働制」とは、業務の性質上労働者の裁量にゆだねる必要があるとして限定列挙された86ページの業務について、一定の要件のもとで、一定の時間を労働したものとみなすものです（労基法38の3）。

その適用の要件と、労使協定で定めるべき事項は、次のとおりです（労基法38の3Ⅰ、労基則24の2の2Ⅲ①）。

---

①労使協定の締結　　②労使協定の届出

労使協定で定めるべき事項

①対象業務
②業務の遂行の手段および時間配分の決定等に関し当該業務に従事する労働者に対し具体的な指示をしないこととする旨
③１日当たりのみなし労働時間
④協定の有効期間（３年以内が望ましい）
⑤労働者の健康および福祉を確保するための措置
⑥労働者からの苦情の処理に関する措置

専門業務型裁量労働制の対象業務

① 新商品・新技術の研究開発、人文科学・自然科学に関する研究の業務
② 情報処理システムの分析または設計の業務
③ 新聞・出版の事業における記事の取材・編集の業務、または放送番組等の制作のための取材・編集の業務
④ デザイナー（衣服・室内装飾・工業製品・広告等）の業務
⑤ 放送番組、映画等の制作の事業におけるプロデューサーまたはディレクターの業務
⑥ コピーライター（広告、宣伝等における商品等の内容、特徴等に係る文章の案の考案）の業務
⑦ 公認会計士の業務
⑧ 弁護士の業務
⑨ 建築士（一級・二級・木造建築士）の業務
⑩ 不動産鑑定士の業務
⑪ 弁理士の業務
⑫ システムコンサルタント（情報処理システムを活用するための問題点を把握・活用するための考案・助言の業務）
⑬ インテリアコーディネーター（照明器具、家具などの配置に関する考案・表現・助言の業務）
⑭ ゲームクリエーター（ゲーム用ソフトの創作の業務）
⑮ 証券アナリスト（有価証券市場における相場等の動向、または有価証券の価値等の分析、評価、または投資に関する助言の業務）
⑯ 税理士の業務
⑰ 中小企業診断士の業務
⑱ 大学における教授研究の業務（主として研究業務に限る）
⑲ 金融工学の知識を用いて行う金融商品の開発の業務

モデル規定

（裁量労働制）

第42条　裁量労働制に関する労使協定が締結されたときは、その協定の定める対象者については、協定で定める時間労働したものとみなす。

2. 前項の協定で定める労働時間が、法定労働時間を超える場合は、超える時間について賃金規程に定める割増賃金を支払う。

3. 1項の規定は、適用対象者が欠勤、休暇等によって労働しなかった日については適用しない。

健康・福祉確保措置と苦情処理措置を実施すること

　労働者の健康・福祉確保措置の例は、次のとおりです。

　苦情の処理に関する措置については、苦情の申出の窓口および担当者、取り扱う苦情の範囲、処理の手順・方法等その具体的内容を明らかにする必要があるとされています。

　なお、専門業務型裁量労働制を導入した場合、会社は、対象業務に従事する労働者の労働時間の状況と協定した「労働者の健康および福祉を確保する措置」と「労働者からの苦情の処理に関する措置」の労働者ごとに講じた措置を記録し、協定の有効期間とその後の３年間保存することが義務付けられました（労基則24の2の2Ⅲ②）。

健康・福祉確保措置の例

①把握した対象労働者の勤務状況およびその健康状態に応じて、代償休日または特別な休暇を付与すること。
②把握した対象労働者の勤務状況およびその健康状態に応じて、健康診断を実施すること。
③働き過ぎの防止の観点から、年次有給休暇についてまとまった日数を連続して取得することを含めて、その取得を促進する。
④心と体の健康問題についての相談窓口を設置すること。
⑤把握した対象労働者の勤務状況およびその健康状態に配慮し、必要な場合には適切な部署に配置転換をすること。
⑥働き過ぎによる健康障害防止の観点から、必要に応じて、産業医等による助言、指導を受け、または対象労働者に産業医等による保健指導を受けさせること。

実際に対象労働に従事したときのみ適用される

　裁量労働制を採用しても、休憩、深夜労働、休日については適用を除外されません（昭和63.3.14基発150号）。

　また、通常は対象業務に従事していても、臨時のイベントに借り出されたときなど対象業務でない業務に従事する際は、原則どおり実労働時間を把握して賃金を支払う必要があります。

専門業務型裁量労働制に関する協定届

様式第13号（第24条の2の2第2項関係）

専門業務型裁量労働制に関する協定届

事業の種類	事業の名称	事業の所在地（電話番号）
ゲーム制作業	株式会社○○ソフト	台東区○○○○-○-○（03-○○○○-○○○○）

業務の種類	業務の内容	該当労働者数	1日の所定労働時間	協定で定める労働時間	労働者の健康及び福祉を確保するために講ずる措置（労働者の労働時間の状況の把握方法）	労働者からの苦情の処理に関して講ずる措置	協定の有効期限
ゲーム用ソフトウェアの制作の業務	一定の期間内にゲームの抽象的な全体像に基づいてゲームのシナリオ、映像、音響等を担当ごとに労働者が独立的に制作する。	12人	8時間	9時間	2ヵ月に1回、所属長が健康状態についてヒアリングを行い、必要に応じて特別健康診断の実施や特別休暇の付与を行う。（タイムカード）	毎週月曜日12：00～13：00に労働組合に裁量労働相談室を設け、裁量労働制の運用、評価制度及び賃金制度の処遇制度全般の苦情を扱う。本人のプライバシーに配慮した上で、実施調査を行い、解決策を労使委員会に報告する。	平成○年4月1日から平成○年3月31日まで

時間外労働に関する協定の届出年月日　平成○年○月○日

協定の成立年月日　平成○年○月○日

協定の当事者である労働組合の名称又は労働者の過半数を代表する者の
職名
氏名　株式会社○○ソフト労働組合

協定の当事者（労働者の過半数を代表する者の場合）の選出方法（　　　）

平成○年○月○日

使用者　職名　株式会社○○ソフト
　　　　　　　代表取締役
　　　氏名　○○　○○　㊞

○○　労働基準監督署長　殿

※この欄には、業務の性質上その業務の遂行方法を大幅に労働者の裁量に委ねる必要がある旨を具体的に記入してください。

※この欄には、事業場における時間外労働に関する協定（36協定）の届出年月日（届出をしていない場合はその予定年月日）を記入すること。ただし、協定で定める時間が法定労働時間（労基法32条）又は小規模事業所の特例（労基法40条）が適用される労働時間を超えないときには、記入を要しません。

労使協定の例

[専門業務型裁量労働制に関する協定]

　株式会社○○○ と 株式会社○○○労働組合 は、就業規則第○条の規定に基づき「専門業務型裁量労働制」に関し、次のとおり協定する。

（対象範囲）
第１条　本協定は、次の社員に適用する。
　　　　①新商品または新技術の研究開発の業務に従事する者
　　　　②情報処理システムの分析または設計の業務に従事する者

（専門業務型裁量労働制の原則）
第２条　対象社員に対しては、会社は業務遂行の手段および時間配分の決定等につき具体的な指示をしないものとする。

（みなし労働時間）
第３条　対象社員が、所定労働日に勤務した場合は、就業規則第○条に定める就業時間に関わらず、１日９時間労働したものとみなす。

（時間外手当）
第４条　みなし労働時間が就業規則第○条に定める所定労働時間を超える部分については、時間外労働として取り扱い、賃金規程第○条の定めるところにより割増賃金を支払う。

（休憩、休日）
第５条　対象社員の休憩、所定休日は就業規則の定めるところによる。

（対象社員の出勤等の際の手続）
第６条　対象社員は、タイムカードによる出退勤の時刻の記録を行わなければならない。
　２．　対象社員が、出張等業務の都合により事業場外で業務に従事する場合には、事前に所属長の了承を得てこれを行わなければならない。この場合には、第３条に定める時間を労働したものとみなす。
　３．　対象社員が所定休日に勤務する場合は、休日労働協定の範囲内で事前に所属長に申請し、許可を得なければならない。この場合、対象社員の休日労働に対しては、賃金規程第○条の定めるところにより休日労働の割増賃金を支払う。

4. 対象社員が深夜に勤務する場合は、事前に所属長に申請し、許可を得なければならない。この場合、対象社員の深夜労働に対しては、賃金規程第○条の定めるところにより深夜労働の割増賃金を支払う。

（対象社員の健康と福祉の確保）
第7条　会社は、対象社員の健康と福祉を確保するために、次の措置を講ずるものとする。
　①対象社員の健康状態を把握するために、対象社員ごとに本人の健康状態について「自己診断カード」（2ヵ月に1回）に記録させヒアリングを行う措置を実施する。
　②会社は、前号の結果をとりまとめ、産業医に提出するとともに、産業医が必要と認めるときには、定期健康診断とは別に特別健康診断を実施する。
　③精神・身体両面の健康についての相談室を設置する。

（裁量労働適用の中止）
第8条　会社は、前条の措置の結果、対象社員に専門業務型裁量労働制を適用することがふさわしくないと認められた場合または対象社員が専門業務型裁量労働制の適用の中止を申し出た場合は、その労働者に専門業務型裁量労働制を適用しないものとする。

（対象社員の苦情の処理）
第9条　対象社員の苦情等の処理に対応するため、裁量労働相談室を開設する。

（勤務状況等の保存）
第10条　会社は、対象社員の勤務状況、健康と福祉確保のために講じた措置、苦情について講じた措置の記録をこの協定の有効期間の始期から有効期間満了後3年間を経過する時まで保存することとする。

（有効期間）
第11条　この協定の有効期間は、平成○年4月1日から平成○年3月31日までの1年間とする。

平成○年○月○日

　　　　　　　　　　　　　　　株式会社○○○
　　　　　　　　　　　　　　　　　代表取締役　　○○○○　　㊞
　　　　　　　　　　　　　　　株式会社○○○労働組合
　　　　　　　　　　　　　　　　　執行委員長　　○○○○　　㊞

26 「企画業務型裁量労働制」の定め方

まだまだ新しいホワイトカラーの労働時間制

　国際的競争が高まる中、事業運営の中枢となる労働者の創造的能力をより発揮させるためには、彼らが自由な発想で一連の作業に取り組める「裁量による業務遂行」の環境が求められています。

　このような背景から、すでにあった専門業務型裁量労働制に加えて、平成12年4月からは、「**企画業務型裁量労働制**」というホワイトカラーの裁量労働制が開始されました（労基法38の4）。ただし、裁量労働制の拡大については、法律審議の段階から、労働者サイドの反対も強く、「労使委員会」という協議組織の設置が条件とされています。

企画、立案、調査・分析の業務に拡大！

　対象となる業務は、「業務の運営に関する事項」についての企画、立案、調査および分析の業務であって、その業務の遂行方法を大幅に労働者の裁量にゆだねる必要があるため、業務の遂行方法等に関し、会社が具体的な指示をしないこととした業務です。

　厚生労働省の指針では、対象業務である「事業の運営に関する事項」について次のように例示しています。

> A．対象事業場の属する企業等に係る事業の運営に影響を及ぼす事項
> B．当該事業場に係る事業の運営に影響を及ぼす独自の事業計画や営業計画

　さらに、具体的に該当する業務と該当しない業務について92ページのような例示をしています。

> **Aに該当する業務の例**
> ① 本社・本店で、企業全体に係る管理・運営とあわせて対顧客営業を行っている場合、本社・本店の管理・運営を担当する部署において策定される企業全体の営業方針
> ② 事業本部が策定する、当該企業が取り扱う主要な製品・サービス等についての事業計画
> ③ 地域本社・統轄支社・支店等で策定する、当該企業が事業活動の対象としている主要な地域における生産、販売等についての事業計画や営業計画
> ④ 工場等が、本社・本店の具体的な指示を受けることなく独自に策定する、当該企業が取り扱う主要な製品・サービス等についての事業計画
>
> **Aに該当しない業務の例**
> ① 本社・本店で対顧客営業を担当する部署に所属する個々の営業担当者が担当する営業
> ② 工場等が行う個別の製造等の作業や当該作業に係る工程管理
>
> **Bに該当する業務の例**
> ① 支社・支店等が、本社・本店の具体的な指示を受けることなく独自に策定する、当該支社・支店等を含む複数の支社・支店等が事業活動の対象とする地域における生産、販売等についての事業計画や営業計画
> ② 支社・支店等が、本社・本店の具体的な指示を受けることなく独自に策定する、当該支社・支店等のみが事業活動の対象とする地域における生産、販売等についての事業計画や営業計画
>
> **Bに該当しない業務の例**
> ① 支社・支店等が、本社・本店または支社・支店等である事業場の具体的な指示を受けて行う個別の営業活動

「労使委員会」の設置が適用の要件となる

次の要件を満たし、対象労働者を対象業務に就かせたときは、その労働者は労使協定で定めた時間を労働したものとみなすことができます（労基法38の4Ⅰ、労基則24の2の3Ⅲ①）。

> ① 事業場における労働条件に関する事項を調査審議し、事業主に対し当該事項について意見を述べることを目的とする委員会が設置されていること
> ② 労使委員会がその委員の5分の4の多数による決議により次に掲げる事項に関する決議をしていること
> →対象業務／対象労働者の範囲／みなし労働時間／対象労働者の健康および福祉を確保するための措置／対象労働者からの苦情の処理に関する措置／対象労働者の同意を得ること等／決議の有効期間（有効期間に制限はないが、3年以内が望ましいとされている）
> ③ 労使委員会の決議を労働基準監督署長に届け出ること

企画業務型裁量労働制に関する決議届

この欄には、対象者のみなし労働時間とする時間を記入してください。

	常時使用する労働者数	256人
	決議で定める労働時間	8時間
		8時間

この欄には、対象業務に従事する者のうちみなし労働時間を適用する者の範囲について、必要とされる職務経験年数、職能資格等を具体的に記入してください。

様式第13号の2（第24条の2の2第1項関係）

企画業務型裁量労働制に関する決議届

事業の種類	事業の名称	事業の所在地（電話番号）
その他の事業	○○株式会社 本社事業場	渋谷区○○○ ○-○-○ (03-○○○○-○○○○)

業務の種類	労働者の範囲（職務経験年数、職能資格等）	労働者数
企画部で経営計画を策定する業務	入社7年目以上、職能等級6級以上	10人
人事部で人事計画を策定する業務	入社7年目以上、職能等級6級以上	10人

労働者の健康及び福祉を確保するために講ずる措置（労働者の労働時間の状況の把握方法）	2ヶ月に1回、所属長が健康状態についてヒアリングを行い、必要に応じて特別健康診断の実施や特別休暇の付与も行う。（タイムカード）

労働者からの苦情の処理に関して講じてある措置	毎週1回、総務部に苦情相談室を設置する

労働者の同意を得なければはならないこと及び同意をしなかった労働者に対して解雇その他不利益な取り扱いをしてはならないことについての決議の有無　（有）・無

労働者の同意のこと、労働者の健康及び福祉に当該労働者の健康及び福祉を確保するために講じた措置、労働者からの苦情の処理に関する措置並びに労働者の同意に関する記録を保存することについての決議の有無　（有）・無

決議の成立年月日	平成○年○月○日	決議の有効期間	平成○年4月1日～平成○年3月31日

労働者の委員数	規程	委員会の有無
10人	規程 連（有）無	（有）・無

氏名	任期
○○ ○○	1年
○○ ○○	同上
○○ ○○	同上

運営規程に含まれている事項
開催に関する事項・議長の選出に関する事項・決議の方法に関する事項・定足数に関する事項・委員会への情報開示に関する事項

任期を定めて指名された委員	氏名	任期
	○○ ○○	1年
	○○ ○○	同上
	○○ ○○	同上

決議は上記委員会の5分の4以上の多数による決議により行われたものである。
委員会の委員の半数について任期を定めて指名した者の名称又は労働者の過半数を代表する者（労働者の過半数で組織する労働組合がない場合は、労働者の過半数を代表する者）の選出方法（投票による選挙）
委員会の委員の半数について任期を定めて指名した者（労働者の過半数を代表する者）の氏名を記入してください。

平成○年○月○日

職名　企画部
氏名　○○ ○○
職名
氏名　○○ ○○

使用者　○○株式会社
代表取締役
○○ ○○ ㊞

○○労働基準監督署長　殿

この欄には、「労働者の健康および福祉を確保するために講ずる措置」の内容と、労働時間の具体的な把握方法を（　）内に記入してください。

この欄には、「労働者からの苦情の処理に関して講ずる措置」の内容を具体的に記入してください。

この欄には、労働者の過半数で組織する労働組合がある場合はその名称又は労働者の過半数で組織する労働組合がない場合において労働者の過半数を代表する者に指名された委員の氏名を記入してください。

第2章　労働時間

学卒者など業務未経験者は対象とならない

　対象労働者とすることができる労働者とは、原則として、対象業務に常態として従事している労働者であって「対象業務を適切に遂行するための知識、経験等を有する労働者」です。

　例えば、大学を卒業したばかりの労働者で、全く職務経験がない者は対象労働者にすることはできません。少なくとも3年から5年程度の職務経験を経た上で、対象業務を適切に遂行するための知識・経験等があるといえる者でなければなりません（平成11.12.27労働省告示149号）。

労使委員会の議事録は3年間保存すること

　労使委員会は、「賃金、労働時間その他の当該事業場における労働条件に関する事項を調査審議し、事業主に対し当該事項について意見を述べることを目的とする委員会」で、委員会の委員の半数（労使各1名で構成される委員会などは法律の規定する委員会とは認められない（平成12.1.1基発1号））が、対象事業場の労働者の過半数から任期を定めて指名されている者で構成されなければなりません。

　この「事業場の労働者の過半数」とは、対象事業場に労働者の過半数で組織する労働組合がある場合はその労働組合、そのような労働組合がない場合は労働者の過半数を代表する者をいいます。さらに、指名される者は管理監督者以外であることとされています。

　また、労使委員会の議事については、議事録が作成され、かつ開催の日から3年間保存しなければなりません。そして、議事録は事業場の労働者に対し常時各作業場の見やすい場所へ掲示するなどの方法で周知する必要があります（労基法38の4Ⅱ②、労基則24の2の4）。

　その他、①労使委員会の招集・定足数・議事その他委員会の運営規程を定めること、②規程の作成・変更については労使委員会の同意を得ること、③労働者が労使委員会の委員であること、もしくは委員になろうとしたこと、または労使委員として正当な行為をしたことを理由として不利益な取り扱いをしないこと、が法令で定められています（労基則24の2の4Ⅳ～Ⅵ）。

健康および福祉の確保・苦情処理の措置が必要

適用の要件として、対象業務に従事する労働者には、専門業務型と同様（87ページ参照）に、労働者の健康・福祉を確保するための措置と、苦情の処理に関する措置を実施しなければなりません。

また、使用者は、労働者を対象業務に就かせることについて労働者の同意を得なければなりません。その際、同意しなかった労働者に対して解雇その他不利益な取り扱いをすることはできません。

記録の保存と定期報告が必要

使用者は、次の事項を、有効期間中および有効期間満了後3年間は保存することとされています（労基則24の2の3Ⅲ②）。

①対象労働者の労働時間の状況ならびに当該労働者の健康および福祉を確保するための措置として実際に講じた措置の記録
②対象労働者の苦情の処理に関する措置として実際に講じた措置の記録
③対象労働者の同意

使用者は、定期的（適用要件となる決議が行われた日から6ヵ月以内ごとに1回）に、対象労働者の労働時間の状況・健康および福祉を確保するための措置の実施状況を労働基準監督署長に報告しなければなりません（労基法38の4Ⅳ、労基則24の2の5Ⅰ、労基則付則66の2）。

ここまで説明しました実施の流れをまとめると次ページの図表のとおりです。

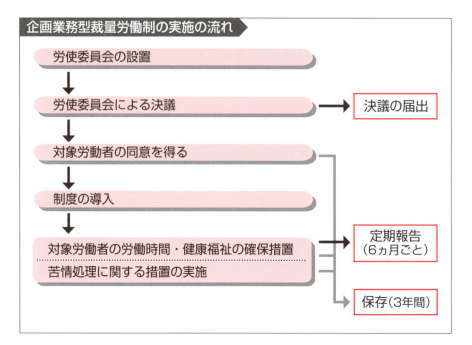

---应用規定---

（裁量労働制）
第○条　会社が次条に定める労使委員会と裁量労働制に関する決議をしたときは、当該裁量労働制の対象は、当該労使委員会が決議した労働時間を労働したものとみなす。ただし、会社は裁量労働制の対象者について個別に同意を求め、同意しない者については適用しない。
2．　前項のみなし労働時間が法定労働時間を超える場合は、超える部分については賃金規程に定める割増賃金を支払う。
3．　第1項の規定は、適用対象者が欠勤、休暇等によって労働しなかった日については適用しない。

（労使委員会）
第○条　労使委員会は次の条件を満たす委員会とし、運営方法その他については、別に定める「労使委員会規程」による。
　　　①委員の半数は労働者代表の指名を受け、任期を定めて任命する
　　　②委員会の設置については行政官庁に届け出るものとする

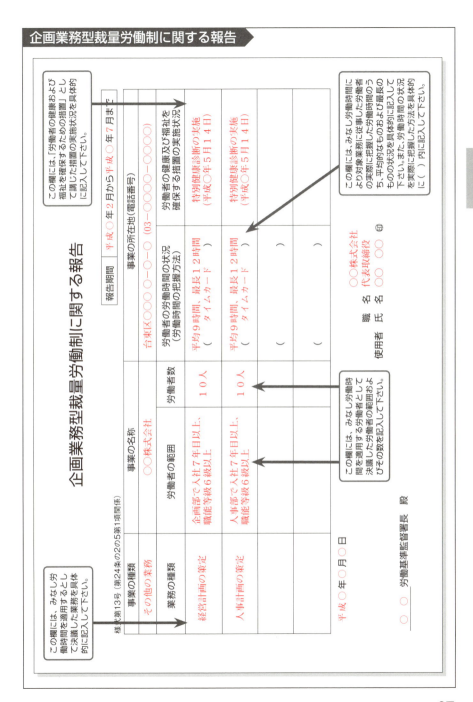

労使委員会の決議は労使協定に代えることができる

労使委員会を設置した事業場では、次の事項について労使協定に代えて、「労使委員会の5分の4以上の多数による決議」に代えることができます。

労使委員会の決議に代えることができる協定事項

① 1ヵ月単位の変形労働時間制（労基法32の2Ⅰ）
② フレックスタイム制（労基法32の3）
③ 1年単位の変形労働時間制（労基法32の4Ⅰ Ⅱ）
④ 1週間単位の非定型的変形労働時間制（労基法32の5Ⅰ）
⑤ 休憩時間の特例（労基法34Ⅱ但し書き）
⑥ 時間外および休日労働〔36協定〕（労基法36）
⑦ 代替休暇による割増賃金の免除（労基法37Ⅲ）
⑧ 事業場外労働（労基法38の2Ⅱ）
⑨ 専門業務型裁量労働制（労基法38の3Ⅰ）
⑩ 年次有給休暇の時間単位取得（労基法39Ⅳ）
⑪ 年次有給休暇の計画的付与（労基法39Ⅵ）
⑫ 年次有給休暇の期間に健康保険法の標準報酬で支払う場合（労基法39Ⅶ但し書き）

27 「休憩時間」の定め方

休憩時間は一斉・自由が原則

　労働者が1日十分な労働力を提供するためには、食事をとったり、疲労を回復するための時間が必要です。**休憩時間**とは、このような「労働者が労働から離れることを保障された時間」をいいます。

　休憩時間は、労働時間が6時間を超える場合は少なくとも45分、8時間を超える場合は少なくとも1時間、労働時間の途中（分割してもかまいません）に与えなければなりません（労基法34）。

　また、原則として、次の2つの方法で与えなければなりません。

①一斉に与えること（「**一斉休憩の原則**」といいます）
②自由に利用させること（「**自由利用の原則**」といいます）

労使協定があれば一斉に休憩を与えなくてよい

　休憩時間は原則として一斉に与えなければなりませんが、次の事業に従事する労働者については適用されません（労基則31）。

一斉に休憩を与えなくてよい事業

運送、販売・理容、金融・保険・広告、映画・演劇・興行、郵便・電気通信、保健衛生、旅館・飲食店・娯楽場
（労基法別表1の4号、8号、9号、10号、11号、13号、14号の事業）

　上記以外の業種でも、機械の監視を必要とする場合など、業務の都合により全員が一斉に休憩をとることができない場合は、労使協定の締結を条件に、一斉休憩を与えないことができます。

　労使協定には、①一斉に休憩を与えない労働者の範囲、②休憩の与え方を記載しなければなりません（労基則15）。

特別な責任のある業務は自由に利用させなくてよい

次に掲げる業務に従事する者には、その業務の公共的性格から自由利用の原則は適用されません（労基則33）。

自由に利用させなくてよい者
①警察官、消防吏員、常勤の消防団員など
②乳児院、児童養護施設、知的障害児施設、盲ろうあ児施設などに勤務する職員で児童と起居をともにする者

外出を許可制にすることもできる

休憩時間であっても、施設の管理や職場の秩序を保つためには、休憩場所の指定など、管理権の合理的な行使として認められる範囲である限り、ある程度自由な利用に制限を加えることも認められます〈米軍立川基地事件：最高裁判決／昭和49.11.29〉。

また、休憩時間に労働者が私用外出する場合などに、上司の許可を求めることも、事業場内において自由に休憩できれば、違法にはなりません（昭和23.10.30基発1575号）。ただし極端な運用は避けるべきです。

モデル規定

（休憩時間）
第44条　休憩時間は次のとおりとする。ただし、社員の過半数を代表する者との協定により休憩の交替付与に関する協定をした場合は、これによるものとする。

　　　　午前12時00分　から　午後1時00分　まで

28 「休日」の定め方

「週休2日制」でも法定休日はいずれか一方となる

　休日とは、就業規則などであらかじめ労働義務がない日として定められた日をいい、労働基準法では、毎週少なくとも1日の休日（「法定休日」という）を与えなければならないとされています（労基法35Ⅰ）。

　ここにいう「1日」とは、原則として、暦日を単位としますが、三交替制を取る場合などは、継続24時間（例えば、午後8時の業務終了から翌日午後8時まで）という形で与えることも可能です（昭和63.3.14基発150号）。

　また、必ずしも事業場全員が一斉に休日をとる必要はありませんから、年中休まず営業する事業場などでは、各人が交替で休日をとることもできます。

　法律では、休日を「毎週日曜日」というように特定することまで要求されていません。しかし、特定することが法律の趣旨に添うものといえるので、就業規則の中で単に「1週間につき1日」といっただけでなく、具体的に一定の日を休日と定める方法を規定することが望ましいといえます（昭和23.5.5基発682号）。

　法定休日に労働者を労働させた場合、休日労働として定められた割増賃金を支払う必要がありますが、週休2日制など法律で定める日数を超えて休日を与える場合は、休日2日のうち1日についての労働は法律でいう休日労働ではなく、所定労働時間を超える場合の「時間外労働」ということになります。

　このように、休日は、労働時間管理とも関連する問題なのです。

　モデル規定は、一般的な休日の規定方法として、毎週の休日、年末年始の休日などを定めたものです。

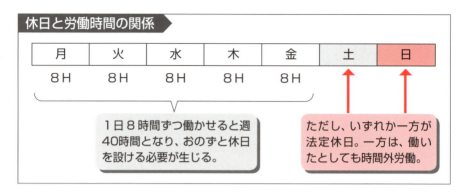

モデル規定

（休　日）
第48条　休日は次のとおりとする。
　　　　①毎週、土曜日・日曜日　②国民の祝日に関する法律に定める休日
　　　　③年末年始（12月○日から1月○日）
　　　　④夏季（8月○日から8月○日）
　　　　⑤その他会社が定める休日

休日は毎週1日とする以外の方法もある

　1週間について1日の休日が与えられない場合、4週間を通じ4日以上の休日を与える例外が認められています（労基法35Ⅱ）。これを「**変形休日制**」といいます。変形休日制は、就業規則で起算日を定め、その日から4週間ずつ区切って特定の週を明らかにする必要はありますが、起算日からではない区切りをした場合におけるどの4週をみても4日の休日が求められるものではありません。

　なお、労働時間を「1年単位の変形労働時間制」とする場合、必ず1週間に1日の休日を与えなければならないとされていますから（労基則12の4）、変形休日制を導入することはできないことになります。

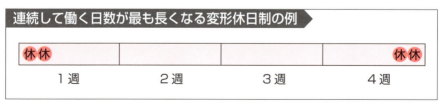

休日の振り替えと代休は違う

　使用者は、業務の都合により、定めた休日に労働者を労働させなければならない場合に、あらかじめ定められた休日を労働日に変更し、その代わりに他の労働日を休日とすることができます。

　このような措置を**「休日の振り替え」**といいます。

　就業規則で休日を特定したとしても、「休日の振り替えを必要とする場合には、休日を振り替えることができる」旨の規定を設けておくことによって、休日に出勤しなければならない事由が発生した場合、事前に振り替えるべき日を特定した上で振り替えれば、その休日は労働日となり、休日に労働させたことにはならなくなります（昭和23.4.19基収1397号）。つまり、休日労働としての割増賃金が必要なくなるのです。

　休日を振り替える場合には、事業場で一斉に振り替えなくても、個人単位でも振り替えることができます。

　以上のような手続きをとらず、事後労働者が指定した日に休日をとらせる場合のような措置を**「代休」**といいます。

　代休の場合は、休日を移動させずに労働させたのですから、休日労働としての割増賃金支払義務が生じることになります。

　なお、代休は必ず与えなければならないものではありません（昭和23.4.9基収1004号）。

　先ほど「休日の振り替え」をすれば休日労働としての割増賃金は必要なくなると説明しました。しかし、週休2日制の1日8時間で週40時間労働の場合に休日労働させると、「休日の振り替え」によって事前に振り替え日を次週以降に設定していたとしても、休日労働をした週は週40時間をオーバーしてしまいます。そのため、休日労働としての割増賃金は発生しなくても時間外労働としての割増賃金が発生してしまいます。

　他の日に休日を与えているのですから1ヵ月の所定労働時間は変わらないはずなのに、割増賃金が発生するのは不合理だと感じるかもしれません。

モデル規定

（休日の振替え）
第49条　電力事情、交通機関のストライキその他やむを得ない事由がある場合は前条の休日を1週間以内の他の日に振り替えることがある。
　２．　振り替える場合は、前日までに対象者を定め、振り替える日を指定し、対象者に通知する。

（代　休）
第50条　休日労働または1日の時間外労働が8時間以上に及んだ場合は、本人の請求によりその翌日から1週間以内に代休を与える。ただし、請求された日では業務に支障があるときは与えないこと、または他の日に変更することがある。

　この「代休」のモデル規定では、時間外労働が長時間に及んだ場合の代休も盛り込んでいます。

29 「時間外・休日労働」の定め方

残業はまったく自由に命じられるわけではない

　使用者は、原則として法定労働時間を超えて、または法定休日に労働者を使用することができません。

　ただし、①災害時等により臨時の必要がある場合〔**非常時災害**〕、②労使協定〔**36協定**〕が締結された場合であって業務の都合などにより、法定労働時間を超え、または法定休日に労働者を使用することができます。

　「働き方改革関連法」により、大企業は平成31年4月1日より、中小企業（中小企業の定義は139ページ参照）は令和2年（2020年）4月1日より、この時間外・休日労働に関する規制が強化されます。非常に重要な部分です。施行が猶予される中小企業のためにも、本書では、改正前後の法律を比較しながら解説します。

非常の場合は事後的許可でも許される

　災害その他避けることのできない事由によって、臨時の必要がある場合には、時間外労働または休日労働を命じることができます（労基法33）。

　この場合、使用者は、労働基準監督署長の許可を受けなければなりません。ただし、緊急のため事前の許可を受けられなかった場合は、事後に届出をすることも許されています。この場合、労働基準監督署長がその労働時間の延長または休日の労働を不適当と判断したときは、その後、労働者に休憩または休日を与えることを命令できるものとされています。

　許可基準は次のように解されています（昭和22.9.13発基17号）。

非常時災害による労働の許可基準	
①単なる業務の繁忙その他これに準ずる経営上の必要	……×
②急病、ボイラーの破裂その他人命または公益を保護するための必要	……○
③事業の運営を不可能ならしめるような突発的な機械の故障の修理	……○
④通常予見される部分的な修理、定期的な手入れ	……×
⑤電圧低下により保安等の必要がある場合	……○

> **モデル規定**
>
> （非常時災害の特例）
> 第53条　災害その他避けられない事由により臨時の必要がある場合は、労働基準監督署長の許可を受け、または事後届出により、この章の規定にかかわらず、労働時間の変更、延長または休日勤務をさせることがある。

残業は労使の合意で実施する

　会社は、労働者の代表（事業場の過半数で組織する労働組合があるときは労働組合、ないときは労働者の過半数を代表する者）と**時間外労働・休日労働に関する協定**（労働基準法第36条に定める協定であるため一般に「36協定」と呼ぶ。）を締結し、労働基準監督署長に届出たときは、その協定に定めるところにより法定労働時間を超えまたは法定の休日について、労働者を使用することができます（労基法36Ⅰ）。

　一般にほとんどの会社が残業を行っていますが、この手続きを取らなければ、違法な残業を行っていることになります。

> **モデル規定**
>
> （時間外および休日労働）
> 第51条　会社は、業務の都合により、所定時間外および休日に勤務させることがある。
> 　2．前項の時間外および休日労働を命じる場合で、それが法定労働時間を超え、あるいは法定休日に及ぶときは、労働者代表と締結し、労働基準監督署長に届け出た「時間外および休日労働に関する協定」の範囲内とする。
> 　3．管理職以外の社員が自ら時間外および休日労働の必要があるとして、その勤務を希望する場合は、必ず所属長の許可を得なければならない。なお、時間外勤務が2時間を超えるとき、および休日に勤務するときは、所属長が事前に人事部長の許可を得なければならない。
> 　4．第2項の協定で定めるところにより時間外および休日労働させる場合であっても、実際に勤務する時間外労働の時間は休日労働の時間を含み月100時間未満、2ヵ月から6ヵ月の平均が80時間以下としなければならない。

※ 下線部分が改正に関連する箇所です。

事業場ごと監督署へ届出が必要

時間外および休日労働を命じるために、36協定を締結する場合、36協定には必要事項を定めなければなりません（労基則16）。

ここも改正点です。協定の様式は122、123ページを参照してください。「対象期間」がこの協定により時間外・休日労働させることができる期間で、「有効期間」とは協定の効力がある期間です。行政解釈では「対象期間」と合わせて1年とすることが望ましいといっています。

なお、適用が猶予される中小企業では、その間、従来の様式で協定を届け出ることができます。もちろん、新様式を使うこともできます。

36協定で定めるべき事項

改正前	改正後
労働者の範囲（業務の種類、労働者の数）	➡ 同左
対象期間	➡ 同左　（1年に限る）
労働時間を延長し、または休日に労働させることができる場合	➡ 同左
労働時間を延長して労働させることができる時間・休日の日数 【協定すべき期間】 「1日」「1日を超え3ヵ月以内」「1年」	➡ 同左 【協定すべき期間】 「1日」「1ヵ月」「1年」
	有効期間
	起算日
	時間外・休日の実労働が単月100時間未満、平均80時間以下（112ページ参照）の要件を満たすこと（新様式にチェック欄）

この36協定は、原則として事業場単位で提出します。複数の事業場のある会社は、それぞれの管轄労働基準監督署へ提出することになりますが、内容が同じときは、本社の管轄監督署へ一括して提出することもできます。

36協定は免罰効果

「36協定」の締結によって、会社からの命令があっても、労働者はただちに残業する義務を負うわけではありません。

労働基準法上の労使協定は、その協定によって労働者の民事上の義務を直接生じさせるものではなく、単に、その協定に定めるところによって労働させても労働基準法に違反しないという「免罰効果」をもつものでしかありません。

　労働者に民事上の義務を生じさせるためには、別に、労働協約、就業規則等にその旨を記載しておくという根拠が必要になるのです（昭和63.1.1基発1号）。

　つまり、36協定の締結・届出・周知による効果とは、本来禁止されている法定労働時間を超える労働を命じても労働基準法違反にはならない、ということのみです。労働協約や就業規則等に「時間外および休日労働を命じることがある」と定めることによって初めて、労働者に残業する義務が発生するのです。

　判例では、残業命令に従わない労働者に対する懲戒（この事件では再三懲戒処分を行っても改めなかったため、最終的に懲戒解雇となっている）を妥当としたものがあります〈日立製作所事件：最高裁判決／平成3.11.28〉ただし、残業の必要性、労働者のその日の事情等に配慮した運用がなされるべきでしょう。

限度時間がある

　36協定で定めることのできる時間外労働には、上限時間が設けられています。

　ただし、これまでは厚生労働大臣による告示（法律ではありません）により定められ、さらに「臨時的な特別の事情」がある場合、この上限時間を超えて働かせるよう定めること（「特別条項」といいます）もできたため、実質的に青天井だと批判されていました。

　そこで、「働き方改革関連法」により、時間外労働の上限のルールが見直されました。

　改正法が適用されるのは、大企業が平成31年4月1日、中小企業は1年猶予され、令和2年（2020年）4月1日です。

　改正の概要としては、時間外の限度基準を告示から法律に格上げし、上限無く時間外労働が可能となっていた臨時的な特別の事情がある場合についても上限が設定されました。さらに、罰則（6ヵ月以下の懲役または30

万円以下の罰金)による強制力が与えられることになりました。

まずは、改正前のルールから確認していきましょう。

36協定に定める場合、「1日」および「1日を超え3ヵ月以内の期間」および「1年間」について、それぞれ時間外労働の上限とする時間を定めなければなりません。なお、「1日」を除き延長する時間を定める場合に、それぞれの期間について次の時間を超えることはできません(労基法36Ⅱ)。

時間外労働の限度時間（改正前）

a．原則

一定期間	限度時間
1週間	15時間
2週間	27時間
4週間	43時間
1ヵ月	45時間
2ヵ月	81時間
3ヵ月	120時間
1年間	360時間

b．1年単位の変形労働時間制適用の事業場

一定期間	限度時間
1週間	14時間
2週間	25時間
4週間	40時間
1ヵ月	42時間
2ヵ月	75時間
3ヵ月	110時間
1年間	320時間

※ bによるのは、3ヵ月を超える期間を対象とするものに限ります。
なお、次の①から③までの事業等については、この限度時間の全て、④の事業等については厚生労働省労働基準局長の指定する範囲が適用されません。

①工作物の建設等の事業
②自動車の運転の業務
③新技術、新商品等の研究開発の業務
④厚生労働省労働基準局長が指定するもの

次に改正後について説明します。改正後は告示ではなく法律として定められたため厳格に守るべき上限となります。

まず、協定すべき期間は改正前よりシンプルになっています。「1日を超え3ヵ月以内の期間」の選択幅はなくなり、「1ヵ月」のみとなりました。つまり、協定するのは「1日」「1ヵ月」「1年間」について何時間まで時間外労働できるか協定します。

そして、その限度時間は「1ヵ月」は45時間、「1年間」は360時間となりました。一定の「1年単位の変形労働時間」を適用する場合、「1ヵ月」は42時間、「1年間」は320時間までです（労基法36Ⅳ）。前ページの表と比較してください。改正前の上限と数値としては変わっていません。

なお、改正後の適用除外の業務等については、後で説明します。

特別条項付き協定で更に延長できる

36協定では、原則として限度時間を超える時間を協定することはできません。ただし、特別な事情によって限度時間を超えて労働させる可能性がある場合、あらかじめ**「特別条項付き協定」**として36協定を締結することで、原則の限度時間を超えて働かせることができます（労基法36Ⅴ）。

「特別な事情」とは、臨時的なものに限ります。臨時的なものとは、一時的または突発的に時間外労働を行わせる必要があるもので、特定の労働者について、全体として1年の半分（協定で定める一定期間が1ヵ月の場合は6ヵ月まで）を超えないものとされています。また、単に「業務の都合上必要なとき」など漠然としたものは認められません。

協定の届出の際は、旧様式では欄外などに、「特別条項」としてその内容を記入していましたが、改正後の新様式では、2ページ目に特別条項を記載するようになりました（123ページ参照）。

時間外労働の手続き
法定労働時間 ｜ 限度時間 ｜
３６協定　特別条項

ここも、改正されていますから、改正前、改正後について説明していきます。特に重要な改正部分です。

　改正前は、特別条項における協定の上限は、ありませんでした。そのため、時間外労働「200時間」などとしても届出ができたのです。もちろん、このような上限時間は無謀な過重労働を招きますが、会社としては、いつ何があるかわからないため、高めの上限を届け出てしまうかもしれません。低めの時間を協定するには、企業が自信を持つほど自社の業務の効率性を高めなければならないのでしょう。

　改正後の限度は、1ヵ月あたり100時間未満（休日労働を含む）、1年について720時間を超えない範囲（ここは休日労働時間を含みません）です。「休日労働時間」を含むかどうかの点を注意してください。

　ここまで説明した限度時間を整理すると、次のようになります。

協定の限度時間のまとめ（改正後）

	1ヵ月	1年	
臨時特別な場合	100時間※	720時間	※ 休日労働時間含む
原則	45時間（42時間）	360時間（320時間）	（ ）は一定の1年単位変形労働時間制の場合

　特別条項として定めるべき事項は次のとおりです。

特別条項として36協定に定めるべき事項

改正前	改正後
限度時間を超えて労働させることができる時間外および休日の労働時間	➡同左
限度時間を超えることができる月数（1年について6ヵ月以内）	➡同左
限度時間を超えて労働させることができる場合（臨時特別な場合に限る）	➡同左
	限度時間を超えて労働させる労働者に対する健康福祉確保措置
限度時間を超えた労働に係る割増賃金の率	➡同左
限度時間を超えて労働させる場合における手続	➡同左

「健康福祉確保措置」については、「労働時間が一定時間を超えた労働者に医師による面接指導を実施する」「勤務間インターバル」など指針により望ましい措置が示されています（労基法36 Ⅶ）。なお、この健康福祉確保措置の実施状況に関しては、その記録を協定の有効期間中とその後3年間保存しなければなりません（労基則17 Ⅱ）。

具体的にいつから始まるのか

ここまで説明してきた時間外労働の上限規制の改正は、平成31年4月1日（中小企業は令和2年（2020年）4月1日）以後の期間のみを定めている労使協定について適用されます。平成31年3月31日（中小企業は令和2年（2020年）3月31日）を含む期間を定めている協定については、その協定に定める期間の初日から起算して1年を経過する日までは、従前のまま取り扱われます。つまり、労使の合意を尊重するようです。

改正後は実労働にも上限時間

改正後のポイントとして、これまでと異なるのは、実際の労働時間が協定で定められた時間内であっても、次の時間について、それぞれ定められた時間内に収めなければならないことです（労基法36 Ⅵ）。①と②は休日労働も含みます。③の坑内労働などは以前からありました。

①と②は、いわゆる「過労死ライン」です。万一、労働者が脳梗塞などで倒れ、遺族が労災保険の申請をしたような場合、この時間まで働かせていると労災認定される可能性が高いというラインです。

```
実労働の上限

①1ヵ月単月の時間外労働    ➡ 100時間未満（休日労働時間を含む）

②2～6ヵ月平均の時間外労働 ➡ 80時間以内（休日労働時間を含む）
  ※各期間（対象期間の初日から1ヵ月ごとに区分した期間）について、直前1ヵ月に、
   2ヵ月、3ヵ月、4ヵ月、5ヵ月の期間を加えた、それぞれの期間の時間外労働

③坑内労働、その他厚生労働省令で定める有害な業務 ➡ 1日2時間以内
```

適用除外がある

改正後の時間外労働と休日労働に設けられている「時間外労働の上限時間」と「臨時的な特別な場合の上限時間」については、次のとおり、適用を除外するものが定められました（労基法36 XI）。115ページから説明する労働時間制の「適用除外」とは区別しておきます。あくまでも時間外労働の適用除外です。

①の研究開発の業務は、これまでも適用除外でした。②以降は、基本的に5年間の期限付きの適用除外です。施行日から5年経過後にどのように扱うかは、それぞれの業務等によって定められています。

> ① 新たな技術、商品または役務の研究開発に係る業務（労基法36 XI）
> ② 工作物の建設の事業、その他（労基法139 Ⅱ）
> ③ 自動車の運転の業務（労基法140 Ⅱ）
> ④ 医業に従事する医師（労基法141 Ⅳ）
> ⑤ 鹿児島県および沖縄県における砂糖を製造する事業（労基法142）

新たに指針も策定

厚生労働大臣は、時間外・休日労働を適正なものとするため、労働者の健康、福祉、時間外労働の動向その他の事情から考慮して、次の事項を指針で定めることができるものとされました（労基法36 Ⅶ）。

> ① 協定で定める労働時間の延長・休日労働について留意すべき事項
> ② 労働時間の延長に係る割増賃金の率
> ③ その他の必要な事項

使用者と労働者の代表者は、労働時間の延長および休日労働を協定するに当たり、その内容が指針に適合したものとなるようにしなければならないものとされています（労基法36 Ⅷ）。

就業規則の見直しポイント

　時間外労働の上限規制の改正については、社内の業務の効率性、生産性の向上の改革が欠かせないことはいうまでもありません。そのうえで、就業規則に時間外労働に関する規定を盛り込む必要があります。また、服務規律にも社員が違法な長時間労働をしないよう明記します。法律では使用者についてのみ規制があり、労働者の勝手な長時間労働を規制するものはありませんから、就業規則に記載が欠かせないのです。そして、残業を命じる管理職などにも責任を追及することがある旨を定めることも必要です。

　その他にも、残業削減を頑張るほど賃金が減ることになることから、社員のモチベーションを維持するため、削減時間分の月々の賃金を賞与へ還元するなど賃金制度の工夫が求められます。社内の人事評価か賞与算定の要領に盛り込みましょう。

モデル規定

（服務規律）

第26条　社員は、次の事項を守って職務に精励しなければならない。
　①　常に健康に留意すること
　②　業務を効率的に進めるように努め、第51条2項〜4項の定めに反して時間外休日労働をしてはならない。
　③　（以下省略）

（監督責任）

第81条　社員が時間外休日労働に関する第51条2項〜4項の定めに違反した場合は、その所属長に対しても管理監督者責任としての処分を行うことがある。ただし、当該所属長がその防止に必要な措置を講じ、または講じることが出来なかったことについて、やむを得ない事情があるときは、この限りではない。

※下線部分が改正に関連する箇所です。

30 労働時間の特例と適用除外

小規模な商業などには「労働時間の特例」がある

1週40時間以内、1日8時間以内が法定労働時間の原則でしたが、「商業、演劇、保健衛生、旅館、飲食など」の事業で、常時使用する労働者の人数が10人未満の事業場については、公衆の不便を避ける意味から、例外的に**「労働時間の特例」**が認められています（労基法40、労基則25の2）。

この場合、1日の上限時間は原則どおり8時間ですが、1週間の法定労働時間を44時間までとすることができます。

なお、この事業場が、後で説明する「1ヵ月単位の変形労働時間制」および「フレックスタイム制」を導入する場合、その期間における平均した1週間当たりの所定労働時間は44時間とすることができます。

労働時間・休憩・休日の規定を適用しない者

ここまで労働時間、休憩、休日の規定について説明してきましたが、次に掲げる労働者については、規制になじまないことなどを理由に、これらの規定が適用されません（労基法41）。

ただし、深夜労働に関する規制（労基法37、61）は、適用されますから、深夜に労働した場合の割増賃金は支払い義務が生じます(昭和63.3.14基発150号)。

①農業、畜産、養蚕、水産の事業に従事する者（林業を除く）
②管理監督者または機密の事務を取り扱う者
③監視・断続的労働に従事する者

「農業・水産などの事業に従事する者（労基法「別表1」6号、7号、林業を除く）」は、天候等の自然条件に左右されるため、通常の時間管理になじまないと考えられているため除外されています。

「**管理監督者**」とは、部長、工場長等、労働条件の決定その他労務管理

について経営者と一体的な立場にある者をいいます。これらの者は労働時間に関する規制を超えて活動しなければならない企業経営上の必要があるからです。管理監督者に該当するかどうかは、職位の名称にとらわれず、職務内容、責任と権限、勤務態様に着目し、実態に即して判断されます。給与や賞与などの待遇も一般社員より優遇されていなければなりません。

「**機密の事務を取り扱う者**」とは、秘書その他、職務が経営者または管理監督者の活動と一体不可分であって、厳格な労働時間管理になじまない者をいいます（昭和22.9.13発基17号）。

「**監視に従事する者**」とは、原則として一定部署にあって監視することを本来の業務とし、常態として身体または精神的緊張の少ない者をいいます。ですから、交通関係の監視、車両誘導を行う駐車場等の監視や、危険または有害な場所における業務等、精神的緊張の高い業務は該当しません。

「**断続的労働に従事する者**」とは、間隔をおいて行われる作業に従事する者をいいます（昭和22.9.13発基17号）。修繕係等、通常は業務閑散であるが、事故発生に備えて待機する業務などが該当します。また、宿直・日直も、断続的な労働とみなすことができます。

③の「監視・断続的労働に従事する者」に労働時間、休憩、休日の規定を適用しない場合は、労働基準監督署長の許可を受けなければなりません。

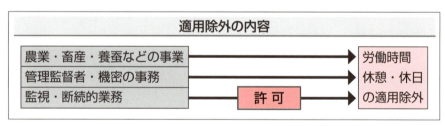

─ モデル規定 ─

（適用除外）
第54条　課長以上の役職者は、労働時間、休憩時間、休日の規定は適用しない。

店長は管理監督者か

前述のように、労働時間の規制が適用されない管理監督者とは「経営者と一体的な立場にある者」です。東京地裁で争われたマクドナルドの事件から、近年、小売店の店長を管理監督者として扱い、残業代を支払わないことを巡ってトラブルが相次いでいます。

マクドナルドの例では、人事権について、アルバイトの採用や昇格決定権はあるものの正社員の採用権はないこと、待遇について店長の平均年収は707万円、下位の職位者の残業代込み平均年収590万円とひらきはあるものの、実際には下位の職位者の年収を下回る店長が全体の10％いることなどを理由に、管理監督者ではなく、店舗責任者にとどまると判断されました（日本マクドナルド事件：東京地裁判決／平成20.1.28）。

管理監督者については、これまで具体的な判断基準がわかりにくかったことから、厚生労働省は小売・飲食チェーンにおける判断基準を行政解釈で示しました。管理監督者性を否定する要素として、長時間労働を余儀なくされた結果、時給に換算してパートタイマーの賃金に満たない場合や、遅刻がマイナス評価される、パートタイマーの採用・解雇権をもたない、などの要素をあげています（平成20.9.9基発0909001号）。しかし、まだまだわかり難いといわざるを得ないでしょう。

そして他業種の管理監督者への判断基準は、いまだに十分ではありません。

ソフトウェア開発会社に対し、社員3人が残業代の支払いを求めて争った裁判もありました。この裁判では「課長代理」の職位にあったシステムエンジニアの男性3名が訴えていましたが、裁判官は、「残業代の支払い義務がない労働基準法の『管理監督者』に当たるかどうかの判断基準として、次の要件を提示しました（東和システム事件：東京地裁判決／平成21.3.9）。

①部門全体の統括的な立場
②部下に対する労務管理上の決定権
③管理職手当などの支給
④自分の出退勤の決定権

31 高度プロフェッショナル制度の定め方

新設された「高度プロフェッショナル制度」

「働き方改革関連法」により、労働時間ではなく仕事の成果を評価し賃金が支払われる**高度プロフェッショナル制度**（正しくは**「特定高度専門業務・成果型労働制」**）が新設されました（労基法41の2Ⅰ）。

この制度の対象者には、労働時間、休憩、休日、深夜の割増賃金に関する規定は、適用されません。そのため、割増賃金の支払い義務もありません。

同様の適用除外の規定である「管理監督者」（115ページ参照）は、労働時間、休憩、休日は適用除外されていますが、深夜労働だけ除外されていなかったため、高度プロフェッショナル制度の方がより広く適用除外されていることになります。

委員会の決議と本人の同意が必要

高度プロフェッショナル制度の導入に当たっては、一定の委員会が設置された事業場において、委員会が委員の5分の4以上の多数決により、一定の事項（労基法41の2Ⅰ）を決議（決議事項のうち③～⑤までの措置を講じていない場合は適用できない）し、その決議を労働基準監督署に届け出なければなりません。

そして、個別労働者の適用については、書面などで本人の同意を得なければなりません。

「委員会」は、委員の半数は労働者代表に指名されている必要があります。また、委員会の多数による決議は、36協定などの協定に代えることができます。

なお、決議の届出をした使用者は、措置の実施状況について行政官庁に報告しなければなりません（労基法41の2Ⅱ）。

委員会の決議事項

① **対象業務の範囲**
高度の専門的知識等を必要とする厚生労働省令で定める限定業務
「研究開発業務」「金融商品の開発業務」「証券アナリストの業務」など

② **対象労働者の範囲**
職務が明確に定められ、年収「1,075万円」以上などの一定の者

③ **健康管理時間を把握する措置**
対象労働者の健康管理を行うために対象労働者が事業場内にいた時間と事業場外において労働した時間との合計の時間（これを「健康管理時間」といいます）を把握する措置

④ **休日**
対象業務に従事する労働者に対し、1年間を通じ「104日以上」、かつ4週間を通じ4日以上の休日を委員会の決議および就業規則等で定めるところにより与えること

⑤ **健康・福祉確保措置（選択的措置）**
対象業務に従事する対象労働者に対し、「勤務間インターバル」「深夜業の回数制限」など一定の措置を委員会の決議および就業規則等で定めるところにより講じること

⑥ **健康管理時間の状況に応じた措置**
健康管理時間の状況に応じ、「有給休暇（年次有給休暇を除く）の付与」「健康診断の実施」など一定の措置のうち委員会の決議で定めるものを使用者が講ずること

⑦ **同意の撤回の手続き**
労働者が一度同意していたとしても、途中で撤回できること

⑧ **苦情処理**
対象労働者からの苦情の処理に関する措置

⑨ **不利益取扱の禁止**
同意をしなかった対象労働者に対し解雇その他不利益な取扱いをしないこと

⑩ その他厚生労働省令で定める事項

モデル規定

（高度プロフェッショナル制度）
第○条　高度プロフェッショナル制度に関し委員会（労働時間その他の労働条件に関する事項を調査審議し、会社に意見を述べることを目的とする労働基準法41条の2第1項に定める委員会）の委員のうち5分の4以上の多数による決議があった場合であって、決議で定める業務および対象労働者に該当する者が同意したときは、労働時間、休憩時間、休日、深夜労働の規定は適用しない。
2．　会社は、前項により同意した労働者（以下本条において「適用労働者」という）が事業場内にいた時間と事業場外において労働した時間との合計の時間（「健康管理時間」という）を把握し、その状況に応じて適用労働者の健康・福祉を確保するために必要な措置を講じるものとする。
3．　適用労働者には、少なくとも年104日の休日（就業規則○条の休日を含む）を与えるものとし、毎年あらかじめカレンダーで明示する。
4．　協定の対象者であっても、高度プロフェッショナル制度の適用に同意しない、あるいは一度した同意の意思を撤回することができる。会社はこのことをもってその者に不利益な取り扱いはしない。
5．　会社は、適用労働者に厚生労働省令で定める時間を超える労働があった場合、医師による面接指導を受けるよう命じる。労働者はこれを拒むことはできない。

コラム COLUMN
勤務間インターバルを努力義務に！

「働き方改革関連法」により、「労働時間等設定改善法」が改正され、平成31年4月1日より「勤務間インターバル制度」が努力義務になりました。

この勤務間インターバルとは、「事業主は、前日の終業時刻と翌日の始業時刻の間に一定時間の休息の確保に努めなければならない」というものです（設定改善法2）。

ヨーロッパなどでは、「11時間」などと休息時間を具体的に定めていますが、今回の改正では時間数が示されず、努力義務に留められました。

すでに日本でも、大手企業などの一部では、勤務間インターバル制度を導入しているところも出てきています。終業から始業まで一定時間を空けることは、疲労の蓄積を抑えるのに非常に有効な手段となります。

なお、厚生労働省の政策の方針となる「過労死防止大綱」に数値目標が設定されるなどから、将来、一歩進んだ規制になる可能性もあります。

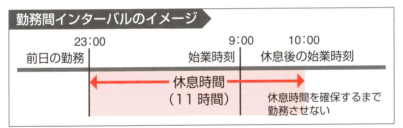

勤務間インターバルを導入する場合、規定例は次のようなものです。始業時刻を遅らせた場合、終業時刻をその時間分繰り下げる方法と、そのままにする方法があります。規定例は始業時刻のみ繰り下げています。

規定例

（勤務間インターバル）
第1条　社員は、いかなる場合であっても、1日の勤務終了後、次の勤務の開始までに少なくとも、○時間の継続した休息時間をとらなければならない。
　2.　前項の休息時間の満了時刻が、次の勤務の所定始業時刻以降に及ぶ場合、翌日の始業時間は、前項の休息時間の満了時刻まで繰り下げる。

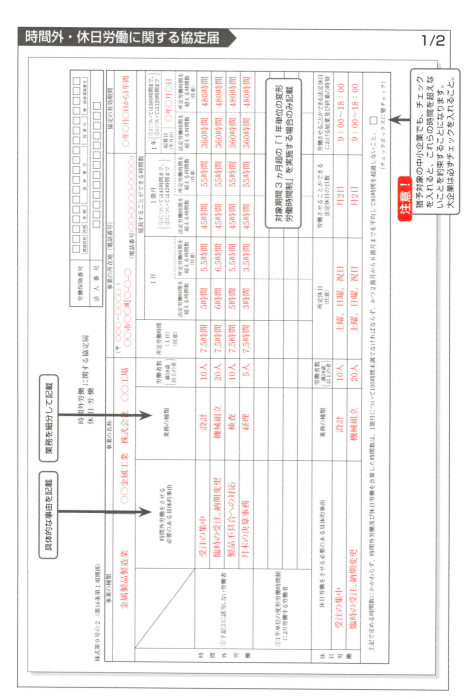

時間外・休日労働に関する協定届 2/2

様式第9号の2（第16条第1項関係）

時間外労働に関する協定届（特別条項）
休　日　労　働

臨時的に限度時間を超えて労働させることができる場合	業務の種類	労働者数（満18歳以上の者）	1日（任意）			1箇月（時間外労働及び休日労働を合算した時間数。100時間未満に限る。）				1年（時間外労働のみの時間数。720時間以内に限る。） 起算日（年月日）　○年○月○日		
			法定労働時間を超える時間数	所定労働時間を超える時間数（任意）	限度時間を超えて労働させることができる回数（6回以内に限る。）	延長することができる時間数及び休日労働の時間数		限度時間を超えた労働に係る割増賃金率		延長することができる時間数		限度時間を超えた労働に係る割増賃金率
							法定労働時間を超える時間数と休日労働の時間数を合算した時間数	所定労働時間を超える時間数と休日労働の時間数を合算した時間数（任意）		法定労働時間を超える時間数	所定労働時間を超える時間数（任意）	
突発的な仕様変更、新システムの導入	設　計	10人	8時間	8.5時間	6回	75時間	85時間		25%	700時間	820時間	25%
製品トラブル・大規模なクレームへの対応	検　査	20人	8時間	8.5時間	6回	75時間	85時間		25%	700時間	820時間	25%
機械トラブルへの対応	機械組立	10人	8時間	8.5時間	6回	75時間	85時間		25%	700時間	820時間	25%

（25%を超える率が努力義務です。）

限度時間を超えて労働させる場合における手続　労働者の代表者に対する事前の申し入れ

限度時間を超えて労働させる労働者に対する健康及び福祉を確保するための措置
（該当する番号）
（①③⑩）

次の中から措置を選択し、該当番号を記載する。（※猶予対象の中小企業は記載不要。）
①労働時間が一定時間を超えた労働者に医師による面接指導を実施すること。②深夜労働させる回数を1ヵ月について一定回数以内とすること。③終業から始業までに一定時間以上の継続した休息時間を確保すること。④勤務間インターバルを設定、対象労働者に11時間の勤務間インターバルを設定、職場での時短対策会議の開催。⑤労働者の勤務状況に応じて、健康診断を実施すること。⑥年次有給休暇についてまとまった日数連続して取得することを含めて取得の促進を図ること。⑦心とからだの健康問題についての相談窓口を設置すること。⑧労働者の勤務状況及びその健康状態に応じて、代償休日または特別な休暇を付与すること。⑨必要に応じて、産業医等による助言・指導を受け、または労働者に保健指導を受けさせること。⑩その他

上記で定める時間数にかかわらず、時間外労働及び休日労働を合算した時間数は、1箇月について100時間未満でなければならず、かつ2箇月から6箇月までを平均して80時間を超過しないこと。☐（チェックボックスに要チェック）

協定の成立年月日　　○○○○年　○○月　○○日

協定の当事者である労働組合（事業場の労働者の過半数で組織する労働組合）の名称又は労働者の過半数を代表する者の　職名　検査課主任　氏名　○○花子

協定の当事者（労働者の過半数を代表する者の場合）の選出方法　投票による選挙

○○○○年　○○月　○○日

使用者　職名　工場長　氏名　○○太郎　㊞

○○　労働基準監督署長殿

（自署が望ましい。協定書そのものを兼ねる場合、労働者代表の押印が必要。）

32 公民権の行使

公のために労働を免除する

　労働者が選挙権など「公民としての権利」を行使するため、または議員、裁判の証人など「公の職務」を執行するために請求した場合は、使用者は、必要な時間の労働を免除しなければなりません（これを「**公民権の行使**」という）。

　ただし、労働者の権利の行使や公の職務の執行に妨げがなければ、会社は、請求された時刻を変更することができます（労基法7）。

社員が裁判員となったら会社は出勤を強制できない

　平成21年5月から「裁判員制度」がスタートしました。社員が裁判員に選ばれて刑事裁判の審理に参加することになった場合は「公の職務」にあたるため、会社は出勤を強制することはできません。

　一定の場合は辞退できますが、「仕事が忙しい」程度では認められません。他人に仕事を代わってもらえない特別な事情があるか（代替性）、仕事に深刻な悪影響が出るか（影響）の2点を特に重視して裁判官が判断することになっています。このような場合でも、社員が参加を希望するのであれば、会社が強制的に辞退させることはできません。また、正当な理由なく出廷しない場合は10万円以下の罰金が課されます。

　裁判員に選ばれたことは公言してはいけませんが、休暇取得のために上司や担当部署に説明することは差し支えありません。

　裁判員には1日1万円以内の日当が裁判所から支給されます。裁判のための休暇中は、無給でも法律上問題ありません。ただ、通常勤務した場合の日給が裁判員の日当よりも多い社員に関しては、差額程度を支給するのが好ましいでしょう。

第3章

賃　金

33 賃金とは

労働基準法では交通費も賃金となる

賃金は、労働時間とならび最も重要な労働条件です。社員の勤労意欲にも大きく影響し、使用者の経営政策、経営哲学を反映するものとなっています。そのため、企業によって賃金制度の内容やその運用方法は大きく異なります。

賃金の定義は、法律によって若干異なりますが、「労働基準法」では、「賃金、給料、手当、賞与その他名称の如何を問わず、労働の対償として使用者が労働者に支払うすべてのもの」と定義しています（労基法11）。したがって、労働者に対して支払うものは、交通費、実物給与、退職金なども、賃金に含まれる場合があります。

具体的に賃金となるか否かは、右の表のように判断されます。特に、社宅、作業着など一般によく取り扱うものは「労働の対償」であるかどうかという点から判断すると、賃金ではないことが分かります。

「ノーワーク・ノーペイの原則」

賃金は「労働の対価」として支払われるため、実際に労働が提供された範囲で使用者に支払義務が生じます。労働者が出勤すべき日に欠勤したり、遅刻・早退などによって労働を提供しなければ、賃金の請求権が生じないというのが大原則です。これを**「ノーワーク・ノーペイの原則」**といいます。

ただし、完全月給制のように、欠勤日の賃金についても控除しない定めをすることはかまいません。この場合、別に定めがない限り、欠勤などの不就労についても支払うことになります。

労働基準法の「賃金」となる判断基準

1.「労働の対償」とは

①任意的、恩恵的であるか否か

　結婚祝金、死亡弔慰金、災害見舞金などは、使用者が恩恵的に支払う場合は、原則として賃金に該当しません。しかし、労働協約、就業規則、労働契約などによって、あらかじめ支給条件が明確なものは、賃金とされます（昭和22.9.13発基17号）。同様に、退職金もあらかじめ定められた支給要件に従って支払われる場合は、賃金となります。

②福利厚生施設であるか否か

　一般に住宅の貸与は、福利厚生施設と解されるところから、原則として賃金に含まれません。しかし、貸与されない者に対しても、公平性の立場から一律に定額の手当てを支給する場合には、住宅貸与の利益が明確に評価できることから賃金となります。食事の供与（労働者が使用者の定める施設に住み込み1日に2食以上支給を受けるような特殊な場合のものを除く）についても、次の要件を全て満たす限り、原則として賃金とせず、福利厚生費として取り扱われます（昭和30.10.10基発644号）。

- 食事の供与のために賃金の減額を行わないこと
- 食事の供与が就業規則、労働協約等に定められ、明確な労働条件の内容となっている場合でないこと
- 食事の供与による利益の客観的評価額が、社会通念上、僅少なものと認められるものであること

③企業設備の一環であるか否か

　この場合の「企業設備」とは、企業が経営体として労働者から労務を受領するため、当然具備しておかなければならない有形、無形の設備をいいます。

　そこで、次に掲げるような、企業設備として必要なものは賃金とみなされません。

【企業設備といえるもの】
- 交通従業員の制服、工員の作業着等業務上必要な被服（昭和23.2.20基発297号）
- 通常、実費弁償的な旅費、役職員交際費（昭和26.12.27基収6126号）
- 作業遂行に必要な道具である作業用品代（昭和27.5.10基収2162号）
- 労働者所有のチェンソーの損料として支給される器具手当など（昭和55.12.10基発683号）
- 法定額を超えて支給される休業補償費（昭和25.12.27基収3432号）

2.「使用者が労働者に支払うすべてのもの」とは

　賃金は、使用者が労働者に支払うものですから、旅館従業員が客から受けるチップは賃金ではありません（昭23.2.3基発164号）。

　ただし、そのチップを一旦使用者が預かり、一定期間ごとに締め切って、従業員に均等配分している場合は、賃金となります。

3.「名称の如何を問わず」とは

　扶養手当、物価手当、子女教育手当など、一見労働とは直接関係がないような名称で支払ったとしても、実質的に上記の(1)(2)に該当する場合は、賃金となります。

34 賃金の支払い5原則

賃金の支払い方には5つのルールがある

　労働者が賃金を請求する権利は、実際に労働を提供した後に生じるとされています（民法624）。つまり、労働力は形がなく、個々の労働者が持参する以外に提供できないという特殊な商品であるため、使用者にとって、あらかじめ対価を支払う性質のものではないからです。

　しかし労働者は、賃金を得ることで生活を成り立たせているので、いつ賃金を支払うかなどを、まったく使用者の自由にするわけにもいきません。「労働基準法」では、賃金の支払い方法について、次のような**「賃金の支払い5原則」**を定めています（労基法24）。

> ① 通貨払いの原則
> ② 直接払いの原則
> ③ 全額払いの原則
> ④ 毎月払いの原則
> ⑤ 一定期日払いの原則

現金払いが原則、口座振込みが例外

　賃金は通貨で支払わなくてはなりません。これを**「通貨払いの原則」**といいます。通貨とは、「強制通用力のある貨幣」（鋳造貨幣、銀行券）のことをいいます。

　この原則の趣旨は、正確に価値が評価できない現物給与や、換金に時間がかかる通貨以外での支払いを禁止することにあります。そのため、原則として小切手での支払いも認められません。

　しかし、次のような、労働者に不利益となるおそれが少ない場合には、通貨以外のものでの支払いが認められています（労基法24Ⅰ但し書き）。

通貨以外による支払いが許される場合

① 法令に別段の定めがある場合
ただし、現在のところ、別段の定めはありません。
② 労働協約に別段の定めがある場合
例えば、商品その他の現物給付、住宅の供与などです。この場合、これらの評価額も労働協約に定めておくことが条件となっています（労基則2Ⅱ）。
③ 命令で定める賃金について、次の1. 2. の2つの確実な支払いの方法で命令で定めるものによる場合

1. 銀行その他の金融機関への口座振込

毎月支払う給与について口座振込を行う場合、次のような取り扱いが望ましいとしてます（平成10.9.10基発530号）。

a）書面による個々の労働者の申し出または同意を得る

労働者の申し出または同意の書面には、次のような事項を記載します。
- 希望する賃金の範囲およびその金額
- 指定する金融機関店舗名、預貯金の種類、口座番号
- 開始希望時期

b）労使協定を締結する

労使協定書の記載事項は次のとおりです。
- 対象者の範囲
- 対象となる賃金の範囲
- 取引金融機関の範囲
- 実施開始時期

c）取扱金融機関を複数にする

※ さらに口座振込の場合、労働者に対しては、基本給、手当、控除金額、振込金額等を記載した計算書を交付し、振り込まれた賃金が所定の賃金支払日の午前10時頃までに払い出しが可能となっていること。

2. 退職金

退職金については、多額になることが多いため、労働者の同意を得た場合は、前記の口座振込による方法、あるいは、次の方法によって支払うことができます（労基則7の2Ⅱ）。

a）銀行その他の金融機関によって振り出され、当該金融機関等を支払人とする小切手を交付すること
b）銀行その他の金融機関が支払保証をした小切手を交付すること
c）郵便為替を交付すること

本人以外には親であっても支払ってはならない

　賃金は、直接、本人に支払わなくてはならず、労働者本人以外に賃金を支払うことは禁止されています。これを「**直接払いの原則**」といいます。

　これは、労働者の親権者などが搾取するという弊害をなくすためですから、本人の法定代理人（親権者、後見人）や、本人から委任を受けた任意代理人に支払うことも違反となります。

　ただし、本人のハンコを持参し、本人名義で受け取りにきた「使者（妻子）」に対しては、本人の手足の延長とみなされるので、支払ってもよいとされています（昭和63.3.14基発150号）。

　また、事業主が労働者に直接渡さず、係長等に支払い事務の補助を命じ、これらの者が事業主に代わって労働者に賃金を手渡すことは、これらの者が使用者の立場で行うことですから違反にはなりません。

勝手に積立金などを控除することはできない

　賃金は、支払うべき全額を支払わなくてはなりません。これを「**全額払いの原則**」といいます。

　使用者の裁量で、親睦会費や労働者が会社から購入した商品代金を賃金から控除することはできません。ただし、次の場合については、賃金から控除することが認められています。

---

①法令に別段の定めがある場合
　●給与所得等についての源泉徴収
　　（所得税法183、地方税法321の5）
　●社会保険料の控除
　　（健康保険法167、厚生年金保険法84、労働保険徴収法31）
②労使協定による場合
　　法令に定められたもの以外に、労働組合費、親睦会費など、事由が明白なものは、書面による労使協定を締結した上で賃金から控除することができます。

　この場合の労使協定には、「控除の対象となる具体的な項目」「控除の対象となる賃金支払期」を定める必要があります（昭和27.9.20基発675号）。

賃金の控除額については限度額がありませんが、民法510条、民事執行法152条の規定により一賃金支払い期の賃金または退職金の額の4分の3に相当する部分については、使用者側から相殺することができないとされていますから（昭和29.12.23基収6185号）、その範囲内に止めるべきでしょう。

　また、賃金の計算上、端数処理が必要なとき、次のように処理することは全額払いの原則に反しません（昭和63.3.14基発150号）。

全額払いの原則に違反しない端数処理

（1）割増賃金の計算における端数処理

　①1ヵ月における時間外労働、休日労働および深夜業の各々の時間数の合計に1時間未満の端数がある場合に、30分未満の端数を切り捨て、それ以上を切り上げること。

　②1時間当たりの賃金額および割増賃金額に1円未満の端数が生じた場合、50銭未満の端数を切り捨て、それ以上を1円に切り上げること。

　③1ヵ月における時間外労働、休日労働、深夜業の各々の割増賃金の総額に1円未満の端数が生じた場合、②と同様に処理すること。

（2）1ヵ月の賃金支払額における端数処理

　①1ヵ月の賃金支払額に100円未満の端数が生じた場合、50円未満の端数を切り捨て、それ以上を100円に切り上げて支払うこと。

　②1ヵ月の賃金支払額に生じた1000円未満の端数を翌月の賃金支払日に繰り越して支払うこと。

　なお、遅刻などの賃金控除を制裁扱いとすることを明らかにして行う場合、全額払いの原則に反しません（208ページ参照）。

年俸制であっても分割して毎月1回は支払うこと

賃金は、毎月1回以上支払わなくてはなりません。つまり、暦月の1日から月末までに、少なくとも1回支払わなくてはなりません。これを「**毎月1回以上払いの原則**」といいます。

そのため、「年俸制」のように、1ヵ月を超える期間で賃金を定める場合も、分割して毎月支払う必要があります。

なお、「毎月1回以上払いの原則」および次に述べる「一定期日払いの原則」には、臨時に支払う賃金、賞与その他これに準ずる賃金は除外されます（労基則8、昭和22.9.13発基17号）。

除外される「**臨時に支払われる賃金**」等は、次のようなものです。

---

①臨時に支払われる賃金
　結婚手当、私傷病手当、退職金のように、臨時的、突発的事由に基づいて支払われるもの、あるいは、支払条件はあらかじめ確定していても、支給事由の発生が極めて不確実であり、かつ非常に稀に発生するものをいいます。

②賞与
　定期または臨時に、原則として労働者の勤務成績に応じて支給されるものであって、その支給額があらかじめ確定されていないものをいいます。

③その他準ずるもの
- 1ヵ月を超える期間の出勤成績によって支給される精勤手当
- 1ヵ月を超える一定期間の継続勤務に対して支給される勤続手当
- 1ヵ月を超える期間にわたる事由によって算定される奨励加給または能率手当

給料日は決まった日でなければならない

賃金は、臨時に支払われる賃金等を除き、毎月一定の期日に支払わなくてはなりません。これを「**一定期日払いの原則**」といいます。

一定期日とは、10日、25日というように暦日にするか、またはその日が特定される方法（例えば、毎月末など）であればかまいません。

「毎週金曜日」というように、周期的に到来する場合はかまいませんが、「毎月第3月曜日」というものは、その月によって日にちが異なるため一定期日とは解されず、認められません。

支払日が休日にあたる場合は、前日にしても翌日にしてもかまいませんが、いずれかに特定する必要があります。

また、労働者が出産、疾病、災害その他の非常の場合の費用に充てるために請求したときは、支払い期日前であっても、既に働いた期間分の賃金を支払わなければなりません（労基法25）。

「非常の場合」とは、次のことをいいます（労基則9）。

①労働者の収入によって生計を維持する者が出産し、疾病にかかり、または災害を受けたとき
②労働者またはその収入によって生計を維持する者が結婚しまたは死亡したとき
③労働者またはその収入によって生計を維持する者がやむを得ない事由により1週間以上にわたって帰郷するとき

35 強制的な天引き等の禁止

多額の金銭を貸し付けて賃金から勝手に控除してはならない

　使用者が労働者に貸し付けた金銭や、労働することを条件とする前貸債権を賃金と相殺することはできません（労基法17）。これを「**前借金相殺の禁止**」といいます。

　過去における日本の雇用契約の中では、親が使用者から多額の金銭を借り受け、その返済のために子どもを無報酬または低廉な報酬で働かせるという人身売買的な前借金制度が存在していました。

　「労働基準法」では、こうした過去の悪しき風習を断ち、前借金によって労働者の自由が不当に拘束されることのないようにするため、労働者に貸し付けた金銭を、毎月の賃金から控除してしまうことを禁止したのです。

　もっとも、労働協約の締結あるいは労働者からの申し出に基づき生活必需品の購入等のための生活費を貸し付け、その後この貸付金を賃金から分割して控除することは、労働を強制するものでない程度において認められています（昭和23.10.15基発1510号）。

社内預金等は一定のルールのもとで行うこと

　使用者は、労働契約を締結するとき、一緒に貯蓄の契約をさせたり貯蓄金を管理する契約をさせることはできません（労基法18）。これを「**強制貯蓄の禁止**」といいます。

　賃金の一部を強制的に貯蓄させることは、労働者を足止めしたり、経営危機などあれば会社の資金繰りに流用されたりして、労働者が必要なときに払出しが困難になるという弊害があるからです。

　ただし、労働者の任意に基づく場合に限って、次のページのような一定の要件のもとに使用者の貯蓄金管理を認めています。

貯蓄金管理の要件

① 書面による労使協定を行い、労働基準監督署に届け出ること
　【協定で定めるべき事項】
　　a）貯蓄金の管理が社内預金である場合（労基則第5条の2）
　　　イ）預金者の範囲
　　　ロ）預金者一人当たりの預金額の限度
　　　ハ）預金利率および利子の計算方法
　　　ニ）預金の受入および払い戻しの手続き
　　　ホ）預金の保全方法
　　b）貯蓄金の管理が通帳保管である場合（昭和27.9.20基発675号）
　　　イ）預金先の金融機関名および預金の種類
　　　ロ）通帳の保管方法
　　　ハ）預金出し入れの取り次ぎ方法など
② 貯蓄金の管理に関する規程を作成し労働者に周知させること
　【規程に定めるべき事項】（昭和27.9.20基発675号）
　　イ）①の社内預金または通帳保管の別に協定で定めるべき事項
　　ロ）社内預金の場合その具体的取り扱い
③ 貯蓄金の管理が社内預金である場合は利子をつけること
④ 労働者が返還請求をしたときは、遅滞なく返還すること
⑤ 労働基準監督署長より貯蓄金の管理を中止するよう命ぜられたときは、遅滞なく貯蓄金を労働者に返還すること

なお、貯蓄金の預金利率には、法律で下限が定められていて、これを下回ることはできません。

36 割増賃金の計算と支払い

残業代は割り増しで支払う

　使用者は、労働者を、法定の労働時間を超えて、または休日や深夜（午後10時から午前5時まで）に労働させた場合は、通常の賃金に加えて、法律で定める率で計算した**「割増賃金」**を支払わなくてはなりません（労基法37）。法律で定める割増率とは、次のとおりです。

法定時間外労働	25％以上（長時間労働の場合**138**ページ参照）
法定休日労働	35％以上
深 夜 労 働	25％以上

　休日の割増賃金は、法定の休日に労働させた場合に支払います。法定の休日は週1日ですから、週休2日制をとっている会社の場合、2日の休日のうち1日を労働させても、休日労働の割増賃金を支払う必要はありません（もちろん、使用者が任意に支払う分にはかまいません）。
　また、休日労働が8時間を超えても、そもそも休日には所定労働時間がないことから、休日労働の割増賃金と時間外労働の割増賃金を併せて支払う必要はありません。しかし、所定労働時間を超えて深夜の時間帯まで働く場合は、「時間外労働」と、「深夜労働」の割増賃金を併せて支払う必要があります。この場合、時間外労働の割増率25％以上と深夜労働の割増率25％以上を併せて50％以上の割増率となります。
　同様に、法定休日の深夜労働は、休日の割増率35％以上と深夜労働の割増率25％以上を併せて60％以上の割増率が必要となります。

割増賃金の関係

	法定労働時間：8時間	時間外労働	深夜労働：午後10時〜
平日		25%	25+25=50%
休日	35%		35+25=60%

割増賃金の計算に家族手当などは含めない

　割増賃金は、「**通常の労働時間の賃金**」を基礎として計算します。

　この「通常の労働時間の賃金」には、原則として次の賃金以外の賃金はすべて含まれます（労基法37Ⅴ、労基則21）。

> ①家族手当　②通勤手当　③別居手当　④子女教育手当
> ⑤住宅手当　⑥臨時に支払われた賃金
> ⑦1ヵ月を超える期間ごとに支払われる賃金
> ＊なお、「住宅手当」が割増賃金の計算の基礎から除外されるためには、家賃の一定割合、ローンの一定割合など、「住宅に要する費用に応じて算定される手当」のみに限られます。費用によって段階的に支給することはかまいませんが、一律定額で支給するものは該当しません。

　1時間当りの「通常の労働時間の賃金」を求める場合、それぞれの支払形態によって次のように取り扱います（労基則19）。

> ①時給制については、その金額
> ②日給制、週給制、月給制については、その金額をそれぞれ次の所定労働時間数で除した金額
> 　●日給制＝1週間における1日平均所定労働時間
> 　●週給制＝4週間における1週平均所定労働時間
> 　●月給制＝1年間における1月平均所定労働時間
> ③月、週以外の一定の期間によって定められた賃金については、②に準じて算定した金額
> ④出来高払制その他の請負制によって定められた賃金については、その賃金算定期間（賃金締切日がある場合には、賃金締切期間）において計算された賃金の総額を、その期間における総労働時間で除した金額

長時間労働には高い割増率

時間外労働については、従来、何時間働かせたかにかかわらず、一律に「25％」以上の割増賃金率が定められていました。これが、平成22年の労働基準法改正で、残業が長時間になるほど図のとおり3段階で高い割増率になるよう規定されました。

割増賃金率の段階

限度時間を超える残業は25％を超える割増賃金率に（努力義務）

まず、上図のAの部分が通常の時間外労働です。法定労働時間を超えて残業をさせる場合、労使協定を定める必要があり、原則として法令で定められた「限度時間」を超えて働かせることはできません。

ただし、協定に「特別条項」を設け、臨時的な特別の事情がある場合に、さらにこの限度時間を超えて労働させることができます（110ページ参照）。これが上図のBの部分です。特別条項を設けるときは、限度時間を超えて働かせる期間ごとに割増賃金率を定めるものとし、その率は25％を超えるよう努めることとされています。何％の率で支払うかは労使の話し合いで決めればよく、「25％」であっても違法ではありません。

月60時間を超える残業は50％の割増賃金率に（中小企業猶予）

次に左図のCの部分です。月60時間を超える時間外労働については、法定の割増賃金率が「25％」以上から「50％」以上になります。ここには、中小企業に猶予措置がありましたが、「働き方改革関連法」により令和5年（2023年）4月1日より猶予が廃止されます。

猶予される中小企業

	資本金の額または出資の総額		常時使用する労働者
小　売　業	5,000万円以下	または	50人以下
サービス業	5,000万円以下		100人以下
卸　売　業	1億円以下		100人以下
上　記　以　外	3億円以下		300人以下

※ 事業場単位ではなく、企業単位で判断します。

1ヵ月の起算日は、特に定めがなければ「賃金計算期間の初日」とし、就業規則に定め、「毎月1日」「36協定の期間の初日」などにすることもできます。

時間外労働が1ヵ月60時間を超えているかどうかは、法定休日（例えば日曜日）に行った労働は含まれませんが、それ以外の休日（例えば土曜日）に行った時間外労働は含まれます。

なお、時間外労働が深夜に及んだ場合、別途25％の割増賃金が必要ですから、50％＋25％＝75％の割増賃金となります。

就業規則の規定例

　これら、2つの改正事項は、賃金の支払いに関する事項として必ず就業規則に記載しなければなりません。その場合の規定例は、次のとおりです。

応用規定

（時間外・休日手当）

第16条　社員が、法定労働時間を超え、または休日に、もしくは午後10時から午前5時までの深夜に勤務した場合、次の区分により時間外・休日手当を支給する。

①時間外勤務

$$\frac{職能給＋役職手当}{1ヵ月の平均所定労働時間} \times 1.25 \times 時間外勤務時間数$$

②休日勤務（法定休日）

$$\frac{職能給＋役職手当}{1ヵ月の平均所定労働時間} \times 1.35 \times 休日（法定）勤務時間数$$

③休日勤務（法定休日以外）

$$\frac{職能給＋役職手当}{1ヵ月の平均所定労働時間} \times 1.25 \times 休日（法定外）勤務時間$$

④深夜勤務

$$\frac{職能給＋役職手当}{1ヵ月の平均所定労働時間} \times 0.25 \times 深夜勤務時間数$$

2．時間外勤務または休日勤務が深夜に及んだ場合は、深夜勤務の手当を併給する。

3．1項1号および3号の割増率は、時間外労働（法定休日以外の休日勤務の時間を含む）が1ヵ月45時間を超えた部分について30％、1年360時間を超えた部分について35％、1ヵ月60時間を超えた部分については50％（第○条に定める代替休暇を取得した時間は30％）とする。なお、この場合の1ヵ月は毎月21日、1年は毎年12月21日を起算日とする。

割増賃金率の引き上げに代えて代替休暇を付与できる

月60時間超の時間外労働については、割増賃金の代わりに有給休暇（以下「**代替休暇**」といいます）を与えてもよいことになっています（労基法37Ⅲ）。ただし、代替休暇の制度を設けるには労使協定が必要で、その導入は労使の自由です（中小企業については、そもそも割増賃金の引き上げが猶予されるため、代替休暇の規定も適用されません）。

また有給休暇にできるのは、法改正により引き上げられた割増賃金率の部分だけです。代替休暇を与えても月60時間以下の場合の割増賃金は支払います。

なお、代替休暇は、次のように計算した時間を与えることができます。つまり、割増賃金が60時間を超えることで加算される分を、時間に換算し直すということです。

この代替休暇は、1日または半日単位で取らなければならないとされているため、1日または半日に満たない時間は他の休暇（年次有給休暇の時間単位使用など）と合わせて与えることになります。

また、代替休暇を導入し、労働者が時間外労働月60時間を超えて勤務した場合は、割増賃金で受け取るか、代替休暇を取るかは、労働者の意思によります。その取得は、60時間を超えた月（カウントする期間）の末日から2ヵ月以内となります。

代替休暇の計算の例

月60時間までの割増賃金率が25%、月60時間超の割増賃金率が50%として、月68時間の残業をすると、次のように2時間の代替休暇を与えることとなります。

$$(68-60)\text{時間} \times (50-25)\% = 2\text{時間}$$

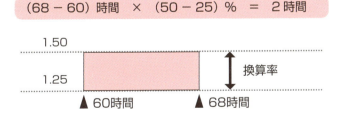

応用規定

（代替休暇）
第○条　賃金計算期間1月の時間外労働が60時間を超えた社員は、労使協定の定めに基づき、1日または半日単位の代替休暇を取得することができる。なお、この休暇を取得した日は、通常の勤務をした場合の賃金を支給する。

具体的な割増賃金の計算例

ここまで見てきました、これら改正事項に基づき、具体的な割増賃金の計算を確認しましょう。割増賃金を複数の率を使って求める場合、どのような取り扱いになるのか具体的なモデルを参考に見ていきます。もともと、割増賃金を正しく計算することは難しいものですが、今回の改正を盛り込むと、さらに難解なものになります。

長時間残業をした場合、次の表のとおり割増率の異なる時間帯ごとに計算する必要があるため、月々の時間外労働の時間数を「限度時間内」「限度時間外」「月60時間超」に区分することと、一定期間の時間外労働の累計時間が限度時間を超えていないか確認するため、一定の管理をする必要があります。

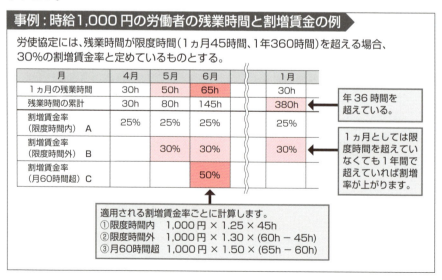

代替休暇に関する協定（例）

　株式会社○○○と社員代表は、労働基準法第37条3項の規定に基づき「代替休暇」に関し次のとおり協定する。

（対象者および取得期間）
第1条　代替休暇は、次の対象者のうち賃金計算期間（毎月○日から○日まで）において、60時間を超える時間外労働を行った者が選択（割増賃金ではなく代替休暇を希望すること）の意向を申し出たときに、その計算期間末日の翌日から2ヵ月以内に与える。
　　　　対象者：管理職および営業職を除く全ての社員

（付与単位）
第2条　代替休暇は、半日または1日単位で与えられる。この場合の半日とは、午前8：00～午前12：00と午後1：00～5：00のそれぞれ4時間とする。

（代替休暇の計算方法）
第3条　代替休暇は、次の計算で求めた時間数とする。なお、会社は、労働者が代替休暇を取得した場合、取得した時間数に相当する割増賃金の支払を要しないものとする。
　　　　月60時間超の時間外労働時間数×（代替休暇を取得しない場合の割増率50％－代替休暇を取得した場合の割増率30％）

（代替休暇の選択）
第4条　代替休暇は、賃金計算期間の末日の翌日から5日以内に限り選択の意向を申し出ることができる。

（代替休暇の取得日）
第5条　代替休暇の取得日は、業務の都合を考慮しつつ、対象者の意向を踏まえ決定するものとする。

（賃金の支払日）
第6条　会社は、代替休暇を選択した者が取得期間中に代替休暇を取得できなかった場合、代替休暇に相当する割増賃金を、取得できなかったことが確定した日の属する賃金計算期間の賃金支払日に支払うものとする。

出来高払制の割増賃金の計算は異なる

　出来高払制や請負制などの一定期間の出来高によって支払われる賃金の場合も、時間外労働等があれば、当然に割増賃金の支払義務が生じます。

　ただし、一般的な日給制や月給制などの時間を単位とする支払形態の場合、定められた賃金は、所定労働時間を勤務したときの賃金であるため、残業などで超過した労働については、超過時間分の賃金を支払った上で、法定の割増賃金も支払う必要があります。

　一方、出来高払制の場合、その賃金は、所定労働時間と残業時間を併せた賃金計算期間の全体の労働を通して達成されたものですから、既に超過労働時間に対する部分も計算されているため、割増賃金だけ支払えばよいことになります（昭和23.11.25基収3052号）。

　そこで、一定の賃金計算期間における割増賃金の計算式は、次のように、分子が「出来高払制等の賃金」となり、分母が、残業時間を含めた「賃金算定期間の総労働時間」となります（労基則19Ⅵ）。

出来高払制の割増賃金の計算

$$割増賃金 = \frac{出来高払制等の賃金}{賃金算定期間の総労働時間} \times 超過労働時間 \times 割増率$$

具体例で確認！

　わかりやすくするため、1日の賃金で説明しましょう（右ページ図参照）。

　たとえば、日給8,000円のAさんの場合、この8,000円は所定労働時間（法定労働時間）8時間について決められている額（図のグレーの部分）ですから、1時間当たり1,000円ということになります。

　そこで、1時間残業をしたときは、1,000円に対し1時間分の100％と割増率25％を足した125％の時間外手当1,250円を支払う必要があります。

　一方、出来高払制のBさんが1日の勤務で1時間残業し9,000円を稼いだ（図のグレーの部分）とします。

　このときの9,000円は9時間労働の結果ですから、1時間当たり1,000

円と、ちょうどＡさんと同じ額になりました。

ただし、この出来高払の額には既に残業１時間によって得た額も含まれていますから、時間外手当は、１時間当たりの1,000円に割増率25％だけを掛けた250円を支払えばよいことになります。

時間を単位とする賃金と出来高払制の賃金の比較

【時間を単位とした賃金】
●日給 8,000 円の場合

法定内労働時間	法定外労働時間
８時間	１時間

[１時間当たりの賃金] ＝ 8,000円÷8時間 ＝ 1,000円
[時間外手当] ＝ 1,000円×１時間×1.25 ＝ 1,250円

【出来高払の賃金】
●出来高給9,000円の場合

法定内労働時間	法定外労働時間
８時間	１時間

[１時間当たりの賃金] ＝ 9,000円÷9時間 ＝ 1,000円
[時間外手当] ＝ 1,000円×１時間×0.25 ＝ 　250円

37 平均賃金とは

労働者の平均的な賃金を用いることがある

「労働基準法」では、使用者の責任により労働者の生活保障を行う場合などに、労働者への支払いを「**平均賃金**」という決められた計算による額を用いるよう定めています。具体的には次の場合です。

① 労働者を解雇する場合の解雇予告手当（労基法20）
② 使用者の責に帰すべき事由により休業させる場合の休業手当（労基法26）
③ 年次有給休暇を取得した日について支払われる賃金（労基法39）
④ 労働者が業務上負傷し若しくは疾病にかかり、または死亡した場合の労災補償（労基法76、77、79～82）
⑤ 労働者が服務規律違反などのため、減給制裁に処せられる場合の制限額（労基法91）

計算方法は法律で決まっている

平均賃金の計算方法を式（原則式）で示すと次の図のとおりです。また、法律で定められた休業などについては、平均賃金の額が不当に低くなることを防ぐために、分母の総日数、分子の支払総額の一方または両方から除外します。除外する期間と除外する賃金は、それぞれ次の図のとおりです。

平均賃金の計算方法

 ＝ 事由の発生した日以前3ヵ月間に支払われた賃金総額 / 事由発生以前3ヵ月間の総日数（暦日数）

【分子、分母それぞれから除外する期間】
① 業務上負傷し、または疾病にかかり、療養のために休業した期間
② 産前産後の女性が労働基準法第65条の規定により休業した期間
③ 使用者の責に帰すべき事由により休業した期間
④ 試みの使用期間
⑤「育児・介護休業法」の規定する育児または介護をするための休業期間

【分子から除外する賃金】
① 臨時に支払われた賃金
② 3ヵ月を超える期間ごとに支払われる賃金
③ 通貨以外のもので支払われた賃金

算定する事由により起算日がある

平均賃金の起算日は、それぞれの事由により、次の表の日となります。ただし、賃金締切日がある場合は「直前の賃金締切日」となります。

①解雇予告手当を算定する場合	解雇の通告をした日
②休業手当を算定する場合	休業日 （休業が2日以上にわたる場合、その初日）
③年次有給休暇の賃金を算定する場合	年次有給休暇を与えた日（有給休暇が2日以上にわたる場合、その初日）
④労災補償の額を算定する場合	死傷の原因となった事故の発生した日、または診断によってその疾病の発生が確定した日
⑤減給制裁の制限額を算定する場合	制裁の意思表示が相手方に到達した日

時給者などは最低保障の計算がある

賃金が、日給、時間給、出来高制、請負制によって支払われる場合、支払形態によって不利になることを防ぐため、次の金額を最低保障とします。

$$最低保障額 = \frac{3ヵ月間の賃金総額}{当該期間中の実際労働した日数} \times \frac{60}{100}$$

賃金の一部が、上記、日給等であって、他の賃金が月給、週給などで定められている場合、日給等の部分については、この式で計算し、月給等の部分については原則式で計算した合計の額が最低保障額となります。

雇入れ後3ヵ月に満たない者について平均賃金を算定する場合、事由発生以前3ヵ月の期間がありませんから、雇入れ後の期間とその期間中に支払われた賃金総額で平均賃金を算定します。この場合でも、賃金締切日があれば、直前の賃金締切日から起算して計算します（昭和23.4.22基収1065号）。

38 「賃金体系」「支払形態」の定め方

賃金は就業規則と別に定める

　賃金に関しては、読みやすくするため、一般的に就業規則と別規程にします。

モデル規定

> （賃　金）
> 第65条　社員の賃金に関する事項については、別に定める「賃金規程」による。

賃金はいくつかの要素を組み合わせて支払う

　賃金体系とは、賃金を構成する要素を表したものです。【モデル規定－賃金】の例のように、賃金は、一般的に複数の賃金要素から構成されます。
　「基準内賃金」とは、通常の勤務に対して支払われる賃金のことで、「基準外賃金」とは、時間外手当などの通常の勤務以外について支払われる賃金のことです。「所定内賃金」「所定外賃金」とする場合もあります。
　「基本給」とは、賃金を構成するうえで基本となるもので、「諸手当」とは、基本給の果たし得ない役割を部分的に補うものです。
　例えば「家族手当」は、扶養家族を有する社員に、独身者と比較した生活負担を軽減するために支払われるものです。

時給や日給も労働形態などで使い分ける

　賃金の支払形態とは、日給制、完全月給制などの計算単位を定めたもので、次のような種類があります。
　いずれの支払形態で支払うかは会社の自由です。しかし、社員の勤労意欲や労働形態に適しているかなど総合的に判断して、選択しなければなりません。また、入社月や退社月などのように、計算期間が1ヵ月に満たない月がある場合に、日割計算によって支払うならば、その旨を明記しておかなければなりません。

①完全月給制…賃金を月単位で決めるものです。原則として支給対象期間に不就労日があっても賃金は全額支給されます。
②月給日給制…基本的には月を単位として賃金を定め、不就労日があれば、月額から不就労日分の賃金を日割計算して控除する制度です。
③日給月給制…1日を計算単位として賃金を定め、その支払いは、各日ではなく、毎月1回まとめて支払う制度です。
④時　給　制…1時間を単位として賃金を定め、1ヵ月の合計時間によって支払う制度です。パートタイマーなどに多く用いられます。
⑤年　俸　制…1年間を計算単位とする賃金制度です。ただし分割して毎月支払います。現在、注目される賃金制度でもありますが、具体的な内容は各社様々です。

（賃金の体系）
第2条　賃金の体系は、次のとおりとする。
　　　①月例賃金
```
    ┌─ 基準内賃金 ─┬─ 基本給 ── 職能給（本給＋加給）
    │              └─ 諸手当 ─── 役職手当
```
　　　②臨時の賃金　　賞与

（賃金の支払形態）
第3条　賃金は月給制とするが、社員が次のいずれかに該当する場合は、出勤日数について、第5条で計算した日割り計算で賃金を支給する。ただし、計算期間の支給対象となる日数が15日を超えるときは、逆に欠勤日数分を月額から控除して支給する。
　　　①賃金計算期間の途中における入社、退社により不就労日があるとき
　　　②賃金計算期間の途中における休職の開始または復職により不就労日があるとき
　　　③業務上の負傷もしくは私傷病により欠勤し、社会保険等から補償されるとき
　　　④賃金計算期間の途中における産前産後休暇、または育児・介護休業の開始または復職により不就労日があるとき
　　　⑤就業規則第○条に定める出勤停止の処分を受けているとき
　　　⑥欠勤の手続きによらず無断欠勤をしたとき

39 賃金の支払い方法の定め方

働かなかった時間の賃金は支払わなくてよい

　遅刻、早退などについてはその時間分を控除するよう定めます。このような処分は「ノーワーク・ノーペイの原則」で、労働の提供がされなかった部分について賃金を支払わないことは適法です。

　ただし、【モデル規定－賃金】〔第4条〕のように実際の遅刻時間を超えて控除する場合（実際の遅刻時間が5分でも15分控除する）は、「全額払いの原則」に反しますが、制裁扱いとすることで適法にすることができます。なお、賃金控除には制裁規定の制限があり208ページのとおりです。

支払方法等

　「毎月1回以上払いの原則」「一定期日払いの原則」により、賃金計算の起算日と締め日といった、1ヵ月以内の計算期間を定めます。一般的には、計算期間を1ヵ月としますから、例えば、21日を起算日とすれば、翌月20日が締め日となります。支払日については法律の定めはありませんが、締め日からあまり遅くならないほうがよいでしょう。現金で直接支払う方法が原則（128ページ参照）ですが、口座振込にする場合は、次のように口座振込を希望する社員から申し出を受ける用紙と手続きなども定めます。

口座振込申出書

株式会社　〇〇〇〇　殿

〇〇　〇〇　㊞

　私は、賃金の口座振込みに同意し、その取り扱いは下記のとおりとするよう申し出ます。

記

1．口座振込みを希望する賃金の範囲およびその金額（希望するものに〇をする）
　　●支払われる賃金の全て　●支払われる賃金のうち、次のもの（月例賃金・賞与・退職金）
2．指定金融機関

金融機関店名	銀行　／　　　　本店・支店
預金の種類	普通
口座番号	No.
名義人	

3．口座振込開始希望時期
　　　　年　　　月分定期賃金の支払以降

モデル規定 − 賃金

(不就労控除)
第4条　社員が、遅刻、早退、私用外出した場合(就業規則第○条のフレックスタイム制で勤務するものの実労働時間が所定労働時間に満たない場合を含む)については、年次有給休暇その他の規定がある場合を除き、不就労となる時間の賃金を15分単位で計算し控除する。なお、実際に不就労となる時間相当額を超える控除額は、制裁扱いとする。

(日額および時間額の計算)
第5条　この規程において、不就労控除の計算の基礎となる賃金の日額および時間額は、次の計算による。

$$時間額 = \frac{職能給 + 役職手当 + 家族手当 + 裁量労働手当 + 営業手当}{1ヵ月平均所定労働時間}$$

日　額　＝　時間額 × 1日の所定労働時間数

2．　1ヵ月の平均所定労働時間は、毎年、前年12月21日から本年12月20日までの1年間を単位として、所定労働日のカレンダーで計算する(以下、本規程において同じ)。

(計算期間および支払日)
第6条　賃金の計算期間は、前月21日から当月20日とし、当月25日に支給する。ただし、支給日が金融機関の休日に当たるときはその直前の営業日とする。

(支払方法)
第8条　賃金は、原則として本人の指定する本人名義の預貯金口座へ、その全額を振込みにより支給する。ただし、次に掲げるものは支給額より控除する。
①所得税
②住民税
③健康保険料、厚生年金保険料、雇用保険料
④社員代表と書面により協定を締結したときは、その協定で控除することとしたもの

2．　口座振込みを希望する社員は、所定の用紙により、本人名義の預貯金口座を会社に届け出なければならない。

40 「昇給・降給」の定め方

昇給は必ず規定しなければならない

昇給に関しては、就業規則の絶対的記載事項とされているため、パートタイマーなど昇給を予定していない者についても「契約更新の際に昇給することがある」などと、必ず規定します。

定めるべき内容は、昇給の時期、方法、対象者などです。休職中の者など、昇給の対象から除外する者を設ける場合、後で争いとならないように明記しておかなければなりません。

なお、最近は、別に評価規程などを定め、明確な評価に基づき昇給を実施する会社が増えています。【モデル規定－賃金】もその例です。

降給の実施は賃金規程に明記されていることが条件となる

従来の年功序列の賃金では、普通、給与が下がることはありません。しかし、最近の賃金制度は、【モデル規定－賃金】に用いたような各人の能力により支払う「職能給」や各人の業績に基づき支払う「成果給」など、降給もあり得るというものが増えています。

降給を実施するには、不利益変更とならないように、賃金規程にその旨が明記されていなければなりません。

【職能給とは】
「職能資格制度」という仕組みにより、各人の職務遂行能力を一定の基準で評価し、等級を与え、その等級と毎年の習熟の程度により昇給する賃金制度です。

各等級には一定の支給範囲（「範囲給」という）があります。例えば、1等級の人は15万円から始め、仕事に慣れれば次の年は5千円昇給する。もっと仕事ができるようになれば、2等級に昇格し、大きく昇給することもある…と、いったものです。

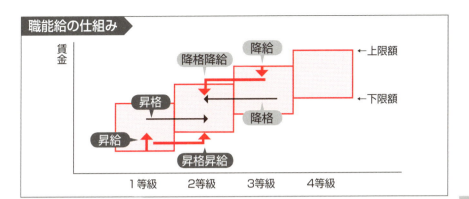

モデル規定 − 賃金

(定期昇給)

第18条　定期昇給は、職能給について、原則として毎年4月1日に実施する。ただし、次に掲げる者については除外する。

　　①当年1月1日以降に採用された者

　　②昇給時期において休職または産前産後もしくは育児・介護休業中の者

2．定期昇給の額は、人事評価結果に基づき、各人の職能等級ごとに〈別表2〉のとおり実施する。ただし、昇給後の本給と加給の合計額（以下「職能給の総額」という）が〈別表1〉の上限額を超える場合は、上限を限度とする。

3．昇格する場合の定期昇給は、昇格前の職能等級において実施する。

4．昇給の決定が遅延した場合、支給日前に退職した者に差額は支給しない。

(昇格昇給)

第19条　職能等級が昇格した社員の職能給は、昇格前の職能給の総額を昇格後の本給と加給に読み換える。ただし、職能給の総額が昇格後の職能等級の最低保障額に満たない場合は、その額まで昇給する。

(降格降給)

第20条　職能等級が降格した社員の職能給は、降格前の職能給の総額を降格後の本給と加給に読み換える。ただし、職能給の総額が降格後の上限額を超えている場合は、その額まで降給する。

41 「賞与」の定め方

賞与は支給しない場合も明記する

賞与は相対的記載事項ですが、賞与に関して定めた場合、使用者は規定に従って賞与を支給しなければなりません。会社の業績によっては支給しない場合、または支給対象者から除外する者を設ける場合などは、明記して下さい。

トラブルが多いのは、支給対象期間に在籍した者が支払日に退職していたというような場合です。

支払日に在籍していない退職済みの社員に対して賞与を支払わない旨を定めることは可能です。トラブルを防ぐために、支給するのかしないのかをしっかりと定めておかなければなりません。

出勤率を上げるために賞与の支給要件として「出勤率90％以上」などと定めることはできますが、産前産後休業などによりこの要件を満たせなかったことを理由に支給対象外とすることは認められません〈東朋学園差戻控訴事件：東京高裁／平成18.4.19〉。産前産後休業や育児休業など法律で認められた権利を行使したことによって不利益を受けることがあってはならないからです。

これらの社員に対しては、極端な減額を避け、通常勤務していれば支払う金額から欠勤期間を控除し、按分支給するなどの措置をとるべきでしょう。

評価して賞与を支給する

賞与の支給額については、「その都度決定する」などとしても、かまいませんが、労働者に、より意欲的に取り組んでもらうためには、評価方法と賞与の計算方法を明記しておくことが効果的です。

その際、総額としてどのくらい支払うかといった賞与原資の計算方法などは内規として公表しなくてもよいでしょう。

【モデル規定－賃金】のものは、「ポイント制賞与」といって、各人の評価結果で賞与原資を分け合う方法です。

モデル規定 − 賃金

(支給時期)
第23条 賞与は、次の支給対象期間全てに在籍した者について、毎年7月および12月の2回、会社の業績により支給することができる。

名　称	支給時期	支給対象期間
夏季賞与	7月	10月1日から3月31日まで
冬季賞与	12月	4月1日から9月30日まで

2. 支給対象者は支給日現在在籍している者とし、次の者には支給しない。
　①賞与支給対象期間中に、出勤停止以上の処分を受けた者
　②その他会社が賞与を支給することについて適当でないと認めた者
3. 支給対象期間の2割以上を勤務しなかった者は、所定勤務日数における出勤日数の割合によって減額した賞与を支給する。
4. 支給対象期間の途中で入社した者には、1項の賞与に代えて業績により小額の一時金を支給することができる。

(支給基準)
第24条 各人の賞与の額は、別に定める「人事評価制度規程」の評価結果に基づき、次のとおり支給する。
　①賞　　与＝基本賞与＋成果賞与
　②基本賞与＝職能給×支給係数
　③成果賞与＝成果賞与単価×評価ポイント
　④成果賞与単価＝$\dfrac{成果賞与支給総額}{支給対象者全員の評価ポイントの合計}$
　※支給係数は、その年の会社業績に基づき、その都度定める。
　※職能給は、各人の対象期間末日の額とする。
　※評価ポイントは、各人の評価結果に基づき、〈別表3〉のポイントとする。

42 「退職金」の定め方

退職金の目的

　退職金を支給する目的は、①在職中の貢献に対する功労、②在職中の賃金の後払い、③老後の生活補助、などといわれています。

　本来、退職金を支払うかどうかは使用者の自由です。ただし、就業規則に支払う旨を規定すると、その定めにより使用者に支払義務が生じます。

　最近では、終身雇用が崩壊し、退職金のあり方も見直されつつありますが、依然、多くの企業で退職金が支払われています。

　これからの退職金は、在職中の賃金に上乗せして支払う方法（「前払い退職金」という）や支給額を在職中の成績によって算定する方法（「ポイント制退職金」という）が、増えていくと思われます。

「退職金規程」を別に設ける

　退職金については、一般に別規程を設けます。そこで、就業規則本体では、別に定める旨のみ規定しておきます。

モデル規定

（退　職　金）
第66条　社員の退職金に関する事項については、別に定める「退職金規程」による。

懲戒解雇など支払わないケースを明確に

　規定例は、265ページ以降の「退職金規程」を参照してください。以下、具体的な説明をしましょう。

(1) 支給対象

　一般に退職金は正社員のみに支払います。パートタイマーなどの臨時社員は対象ではないことを明確に規定してください。

(2) 支給方法

自己都合退職、定年、会社都合などの区分によって、異なる支給額を定めているのが一般的です。

在職中、特に優秀で功績があった者に、別途、功労金を支給する場合は、その旨を規定します。全ての者に支給する功労金ではないことを、誤解されないように定めて下さい。

(3) 不支給、減額

懲戒解雇など、経営秩序を著しく乱すような一定の行為をした者については、不支給や減額をする旨を定めておきます。

ただし、支給制限については、裁判に至るトラブルも多く、特に全額不支給とする場合、その行為が、その者の在職中の貢献を全て失ってしまうような重大な行為であったか否か、慎重に判断する必要があります。

(4) 支給方法

退職金についても、賃金の支払い５原則のうち、通貨払い、直接払い、全額払いの原則が適用されますから、口座振込などの方法をとる場合、労働者の申出に基づいて行う必要があります（150ページ参照）。

退職金の支給時期については、使用者の自由ですが、就業規則に支払期限を定め、その期限までに支払う手続きをとります。

(5) 受給権者

退職金は、支給要件を満たしている限り、労働者本人が死亡しても支給されます。この場合、遺族が受給権者となりますが、相続については、遺族の意見がまとまらないことも多いですから、優先順位の低い遺族の退職金請求があっても支払を拒否できるように遺族の優先順位を定めておきます。

(6)「中小企業退職金共済制度」等を利用する場合

「賃金の支払の確保に関する法律」の定めにより、企業は退職金の支払いについて保全措置をとらなければなりません。そこで、中小企業を対象とする公的制度の「中小企業退職金共済制度」などを利用すると毎月の支払額も経費となり安定した制度を設けやすくなるでしょう。

この場合、公的制度を利用しながら別途退職金規程により支払ってもかまいませんが、一般に、原則的な支給基準を定めた後、公的制度から支払われる金額を差し引いて支給することを定めておきます。

「年俸制」は降給自由？

◆年俸制は降給自由な制度ではない

　年俸制の賃金を導入する会社が増えています。成果主義を取り入れる会社では、目標管理制度と年俸制が人事制度全体の中心的な役割を果たします。

　つまり、各人が年間目標を掲げ、その目標の達成度によって賃金を昇給あるいは降給します。

　年俸制とは、月給制が月を単位とするように、ただ計算単位を1年とする賃金形態をいいます。ただし、「毎月払いの原則（**128**ページ参照）」があるため、年棒制であっても分割して毎月1回は支払わなければなりません。賃金の昇給・降給については、その旨を規定として明記しなければ行うことはできません。

　なお、評価制度があいまいな場合、降給については合理的な根拠があるとは考えられないため、問題が多いといわざるを得ません。

◆年俸制でも残業代は支払う

　年俸制として、当然と考えられがちなのが、残業代を支払わなくていいのではないかということです。しかし、これは間違いです。

　もちろん、労働時間の適用を除外される管理職など適法な場合もありますが、社員全員に年俸制を適用するような場合であって、残業代を月々定額で支給したいときは、必ず、残業代の額が分かるように、労働条件通知書などで明示しておく必要があります。例えば、月30万円の基本給と5万円の残業代とした場合、実労働時間に対する残業代がこの額以下であれば、もちろん適法です。しかし、実労働時間に対する残業代がこれを上回ったときは、やはり、別途支払わなければなりません。

◆途中退職などの取り扱いを明記する

　年俸制を設けている会社の規定にもれやすいのが、途中退職などの場合の取り扱いです。年俸制は、年間で額を定めているため、半年で退職しても1年分の支払義務が生じます。月割りで支払うことや遅刻欠勤控除をするときは、必ず、明記して下さい。

第4章

休暇と服務規律

43 「年次有給休暇」の定め方

有給休暇は必ず与えなければならない法定休暇

　休暇とは、「労働義務がある日に、法律または就業規則などの定める一定の条件に該当した者に対して、その労働義務を免除する日」のことをいいます。
　この休暇は、**法定休暇**と**法定外休暇**の2つに分けられます。
　法定休暇とは、「労働基準法」その他の法律によって定められた休暇で、年次有給休暇、産前産後休業、生理休暇、育児・介護休業などがあります（「休暇」と「**休業**」は同じ意味ですが、法律では連続して取得することが一般的であるものを「休業」としています。女性の出産・育児等に関する休暇は216ページ以降に説明します）。
　一方、法定外休暇とは、法律に定めがなくても、使用者が任意に就業規則等に定めて労働者に与えるもので、慶弔休暇などがあります。

前年に欠勤が多かった者には与えなくてよい

　賃金は、労働の対価として支払うものですから、本来、欠勤や休暇を取った日に賃金を支払う必要はありません。しかし、**年次有給休暇**の場合は、休暇を与えながらもその日を勤務したものとして賃金を支払うよう法律で義務付けています。
　新たに雇い入れた労働者の年次有給休暇は、「その雇い入れの日から起算して6ヵ月間継続勤務し、全労働日の8割以上出勤した労働者に対して」与えることとされています（労基法39Ⅰ）。
　その後も同様に、「継続勤務年数1年（労働者が全労働日の8割以上出勤した年に限る）ごと」に年次有給休暇を与えることになります（労基法39Ⅱ）。
　この「継続勤務」とは在籍期間のことですから、休職や長期の休暇などにより出勤していなかった期間も通算されます。
　また、実体として判断しますから、定年後の再雇用、期間を定めた契約

で更新を繰り返す場合、臨時の労働者から本採用への転換、会社の合併なども、実質的に継続している限り通算されることになります（昭和63.3.14基発150号）。

「全労働日」とは、入社日から6ヵ月、または、その後の各1年の総暦日数から所定休日を除いた日数をいいます。

ただし、「業務上傷病の療養の休業期間」など次表のような事項については、出勤したものとみなす、または労働日から除外する場合があります。

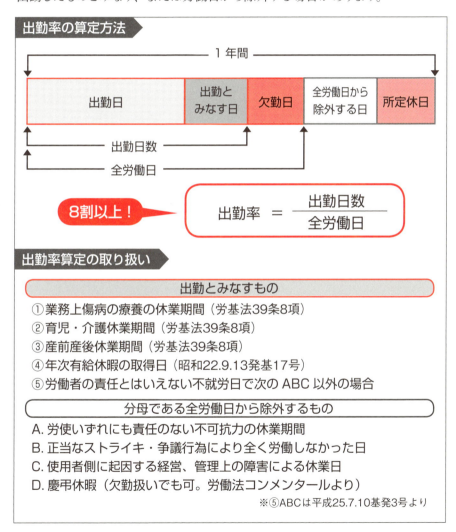

表の⑤は、例えば、裁判所の判決により解雇が無効と確定した場合などにおける解雇日から復職日までの不就労日などがあります。

その他、生理休暇など出勤扱いとするのか否か自由なものもあります。これらは、いずれの取り扱いをするのかについて就業規則で定めておくとよいでしょう。

有給休暇の日数は勤続により増やしていく

新たに採用し、初めて有給休暇が発生した労働者には、継続し、または分割した10日の有給休暇を与えなければならないと定められています（労基法39Ⅰ）。

また、1年6ヵ月以上継続勤務した労働者に対しては、継続勤務年数1年ごとに1日を加算した日数（例えば、1年6ヵ月目では、6ヵ月目で付与された10日に1日を加算して11日）を与え、さらに3年6ヵ月以上継続勤務した労働者には、2年6ヵ月を超える1年ごとに2日を加算して与えることになります。ただし、1年について付与する日数は、上限20日を超えて与える必要はありません。

有給休暇の付与日数

勤続年数	6ヵ月	1年6ヵ月	2年6ヵ月	3年6ヵ月	4年6ヵ月	5年6ヵ月	6年6ヵ月以上
付与日数	10日	11日	12日	14日	16日	18日	20日

休暇の権利は2年経つと時効で消滅する

有給休暇は権利が発生した年に全てを消化する必要はなく、次の年に繰り越すことができます。

例えば、ある年に20日の有給休暇を与えられた者が、1日も消化することなく翌年に繰り越した場合、新たに付与された20日を加算し、その年は40日取得することができます。しかし、さらに1日も消化することなく繰り越しても、20＋20＋20＝60日とはならず、1年分の有給休暇は時効でなくなってしまうため20＋20＝40日が限度になります。

具体例を見てみましょう！

入社1年目は、半年経過して10日付与され、1日使うと残り9日は繰り越されます。2年目で療養のため長期欠勤し、3年目は付与されなくとも、4年目は振り出しに戻るのではなく、4年目の日数が与えられます。

	繰越	付与	消化	残り
1年目（入社）		＋10日	－1日	＝9日
2年目（病気療養）	9日	＋11日	－20日	＝0日
3年目	0日	なし（出勤率満たさず）	－0日	＝0日
4年目	0日	＋14日	－2日	＝12日

モデル規定

（年次有給休暇）

第55条　6ヵ月間を超えて継続勤務しその間の所定労働日数の8割以上を出勤した者、およびその後1年ごとに区分した各期間（これを「年休対象期間」という）を継続勤務し所定労働日数の8割以上を出勤した者には、勤続年数の区分ごとに次のとおり年次有給休暇を与える。

勤続年数	6ヵ月	1年6ヵ月	2年6ヵ月	3年6ヵ月	4年6ヵ月	5年6ヵ月	6年6ヵ月～
付与日数	10日	11日	12日	14日	16日	18日	20日

2. 前項の出勤率の算定上、次の期間は出勤したものとみなす。
   ①業務上の傷病による休業期間
   ②年次有給休暇の取得期間
   ③産前産後休業の取得期間
   ④育児休業、介護休業の取得期間のうち、法定の期間

有給休暇は計画的に与えることもできる

　有給休暇の取得日を、労使の話し合いに基づき計画的に与える「計画的付与」という方法が、法律で認められています（労基法39Ⅵ）。

　実施にあたっては、労使協定で方式（①事業場全体の休業による一斉付与方式、②班別の交代制付与方式、③有給休暇付与計画表による個人別付与方式等）、休暇の付与日、計画表の作成時期、手続きなどに関する定めをし、労働者の持つ有給休暇のうち、5日を超える部分について計画的に付与することができることになっています。

　一斉付与の場合、有給休暇の権利が発生していない者を休ませるときは、「使用者の責に帰すべき事由による休業」（労基法26）に該当することになるため、労働基準法上の休業手当を支払わなくてはなりません。

休暇取得日の賃金は3通りの支払い方がある

　有給休暇を取得した日の賃金は、次のうちから選択して、支払わなければなりません。

有給休暇取得日に支払うべき賃金
①平均賃金
②所定労働時間を労働した場合に支払われる通常の賃金
③「健康保険法」3条に定める標準報酬日額に相当する金額

　一般的には②の方法ですが、どの支払方法によるのかは就業規則に定めておく必要があります。ただし、③を選択する場合は、労使協定を締結しその旨を定めなければなりません（労基法39Ⅶ）。

休暇の取得日は変更を求めることができる

　労働者が、与えられた有給休暇の取得権に基づいて具体的な日にちの指定を行う権利を「時季指定権」といいます。

　有給休暇の利用目的は、使用者の干渉を許さない労働者の自由とされています〈国鉄郡山工場事件：最高裁判決／昭和48.3.2〉。

　ただし使用者は、請求された日に有給休暇を与えることが事業の正常な運営を妨げる場合、他の日に与えることができる（労基法39Ⅴ）とされて

いて、これを「**時季変更権**」といいます。

　この「事業の正常な運営を妨げる場合」とは、企業の規模、職場における配置、作業の内容、作業の繁閑、代替者の配置の難易などによって、総合的に判断されます〈東亜紡績事件：大阪地裁判決／昭和33.4.10〉。

　なお、使用者は有給休暇を取得した労働者に対して、賃金の減額その他の不利益な取り扱いをしてはなりません（労基法 136）。また、有給休暇の買い上げの予約も、労働者の休暇の取得意思をそらすものとして禁止されています（昭和30.11.30基収4718号）。

モデル規定

（年次有給休暇取得日の賃金）
第56条　年次有給休暇の取得日に支払う賃金は、所定労働時間労働した場合に支払われる通常の賃金とする。

（年次有給休暇の届出）
第57条　年次有給休暇を請求しようとする者は、前日（連続５日以上請求する者は２週間前）までに所属長に届け出なければならない。ただし、事業の正常な運営を妨げるときは、他の時季に変更することがある。

（年次有給休暇の計画的付与）
第59条　会社は、労働者代表との間で「年次有給休暇の計画的付与に関する協定」を締結した場合は、その協定で定められた時季に、年次有給休暇を与えるものとする。
　２．前項の場合、社員は、協定で定められた時季に年次有給休暇を取得しなければならない。

第4章　休暇と服務規律

有給休暇の使用単位は

　年次有給休暇は、労働日（原則として暦日計算）単位で与えるべきものですから、労働者が半日単位で請求しても、使用者はこれに応じる義務はありません（昭和63.3.14基発150号）。もちろん、使用者側がこれを認めることはさしつかえないことから、現在も、半日単位で与えることは一般に多くの企業で行われています。

　半日より細かい与え方、つまり時間単位で与えることは、休暇としての法律の趣旨に沿わないとして、これまで認められていませんでしたが、通院や子供の学校行事への参加などに時間単位で取得したいというニーズがあることから、平成22年の労働基準法改正により認められることになりました。

　時間単位の年次有給休暇制度を導入する場合は、労使協定の締結が必要です（労基法39Ⅳ）。つまり、時間単位の年次有給休暇を与えることは義務ではなく、制度の導入は労使の自由です。

　また、これは労働者が請求した時季に、時間単位で年次有給休暇を与えることができるものであって、労働者に時間単位の取得を義務づけるものではありません。時間単位により取得するか日単位により取得するかは、労働者の意思にまかせることになります。

　なお、時間単位で与えることができるのは、有給休暇のうち毎年5日分が限度です。さらに、「休暇」は就業規則に必ず定めなければならない事項であるため、就業規則も同時に見直す必要があります。

労使協定で定める事項

　労使協定で定める必要があるのは次の4つの事項です。
①対象労働者の範囲
　例えば一斉に作業を行うことが必要とされる業務に従事する労働者等にはなじまない場合があるため、時間単位により年次有給休暇を与える対象労働者の範囲を定めることとされています。
②時間単位年休の日数
　時間単位で取得できる上限を、前年からの繰越分も含めて「5日以内」で定めます。

③時間単位年休1日の時間数

1日が何時間分の年次有給休暇に相当するかについては、所定労働時間をもとに定めます。1時間に満たない時間がある場合は、時間単位に切り上げます。

> **（例）1日の所定労働時間7時間15分→8時間**
>
> 　上の例で5日を時間単位で与えるなら、40時間分が上限というわけです。シフト制や変形労働時間制など日によって所定労働時間が異なる場合は、1年間における1日の平均を1日の時間数とします。1年間の時間数が決まっていない場合は、例えば1ヵ月など所定労働時間数が決まっている期間における1日の平均を出します。

④1時間以外の時間を単位とする場合の時間数

例えば「2時間」など、1時間以外の時間を単位として与える場合は、その時間数を定めます。なお、取得の単位は整数の時間数とされているため30分など1時間に満たないものは認められません。

時間単位の年次有給休暇の賃金

年次有給休暇1時間あたりの賃金の額は、次のように求めます。

次の3つのうちいずれか（※）。
　A．平均賃金
　B．所定労働時間労働した場合に支払われる通常の賃金
　C．標準報酬日額

÷

その日の所定労働時間数

※ 日を単位とする場合の賃金の額とそろえて、ＡＢＣのうちいずれか同じものを採用しなければなりません。なお、Ｃについては労使協定が必要です。

計画年休を時間単位で与えることはできない

このような、時間単位年休の注意点を確認しておきましょう。

1）計画年休
労働者に計画的に年次有給休暇を与える「計画年休」で、時間単位年休を与えることはできません。あくまでも、時間単位年休は労働者の請求によってあたえるものだからです。

2）残日数の管理
例えば、所定労働時間が8時間の労働者が10日の年次有給休暇を付与され、2時間の時間単位年休を使った場合、残りは、「9.75日」と管理するのではなく、「9日と6時間」となります。年次有給休暇の日数は、所定労働時間が「8時間から6時間」などと変更されても変わりません。ただし1日に満たない時間の部分は「6時間×6／8＝4.5時間⇒繰り上げて5時間」と変換され、「9日と5時間」となります。

3）時間単位年休が取得できない事業場への転勤
時間単位年休は、事業場ごとに適用するため、場合によっては、社員が時間単位年休を取得できる事業場から、できない事業場へ転勤するかもしれません。この場合、1日または半日に満たない半端な残日数は、法律上使えなくなります。行政の救済措置としては半端な残日数を1日に切り上げることなどを提案していますが、会社にその義務はありません。

応用規定

（時間単位年休）
第○条　労使協定に基づき、社員は、年次有給休暇を時間単位（以下「時間単位年休」という）で使用することができる。ただし、1年について5日を限度とする。

　2．　時間単位年休を取得した時間については、通常の勤務をしたものとして賃金を支給する。その他の事項については、第○条から第○条まで、1日または半日単位の年次有給休暇と同じ取り扱いとする。

> **労使協定の例**

時間単位年休に関する協定

　株式会社○○○と社員代表は、労働基準法第39条4項の規定に基づき、年次有給休暇の時間単位の使用について次のとおり協定する。

（対象者）
第1条　すべての社員を対象とする。

（日数の上限）
第2条　年次有給休暇を時間単位で取得することができる日数は前年からの繰り越し分も含めて5日以内とする。

（1日分年次有給休暇に相当する時間単位年休）
第3条　年次有給休暇を時間単位で取得する場合は、1日の年次有給休暇に相当する時間数は、社員ごと、所定労働時間の1時間未満を1時間に切り上げた時間とする。

（取得単位）
第4条　年次有給休暇を時間単位で取得する場合は、1時間単位で取得するものとする。

使用者側から年休の時季指定

　日本人の年次有給休暇の消化率は、国際的にも非常に低く、いまだ5割に満たない状況です。これは、日本の職場に有給休暇を取りづらい雰囲気があるからだと見られています。

　そこで、「働き方改革関連法」により平成31年4月1日、使用者側から有給休暇の取得日の時季指定をすることが義務付けられました。具体的には、使用者は有給休暇の付与日数が10日以上の労働者に対し、有給休暇のうち5日について、基準日（付与した日）から1年以内に、労働者ごとにその時季を定めることにより与えなければなりません（労基法39Ⅶ）。

どのように時季指定するか

　使用者側から時季指定していたところ、労働者がその日より前に有給休暇を取得した場合や、計画的付与制度により与えた場合などは、その与えた日数分について、使用者から時季指定する義務はなくなります（労基法39Ⅷ）。

　有給休暇の消化率の向上を目的としているのですから、労働者が本人の希望日に消化したときは、その日数について使用者側から指定する義務はなくなります。逆に、法律上の義務がなくなった以上、使用者が一方的に時季を指定することはできません。

　また、使用者が時季指定するときは、その時季について労働者の意見を聴き、その意見を尊重するよう努めなければならないとされています（労基則24の6Ⅰ、Ⅱ）。

モデル規定

（使用者側からの時季指定）

第60条　会社は、第55条1項により付与する年次有給休暇（その日数が10日以上の労働者の場合に限る）の日数のうち5日については、社員ごとに、年休対象期間に取得する時季を指定するものとする。ただし、社員が自ら時期を指定し取得した日、第59条の計画的付与により取得した日があるときは、その日数について、会社が指定する時季を取り消すものとする。

2.　会社が、業務の都合等によりやむを得ないと判断したときは、あらかじめ指定していた前項の付与日を他の時季に変更することができる。ただし、変更する日は同じ年休対象期間のうちに限る。

3.　社員は、会社の指定した第1項の時季に取得することを拒むことはできない。ただし、業務の都合等により他の日に変更を希望するときは、会社に申し出て許可を得なくてはならない。

管理簿の作成と保存も必要

　「働き方改革関連法」により、使用者に「年次有給休暇管理簿」の作成が義務づけられました。さらに、この管理簿を3年間保存しなければなりません（労基則24の7）。

44 「特別休暇」の定め方

特別休暇は使用者の任意で定める

使用者が任意に与える法定外休暇を、一般に「**特別休暇**」といいます。

特別休暇のうちで、代表的な休暇が「慶弔休暇」です。これについては、与え方など全く使用者の自由ですから、休暇の種類、与える日数、賃金の有無、手続きなどについて、就業規則で明確にしなければなりません。

その他、リフレッシュ休暇など、会社の考えで規定してください。

慶弔休暇は事由ごとに定める

慶弔休暇とは、労働者の冠婚葬祭などについて、休暇を与えるものです。

一般的に、結婚、出産、死亡などについて、その事由ごとに休暇の日数を定めます。

特別休暇は、会社が任意で定めるものですから、有給とするか無給とするかは自由ですが、一般的には有給とします。また、休暇を与えるとともに「慶弔見舞金規程」を別に定め、祝い金などを支給することがあります。

モデル規定

（慶弔休暇）

第64条　社員が次のいずれかに該当した場合は、慶弔休暇を与える。ただし、原則としてその事由が発生した日から連続して取得するものとする。

①社員本人が結婚するとき　　　　5日
②社員の子が結婚するとき　　　　1日
③社員の妻が出産するとき　　　　2日
④2親等以内の家族が死亡したとき　2日

2.　前項の休暇を取得した日は、所定労働時間労働した場合に支払われる通常の賃金を支給する。

長期勤続の功労を讃えるリフレッシュ休暇

産業構造が変化してきたことに合わせ、新しい休暇制度を採用する企業が増えています。労働者の人間性教育や企業のイメージアップをねらった「ボランティア休暇」、長年の勤務功績を慰労するための「**リフレッシュ休暇**」などがその例です。

その他にも、中高年齢者の能力再開発や高齢期への準備を目的とした休暇、中堅社員などに高度の知識・能力を身につけさせるための休暇などがあります。

これら新しい休暇制度は、単に必要最低限の労働を免除するだけではなく、労働者の視野の拡大、休暇を与えることによって業務への集中力や発想を高めるなど、労働者から新たな会社への貢献を引き出す手段として活用されています。

応用規定

（リフレッシュ休暇）

第○条　社員の勤続年数が、次の年数に該当したときは、次の区分により休暇を与える。

勤続年数	15年	25年	35年
休暇日数	10日	14日	30日

2．社員が前項の休暇を利用する場合、原則として、該当した日から1年以内に取得するものとし、1ヵ月前までに所属上長に届出なければならない。ただし会社は、業務の都合で取得時季の変更を求める場合がある。

3．第1項の休暇は有給とする。

45 「服務規律」の定め方

「服務規律」で職場のルールを示す

　会社の中で働く複数の労働者が整然と職務を遂行するには、一定のルールの下に、規律を持って働く必要があります。就業規則では、そのために必要な、業務上の指揮命令に対する労働者の遵守義務などを定めます。このような、職場における最低のルールを定めたものが**服務規律**です。

　服務規律に、違反する行為は、全て始末書や減給などの制裁の対象となります。服務規律として定めるべき事項はおよそ次のような内容です。

①業務遂行上の遵守義務

職場保持義務	出退勤時刻の厳守、許可や報告の徹底、喫煙の場所の指定など
指示命令の遵守義務	定められた作業服の着用、残業や転勤命令などに対する服従など
施設保全に対する義務	備品や機械などの取り扱い注意、会社財産の社外持ち出し禁止など
職場規律に対する義務	風紀秩序維持義務、他人に対する迷惑行為の禁止、無許可集会の禁止など

②労働者個人としての行動上の遵守義務

会社の名誉維持義務	会社の信用を傷つける行為の禁止
機密の保持義務	在職中に知り得た企業機密の漏洩禁止
経歴詐称禁止	職務経歴や学歴に対する偽りの禁止
二重就業禁止	許可なく他社で就業することの禁止
セクシュアル・ハラスメント行為禁止	同僚、部下などへの性的嫌がらせの禁止
個人経済の安全な維持義務	ローンなどでの個人破産を招くような私生活の注意義務

いずれも、常識的な方にとっては「社会人として、あたりまえ」と思われるかもしれません。しかし、会社としては、実際発生するトラブルに備え、または未然に防ぐため、指導的立場に立って、全ての労働者を生涯教育していく気持ちを持つことが大切です。

重要な服務規律は独立条文で詳細に

服務規律を定めるに当たっては、次のモデル規定のように、こうあるべきという「基本ルール」から規定し、「一般的事項」をまとめて羅列し、その後「特に重要な事項」を、177ページ以降のモデル規定のように、独立条文で詳細に規定します。その方が、詳細かつ分かりやすく記述できます。その他、「出退勤のルール」などを規定していきます。

モデル規定

（服務の基本）
第25条　社員は、この規則および業務上の指揮命令を遵守し、自己の業務に専念し、作業能率の向上に努め、互いに協力して、職場の秩序を維持しなければならない。

（服務規律）
第26条　社員は、次の事項を守って職務に精励しなければならない。
　　　　①常に健康に留意すること
　　　　②会社の名誉と信用を傷つけないこと
　　　　③業務上の秘密事項を他に漏らさないこと
　　　　④会社の備品、設備を大切に扱うこと
　　　　⑤許可なく職務以外の目的で会社の設備、車両、機械器具等を使用しないこと
　　　　⑥職場の整理整頓に努めること
　　　　⑦勤務時間中は職務に専念し、みだりに職場を離れないこと
　　　　⑧会社構内において政治活動を行わないこと
　　　　　　　　　　　　（中略）
　　　　⑮社員証を携帯し、名札を着用すること
　　　　⑯その他前各号に準ずる不都合な行為をしないこと

46 「二重就業禁止」の定め方

「二重就業禁止」で社員の副業を禁止する

　二重就業禁止（兼業禁止）とは、勤務後にアルバイトをしたり、あるいは業務上の立場を使って勤務中に内職すること（例えば、営業マンが得意先に他社の商品を販売するなど）を禁止するものです。

　勤務中、労働者は職務に専念する義務があることはもちろんです。会社は労働者の兼業を禁止し、万一そのような行為があったときは厳しく罰しなくてはなりません。

　一方、就業時間外、つまり使用者の拘束力の及ばない時間についても労働者の兼業行為を禁止できるかについては議論のあるところです。

　本来、就業時間外は労働者の自由な時間なので、就業規則で兼業を全面的に禁止することは、行過ぎた干渉だと思われるでしょう。しかし、自由な時間といっても、それは、労働者が精神的・肉体的疲労回復のため適度な休養をとって、次の日の労働において健全な労務提供をするための基礎的役割を果たすものといえます。また、兼業の内容によっては、企業の対外的信用・対面が傷つけられる場合もあり得ます。

　そのため、労働者の兼業について、本業への支障や企業秩序への影響等を考慮した上で、会社の承認を必要とする旨の規定を就業規則に定めることは必ずしも不当とはいえません〈小川建設事件：東京地裁判決／昭和57.11.19〉。

　ただし、この判例が指摘しているように、全面的に会社の承認を必要とすることが認められるのではなく、実際の適用において不当であるとされた判例も多数あります。例えば、パートタイマーなど、低賃金でかつ軽易な業務に従事する労働者についてまで兼業を禁止することは、個人の私生活を侵害するものと解されます。

　以上のような点から、二重就業禁止は重要な規定であり、一般に多くの企業が定めていますが、運用面では慎重に対応しなければなりません。

モデル規定

（二重就業の禁止）
第28条　社員は会社の承認を得ないで就業に支障があると認められる他の職務に従事し、または事業を営んではならない。

「競業避止義務」で企業の営業秘密を守る

　職務上知り得た情報は、労働者の退職後といえども会社にとって大変重要な事項です。管理職や会社の経営上重要な職務にアクセスしていた者が、ヘッドハンティングなどにより同業他社に移動したり自営を始めたりして、大切なノウハウが盗まれてしまったら、会社は大きな損害を被ります。

　そこで、**競業避止義務**といって、退職後の一定期間、競合する他社への入社を禁止する定めが必要となってきます。つまり、管理職や研究開発職などへの任命時に「私は、貴社を退職してから1年間は、貴社と競合関係に立つ企業への就職、役員への就任、自営その他の形態を問わず関与は一切しません」というような誓約書の提出を求めるようにします。

　その労働者のみが有する特殊な知識は、使用者にとって一種の客観的財産であり、他人に譲渡しうる価値を有する点において、一般的知識・技能と全く性質が異なります。そのため、判例では、公序良俗に反する可能性を指摘しながらも、被用者の競業を禁ずる特約を結ぶことの合理性は認めています〈フォセコ・ジャパン・リミテッド事件：奈良地裁判決／昭和45.10.23〉。

　この競業禁止義務に違反して会社が損害を受けた場合には、損害賠償や、就業規則の定めるところにより退職金の返還などを求めることができます。

応用規定

（競業避止義務）
第○条　部長以上の幹部社員および営業職の社員であった者は、退職後の2年間、本社所在地の都道府県内において、会社と競業関係にある他社に就職しまたは自ら同種の事業を営んではならない。
　2．　前項を適用する社員には、その職を命じる際、誓約書の提出を求めるものとする。

47 「守秘義務」と「個人情報保護」の定め方

退職後まで「守秘義務」を守らせる

　本来、労働契約に付随した義務として、労働者には、営業上の秘密を保持する義務（これを「**守秘義務**」という）が課せられているのだということが、判例〈古河鉱業足尾製作所事件：東京高裁/昭和55.2.18〉でも認められています。

　ただし、研究職、営業職、またはパートタイマーなど、業務上で接する秘密の程度、諸条件などによって、どの程度の義務があるのか、学説や判例でも若干異なるところで、概ね「保護に値する程度の秘密を、守秘義務がありながら漏らした場合」は、懲戒解雇や退職金の減額などの処分の対象になりうるといえます。

　なお、この守秘義務を退職後まで負わせることができるのかという問題があります。判例では、秘密保持の特約があれば、退職後もその義務を負わせることができるとしたものがあります。

　このような特約がない場合の退職後の守秘義務については判例でも意見が分かれています。そこで、平成6年に改正された「不正競争防止法」では、営業上の秘密を不正の競争や利益を得る目的などで使用した場合などに、在職か退職後かを問わず差し止めや損害賠償ができるとしています。

モデル規定

（守秘義務）
第27条　社員は、在職中はもちろん退職後であっても、職務上知り得た会社の業務上の秘密（会社が保有する技術上または営業上の有用な情報であって、会社が秘密として管理しているもの）および個人情報（特定の個人を識別することができる情報）を、他に漏らし、または会社の業務以外に自ら使用してはならない。

個人情報保護についても規定に追加する

　会社が個人情報の取り扱いを考える上では、「顧客等の情報」はもちろんですが、「社員情報」についても同様に管理すべきことを忘れてはいけません。

　平成17年4月1日に**「個人情報保護法」**が全面的に施行されてから、神経質すぎるといわれるほど「個人情報」への意識が変わりました。

　さらに、平成28年より、段階的にマイナンバー（個人番号）の利用が進み、会社はマイナンバーの取得と情報漏えいの防止措置などに神経を使うようになりました。

（1）顧客等の情報

　顧客等の情報は、広く一般社員が接することから、流出などの危険性が高く、全社的な安全管理体制の整備がポイントになります。

①服務規律の規定に明記する

　　これまで営業秘密などの守秘義務を服務規律に定めてきた会社も、営業秘密などと個人情報は性質が異なるため、左ページのモデル規定のように個人情報を盛り込んだ規定に修正する必要があります。

②誓約書の提出を求める

　　個人情報は漏えいしてから回収することは不可能ですから、そのようなことが起こらないよう単に就業規則に規定するだけでなく、入社の際に求める誓約書にも明記するべきです。

③制裁規定に明記する

　　一般に服務規律の事項に違反した場合は制裁の対象とします。しかし重要性が高い事項であることから個人情報の漏えいが悪質な場合は懲戒解雇もありえる旨を明記するべきです。

（2）社員情報

　社員情報は、通常の取扱者は人事部など一部に限られるため、管理範囲は狭いものの、非常にデリケートな個人情報（センシティブ情報）にまで接するため、健康診断結果、人事評価など、情報に応じた取り扱いのルール化がポイントになります。

48 「出退勤」や「欠勤」の定め方

出退勤の時刻を確認すること

　時間をルーズにすると集団の統制が崩れていきます。そのため、始業時刻を守らせることなどは、人事管理の基本といえます。
　まず、タイムカードを他人に押してもらうといった不正打刻を禁止し、スムーズに業務を開始するために必要な事項を**「出退勤」**として定めておくことが必要です。最近ではタイムカードではなく、電子的に出社と退社の時刻を記録するＩＤカードなども増えています。このような場合は、それぞれのシステムに適した表現を用いてください。
　なお、時間管理を行わない管理職や裁量労働制の労働者であっても、働き過ぎにより健康を害することを防止するため、タイムカード等の打刻をさせることを行政は奨励しています。

欠勤、遅刻などは手続きを守らせる

　やむを得ない理由により所定労働日に労働できない場合は**欠勤**とします。
　ただし、会社は業務の遂行に支障が生じないよう準備する必要から、一般的には、事前の届け出を原則とし、やむを得ない場合に限り当日始業時刻までの欠勤連絡を例外的に認める定めをします。
　ここでは、欠勤する場合の手続き方法や、病気などで欠勤が長期にわたる場合の確認事項などを規定します。
　また、始業時刻に遅れて出勤する場合（**遅刻**）、終業時刻前に帰宅する場合（**早退**）、あるいは勤務時間帯に私用で外出する場合に許可を得る方法などを定めます。
　勤務時間中に私的な理由で面会をする事などは、原則として禁止しなければなりません。しかし、使用者が、やむを得ないと判断できる場合、その面会の場所、方法などを定めて許可を与えます。

モデル規定

（出退勤）
第32条 社員の出勤および退勤については、次の事項を守らなければならない。
　①始業時刻前に出勤し、就業の準備をし、始業時刻とともに業務を開始すること
　②出勤および退勤は、必ず所定の通用口から行うこと
　③業務の開始および終了の際は、タイムカードに自ら打刻すること
　④退勤するときは、機械工具、書類等を整理整頓すること
　⑤業務終了後はすみやかに退社するものとし、業務上の必要なく社内に居残ってはならない。

（欠　勤）
第35条 社員が欠勤する場合は、所定の手続きにより、事前に所属長に届け出なければならない。ただし、やむを得ない事由により事前に届け出ることができなかったときは、直ちに電話で連絡を取り、出勤後すみやかに所定の手続きをとらなければならない。
　2．正当な理由なく、事前の届出をせず、しかも当日の始業時刻から3時間以内に連絡せずに欠勤した場合は、無断欠勤とする。
　3．傷病による欠勤が引き続き4日以上（断続的欠勤が続き会社が求めたときを含む）に及ぶ場合、病状に関する医師の証明書を提出しなければならない。

（遅刻、早退）
第36条 社員が、私傷病その他やむを得ない私用により遅刻または早退しようとする場合は、所定の手続きにより事前に所属長の許可を受けなければならない。ただし、やむを得ない事由により事前に届け出ることができなかったときは、出勤後すみやかに所定の手続きを取らなければならない。
　2．社員の遅刻は、制裁扱いとして1回について半日分の賃金を控除する。ただし、1計算期間について3回を限度とする。なお、会社が認めたときは、事後に有給休暇に代えることができる。

第4章　休暇と服務規律

49 「セクハラ」の定め方

社員の行ったセクハラには会社も責任を負う

「セクシュアル・ハラスメント」(いわゆる「セクハラ」)については、判例も年々確実に増加しています。

セクハラとは、性的に服従を要求し、拒絶に対して解雇など不利益を与える「対価型」と、性的言動などにより労働環境を不快にする「環境型」に区分されています。

ただし、このような問題は男女間の奥深い人間関係によるもので、その違法性の認定は容易ではありません。判例によると、セクハラとして認定される判断基準は、次のようなものです。

違法性の判断基準

行為の態様、加害者の職務上の地位、年齢、性的言動の行われた場所、反復・継続性、被害者の対応など総合的に見て、社会的見地から不相当とされる程度のものであること。

いずれにしても、民法44条1項(「法人の不法行為能力」、会社の役員等の行為に対する会社の責任)や民法715条(「使用者責任」、労働者の行為に対する会社の責任)などによって、セクハラの事実があれば、会社は労働者個人が行ったセクハラ行為といえども責任を負うことになります。

最近の判例では、会社が健全な職場環境を維持する義務を怠ったとして民法415条の「債務不履行」責任を認めるものもあり、不法行為のように労働者側が使用者の故意や過失を証明する必要はなく、会社が積極的にセクハラの防止を図っていたことを証明しなければなりません。

また、「男女雇用機会均等法」によって、「職場における性的な言動に起因する問題に関する雇用管理上の配慮」が義務付けられています(均等法21)。

さらに、精神障害の労災について、平成23年12月に改定された判断

基準（平成 23.12.26 基発 1226 第 1 号）では、セクハラの中でも反復継続して行われたものや、会社に相談しても適切な対応がなく改善されなかった場合などに、心理的負荷を「強」とするとしています。

セクハラ問題に関して事業主の配慮すべき事項

① 事業主の方針の明確化およびその周知・啓発
　　イ）社内報、パンフレット等の配布
　　ロ）服務上の規律を定めた文書の配布・掲示
　　ハ）就業規則に規定
　　ニ）研修等の実施
② 相談・苦情への対応
③ 職場におけるセクハラが生じた場合における事後の迅速かつ適切な対応

＊「事業主が職場における性的な言動に起因する問題に関して雇用管理上配慮すべき事項についての指針」（労働省告示第20号 平成10.3.13）より

モデル規定

（セクシュアル・ハラスメントの禁止）

第29条　社員は職務に関連しまたは職場において、次に掲げる性的言動等（セクシュアル・ハラスメント）を行ってはならない。
　　① 性的言動（性的冗談、意図的な性的噂の流布、食事等の執拗な誘いなど）
　　② 性的なものを視覚に訴えること（ヌードポスターの掲示など）
　　③ 性的な行動（身体への不必要な接触など）
　　④ 男女の性を理由とする差別（女性のみに顧客接待を命じることなど）
　　⑤ その他前各号に準ずる行為
　2．前項に掲げる行為を受けた社員は、別に定める「苦情処理委員会」に申し立てることができる。

50 「インターネット利用」の定め方

インターネットはルールを定めて利用させる

　情報の収集・発信、通信の手段として、今や、**インターネット**はビジネスに欠かせないものとなりました。ただし、便利な反面、危険も潜んでいますから、利用のルールが必要です。モデル規定では、就業規則のなかの服務規律として規定していますが、ペナルティを課すことを考える前に、取り扱い方法などを詳細に定め徹底させることが重要です。別途「インターネット取扱規程」などを作成されるべきでしょう。

電子メールの私的利用は禁止する

　メールの私的な利用は、就業時間中の職務専念義務などの理由から、多くの企業で禁止されています。そして、禁止にあたり、一般には上司等によるモニタリング（監視）を行うものとしています。しかし、就業時間中のメールだからといって、些細な私的利用まで厳しく禁止するべきか、また個人のプライバシーにかかわる部分まで勝手にモニタリングしてよいのかという問題があります。

　東京地裁の平成13年12月3日の判決〈F社Z事業部事件〉は、ある労働者が同僚らに上司のセクハラを告発しようなどとするメールをやり取りし、誤ってそのメールを上司当人に送信してしまったことから、上司がその後労働者のメールを監視したことへの損害賠償について争ったものです。

　この判決では、まず、職場における私的なメールの利用も業務の妨げとならず会社負担も軽微であれば社会通念上許容されるし、そのような範囲で私的利用するのであればプライバシーが認められるとしています。しかし、労働者の行ったメールのやり取りは行き過ぎており、上司によるモニタリングも、個人的な好奇心などで監視したものではないので相当性の範囲内であるとしてプライバシーの侵害とは認めず、原告労働者の請求を棄却しています。

なお、本件では特に私的利用を禁止する社内規定はありませんでしたが、就業規則に禁止する旨の規定がない限り、社会通念上認められる範囲での私用メールの送受信は、職務専念義務に違反しないとした判決〈東京地裁／平成15.9.22〉もあります。また、私的なメールのモニタリングがプライバシー侵害であるとして争われながら、プライバシーに一切触れることなく労働者の行為が職務専念義務に違反するとした判決〈日経クイック情報事件：東京地裁／平成14.2.26〉もあります。

このように判例でも意見が分かれるところですが、モニタリングについては、その旨を労働者に知らせるだけでも私的利用を抑止する効果がありますから、最小限にとどめるべきでしょう。

モデル規定

（インターネットおよび電子メールの取り扱い）
第30条　インターネットの閲覧、電子メールの送受信は、職務以外の目的で使用してはならない。なお会社は、社員の電子メールの使用状況を確認するため、送受信の内容を本人の承諾なく閲覧することがある。

利用方法は別規程を作成する

別規程としてインターネットの利用に関する規程を設けるのであれば、次のような事項を盛り込んでください。

①**情報漏えいの防止**

悪意による情報流出を防止することはもちろんですが、労働者の「うっかり」による情報流出も視野に、暗号化やパスワードの使用などの防止策を講じる必要があります。

②**ウイルス感染防止**

コンピューターウイルスは、感染するとパソコンのデータ破壊やシステム不安定などを起こします。ウイルスへの感染を防ぐためには、セキュリティ対策の施されたパソコンを使用し、メールの送受信の際に必ずウイルススキャンを行うことが大切です。

企業では、感染を防止するために、一定のウイルス対策の基準を設けるとともに、メールの利用にあたって、安易に添付ファイルを開かないなど労働者への啓発を怠らないことが大切です。

コラム COLUMN

パワハラの予防・解決に向けて

◆ **厚生労働省として初めて「パワハラ」を定義**

　職場におけるいじめ・嫌がらせ（いわゆる「パワーハラスメント」。以下「パワハラ」とします）は、近年、都道府県労働局などへの相談件数が増加を続け、社会問題化してきています。

　しかし、そもそもどうした行為がパワハラに該当するのか、人によって判断が異なったり、業務上の指導との境界線がわかりにくいという声があることなどから、平成24年1月、厚生労働省のワーキンググループが報告書をまとめました。報告書では、厚生労働省として初めてパワハラの定義付けや具体的な行為の類型化を行っています。

パワハラの定義

同じ職場で働く者に対して、職務上の地位や人間関係などの職場の優位性を背景に、業務の適正な範囲を超えて、精神的・身体的苦痛を与える又は職場環境を悪化させる行為

◆ **予防・解決に向けた取り組みを**

　パワハラは職場全体の士気や生産性を低下させる問題です。パワハラの予防・解決に向け、トップマネジメントが「パワハラを許さない」という姿勢を明確に示すことや、職場の一人ひとりが互いの人格を尊重し合うことなどが大切です。

応用規定

（パワーハラスメントの禁止）
第〇条　社員は、同じ職場で働く者に対して、職務上の地位や人間関係などの職場内の優位性を背景に（上司から部下に行われるものだけでなく、先輩・後輩間や同僚間などの様々な優位性を背景に行われるものを含む）、業務の適正な範囲を超えて、精神的・身体的苦痛を与え、または職場環境を悪化させる次に掲げる行為（パワーハラスメント）を行ってはならない。
① 身体的な攻撃（暴行・傷害）
② 精神的な攻撃（脅迫・名誉棄損・侮辱・ひどい暴言）
③ 人間関係からの切り離し（隔離・仲間はずし・無視）
④ 過大な要求（業務上明らかに不要なことや遂行不可能なことの強制、仕事の妨害）
⑤ 過小な要求（業務上の合理性なく、能力や経験とかけ離れた程度の低い仕事を命じることや仕事を与えないこと）
⑥ 個の侵害（私的なことに過度に立ち入ること）
⑦ その他前各号に準ずる行為

第5章
退職・解雇・制裁・表彰、他

51 「自己都合退職」の定め方

「解雇」以外の労働契約の終了を「退職」という

退職と解雇は、いずれも「**労働契約の終了**」を意味します。

両者を総称して「退職」ということもありますが、一般には、この労働契約の終了を使用者側から申し出る場合を「**解雇**」といい、「**解雇**」以外の労働契約の終了（労働者が転職を希望したり、定年に達するなど）を「**退職**」といいます。

そして、退職として定めることができるものは、次のような事由です。

退職として定めることができる事由
①自己都合退職
②定年
③期間を定める労働契約の期間満了
④労働者の死亡
⑤休職期間の満了
⑥社員の行方不明

モデル規定

（退　職）

第17条　社員が次のいずれかに該当するに至った場合は、その日を退職の日とし翌日に社員としての身分を失う。
　①自己都合により退職を願い出て会社の承認があったとき、または、退職願の提出後14日を経過したとき
　②死亡したとき
　③定年に達したとき
　④期間を定めて雇用された者が雇用期間を満了したとき
　⑤休職期間が満了し、復職できないとき
　⑥社員が行方不明となり、その期間が継続して30日に達したとき
　⑦当社の役員に就任したとき

労働者は原則2週間前までに自己都合退職を申し出る

自己都合退職とは、社員の申し出による労働契約の終了をいいます。自己都合退職に関しては、「労働基準法」では、別段の定めがありません。

したがって、民法の一般原則が適用され、期間を定める労働契約を除いて、社員は、いつでも自由に退職を申し出ることができます。そして、この場合は、退職を申し出た後2週間を経過すれば労働契約は終了します（民法627）。そのため、使用者は、社員が即日の退職を希望したとしても、申し出た日から2週間は労働を命じることができることになります。

会社によっては、民法の定め（2週間）を超えて、「1ヵ月前までに退職願を提出すること」などと定めている場合もありますが、その1ヵ月という期間に合理的な理由がない限り、2週間を経過すれば退職とみなされることになります。しかし、「辞めます」といった電話一本で無責任な退職を申し出る労働者がいたとしても、損害賠償を求める会社は見当たりません。よほど大事な業務であった場合はともかく、労働者を相手に損害賠償を求めることは会社のイメージを悪くする恐れもあり、あまり得ではないのでしょう。

また、退職に際して「会社の許可を得なければならない」と定めた場合、労働者の解約の自由を制約する結果となることから、法令上とくに許されたものでない限り、その効力は認められません〈高野メリヤス事件：東京地裁判決／昭和51.10.29〉。

モデル規定

（自己都合退職）
第18条　自己都合により退職しようとする者は、少なくともその14日前までには退職願を提出しなければならない。
　　2.　前項の場合、会社が承認した退職日までは現在の職務について後任者への引継ぎを完了し、業務に支障をきたさぬよう専念しなければならない。

52 「定年」の定め方

定年は解雇ではなく退職

定年とは、終身雇用が一般的だった我が国において、上限年齢を定め、その年齢に達したことで労働契約が自動的に終了する制度をいいます。

「労働基準法」では、定年に関して別段の定めがなく、定年を定めるか否かは、使用者の自由です。

定年に関しては、「退職であるか解雇であるか」という議論がなされていますが、判例においては、定年の定めは「退職」として合法であるという考えが多数となっています。ただし、「高年法（正しくは「高年齢者等の雇用の安定等に関する法律」という）により、60歳を下回る定年年齢を定めることはできません。

なお、行政解釈では、「就業規則に定める定年制が労働者の定年に達した翌日をもってその雇用関係は自動的に終了する旨を定めたことが明らかであり、且つ従来この規定に基づいて定年に達した場合に当然雇用関係が消滅する慣行となっていて、それを従業員に徹底させている場合」は、解雇とならず、退職となるとしています（昭和26.8.9 基収3388号）。

モデル規定

（定　年）

第19条　社員の定年は60歳の誕生日とする。
　2．　定年退職する社員が希望する場合は別に定める嘱託規程に基づき、引き続き継続雇用することができる。

65歳までの希望者全員の雇用が原則

近年の急速な少子高齢化の進展によって労働力が不足し、就労意欲や能力がある限り働き続けることのできる社会が求められています。そのため平成18年4月から「高年法」が改正され、65歳未満の定年の定めをしてい

る使用者は、65歳までの安定した雇用を確保するため、**継続雇用制度**の導入など次の①から③のいずれかの措置により原則として65歳までの**雇用確保措置**の導入が義務づけられました（高年法９Ⅰ）。

使用者が講じなければならない措置

① 定年の引上げ
② 継続雇用（勤務延長・再雇用）制度の導入
　● 勤務延長…定年後の一定期間、職務や賃金などの労働条件を変えずに、引き続き雇用すること
　● 再 雇 用…在職中の経験を活かしながら、嘱託等、労働条件を変えて雇用すること
③ 定年の定めの廃止

　平成18年の改正では、②の継続雇用制度について、使用者が労使協定により対象となる高齢者の基準を定めた場合は、希望者全員を継続雇用の対象とせず、基準に該当する者のみを継続雇用することが認められていました。

　しかし、現在の年金制度では支給開始年齢が段階的に引き上げられており、継続雇用されなかった場合、平成25年度以降は無年金・無収入となる期間ができてしまうため再び改正が行われることとなりました。

　平成25年4月以降は、労使協定により継続雇用の対象者を限定できる仕組みを廃止し、希望者全員を継続雇用の対象とすることが義務付けられています。ただし経過措置として、老齢厚生年金が受給できる年齢の人については従来どおり労使協定で定めた基準により対象者を限定することができます（労使協定ではなく就業規則により対象者の基準を定めることができる措置は平成23年3月で終了しています）。

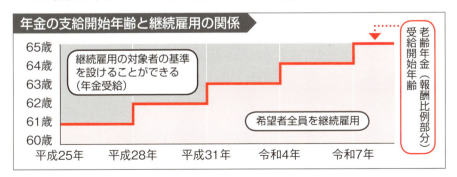

なお、この経過措置が適用されるのは、改正前（平成25年3月31日）から労使協定により基準を定めていた企業だけです。今後新たに労使協定で基準を設けることはできません。改正前から基準を設けていた企業については、労使協定の内容を変更して締結し直し、新たな基準を定めることも可能です。労使協定の例は右ページのとおりです。
　継続雇用はグループ企業内でもかまいません。また、原則として希望者全員を対象としなければなりませんが、就業規則の解雇事由や退職事由に該当する者については対象外としてもかまいません。
　なお、義務違反（勧告に従わない）の企業については、企業名の公表も可能となっています。

対象高年齢者に基準を設ける場合

①望ましい基準

　継続雇用制度の対象となる高年齢者に係る基準については、次の2点に留意して策定されたものが望ましいとされています。

> ● 意欲、能力等を具体的に測るものであること（具体性）
> 　…労働者自ら基準に適合するか否かをある程度予見することができ、到達していない労働者に対して能力開発等を促すことができるような具体性があるもの。
> ● 必要とされる能力等が客観的に示されており、該当可能性を予見することができるものであること（客観性）
> 　…企業や上司等の主観的選択ではなく、基準に該当するか否かを労働者が客観的に予見可能で、該当の有無について紛争を招くことのないよう配慮されたもの。

②適切ではないと考えられる基準

　労使間で十分に協議されて定められた基準であっても、使用者が恣意的に特定の対象者の継続雇用を排除しようとするなど高年法の趣旨や公序良俗に反するものは認められません。「会社が必要と認めた者」「上司の推薦がある者」「男性（女性）に限る」なども適切ではありません。

モデル規定 - 嘱託

（再雇用対象者）
第○条 この規程における再雇用の対象者は、正社員のうち60歳定年到達時において労使協定に定める基準をすべて満たし、再雇用を希望する者とする。
2. 前項にかかわらず、次に定める年齢までは希望者全員を再雇用するものとする。

平成25年4月1日～平成28年3月31日	61歳
平成28年4月1日～平成31年3月31日	62歳
平成31年4月1日～令和4年3月31日	63歳
令和4年4月1日～令和7年3月31日	64歳
令和7年4月1日以降	65歳

3. 前各項にかかわらず、就業規則第○条の解雇事由または就業規則第○条の退職事由（定年の場合を除く）に該当する者は、再雇用の対象にならない。

（再雇用の期間および更新）
第○条 再雇用する者との契約は、1年以内の有期労働契約とする。
2. 前項の契約期間満了時において、労働者が希望した場合は、第○条に掲げる基準に照らして契約を更新できるものとする。
3. 前項により契約更新する場合でも、雇用期間の上限は65歳に達する日までとする。

（更新の基準）
第○条 労働者が再雇用契約の更新を希望した場合、会社は、契約更新の有無を次により判断する。
①健康状態
②勤務成績
③会社の経営状況

労使協定の例

株式会社○○と、労働者代表○○○○は、嘱託規程第○条に定める再雇用制度の対象者の基準について、次のとおり協定を締結する。
（適用対象者）
第1条 再雇用制度の適用対象者は、60歳定年到達時において以下の各号に定める基準をすべて満たし、再雇用を希望する社員とする。
①健康診断の結果、産業医が勤務の継続に支障がないと判断したこと。
②直近5年間に懲戒処分を受けていないこと。
③定年時の職務等級が○等級以上であること。

53 「その他の退職」に関する定め方

退職の事項はすべて規定する

　自己都合や定年などの他、退職となる事項は漏れなく規定してください。規定がない場合は解雇が必要になることもあります。退職となるのは、およそ次のようなものです。

①**期間を定めて雇用する場合**

　　期間を定める労働契約は、その期間の満了をもって自動的に退職となります。ただし、連続して更新を繰り返した場合や期間が満了しても使用者が黙認して継続使用した場合などは、期間の定めのない労働契約とみなされ、あらためて解雇の手続きが必要となることがあります。

②**労働者の死亡**

　　労働者が死亡した場合、労働契約は自動的に終了します。

③**休職期間の満了**

　　私傷病などによって、休職を命じられた社員が、休職期間が満了しても復職できない場合、就業規則に定めることによって、解雇の手続きを要さず退職とすることができます。

④**社員の行方不明**

　　行方不明とは、社員が無断で出勤しなくなり、所在までも不明になった場合です。

　一定期間以上にわたって無断欠勤した場合は、解雇も可能ですが、その期間の経過とともに自動退職条項を適用することもできます。つまり、その無断欠勤が社員の解約申し入れの意思表示であると認められる場合には、解雇には当たりません（昭和23.3.31基発513号）。

貸付金等の返還と退職時の証明

　社員としての身分を失う場合には会社が貸与していた社員証などの物品、被服などを返還することについても、就業規則に定めておきます。

　退職や解雇により離職した社員は、在職中の賃金の額などについて、会

社に証明（これを「**退職証明**」といいます）を求めることができます。
　この場合、使用者は拒むことができず、「使用期間、業務の種類、その事業における地位、賃金および退職の事由」について証明しなければなりません（労基法22）。ただし、請求権の時効は2年とされていますから、退職後2年を過ぎて請求されたものに証明の義務はありません（平成11.3.31基発169号）。
　また、この証明書には、退職社員の希望しない事項を記入することは禁止されています。
　解雇に関するトラブルを未然に防止するため、解雇予告した場合に、その理由について労働者から証明を求められたときは、退職前であっても証明しなければなりません。

退職証明の内容

①使用期間
②業務の種類
③その事業における地位
④賃金
⑤退職の事由（退職の事由が解雇の場合は、その理由を含む）

モデル規定

（貸付金等の返還）
第20条　退職または解雇の場合、社章、身分証明書、健康保険証、貸与被服、その他会社からの貸付金品、債務を退職日までに全て返納すること。
　2．社宅入居者については、退職の日から2日以内に明渡しを行うものとする。

（退　職　証　明）
第21条　会社は、退職または解雇された者が、退職証明書の交付を願い出た場合は、すみやかにこれを交付する。
　2．前項の証明事項は、使用期間、業務の種類、会社における地位、賃金および退職の理由とし、本人からの請求事項のみを証明する。
　3．解雇の場合であって、その社員から解雇理由について請求があったときは、解雇予告から退職日までの期間であっても1項の証明書を交付する。

54 「解雇」の定め方

解雇にも、いろいろある

　解雇とは、使用者側からの申し出による労働契約の終了をいいます。解雇をする理由は様々ですが、主に①**普通解雇**、②**整理解雇**、③**懲戒解雇**の3つに区分されます。

①普通解雇

　「普通解雇」とは、制裁として解雇されるものではなく、種々な事由で社員としての適格性が著しく低いと認定された場合の解雇をいいます。

　普通解雇の事由は、次のようなものです。

普通解雇として定めることができる事由

①傷病などにより心身に障害を負い、業務に堪えられないと判断されたとき

②欠勤が多く、業務計画遂行上あてにならないなど、社員としての適格性を欠くと判断されたとき

③勤務成績や能率が著しく不良で就業に堪えないと判断されたとき

---

②整理解雇

　「整理解雇」とは、会社の経営不振や天災事変などにより、やむを得ず事業を廃止したり、縮小しなければならなくなったときに行われるものです。

　普通解雇や懲戒解雇が、個人の不適格など労働者側の問題で解雇するのに対し、整理解雇は、経営環境の大幅な変化により使用者側の都合で解雇するものです。

③懲戒解雇

　「懲戒解雇」とは、社員として相応しくない行動をとり、そのことによって著しく経営秩序を乱し、会社の運営に悪影響を及ぼした場合に処分

するものです。一般に、就業規則で「解雇」として規定するのは、普通解雇や整理解雇を指し、懲戒解雇は賞罰としての「制裁」の分野に別規定されます。

結果的に、1つの行為が重複して「普通解雇」と「懲戒解雇」に該当する場合もありますが、このような場合、判例では「いずれの解雇を適用するかは使用者の自由である」としています。ここでは、解雇に関する説明をして、懲戒解雇の具体的な定め方は209ページ以降で説明します。

以上の他、更新を繰り返していた有期の労働契約の更新拒絶や、内定の取り消しなど、意識的な解雇ではなかったとしても、労働契約の不適切な取り扱いが、結果的に解雇とみなされる場合もあります。

―――― モデル規定 ――――

（解　雇）
第22条　次のいずれかに該当する場合は、社員を解雇する。
　　　　①会社の事業の継続が不可能になり、事業の縮小、廃止をするとき
　　　　②社員が精神または身体の障害により、医師の診断に基づき、業務に堪えられないと認められるとき
　　　　③社員が勤務成績または業務能率が著しく不良で、他に配置転換しても就業に適しないと認められるとき
　　　　④試用期間中の社員で、会社が不適当と認めたとき
　　　　⑤その他前各号に準ずるやむを得ない事由があるとき

55 解雇権の濫用とは

解雇には合理的な理由が必要

　これまで、労働基準法では解雇の手続きに関する規定はありましたが、解雇の理由については、一部を除き、基本的に制限してきませんでした。
　一部とは、例えば「企画業務型裁量労働制の労使委員になることに同意しなかったこと」「事業場の違反事実を行政官庁または労働基準監督官に申告したこと」などです。
　そのため、労働者が解雇の無効を主張する場合、裁判によって、お金と時間をかけてでも解決を求めるしかありませんでした。
　しかし、バブル崩壊後に「リストラ」という言葉が流行したように、解雇をめぐるトラブルが増加し、解雇に関する基本的なルールを明確にすることが必要となってきました。そこで平成16年より、これまで最高裁の判決で確立してきた**「解雇権濫用法理」**が次のように労働基準法に明記され、平成20年3月からは労働契約法（16条）に移行されました。

> 「解雇は、客観的に合理的な理由を欠き、社会通念上相当であると認められない場合は、その権利を濫用したものとして、無効とする。」

　それにより、解雇の理由についても、労働基準監督署を窓口として指導・監督されることになりました。
　では、具体的には、どのような場合に解雇できるのでしょうか。実際の判例をいくつかご紹介しましょう。

勤務態度が不良であるとき

　職場秩序を乱し、他の社員と協調性に欠け、上司の再三の注意にも従わず態度を改めないとき〈日本検査事件：東京地裁／昭和60.9.3〉

> **無断欠勤等**
> 再三に渡り、無断で、欠勤、遅刻、離席を繰り返し、上司に反抗的な態度を続けたとき〈日本テレビ事件：東京地裁／昭和62.7.31〉
>
> **疾病のため業務に耐えられないとき**
> 業務上の災害により相当の期間休業し、自宅待機中であって業務に復帰することが困難であると認められたとき〈名古屋埠頭事件：名古屋地裁／平成2.4.27〉

解雇事由に該当する行為であったかどうかは、個々の具体的な事由、企業の規模など、総合的に判断しなければなりませんが、経営上の**整理解雇**については、原則として次のような条件を満たす必要があります（必ずしも満たさなくても認められることがあります）。

> **整理解雇の4要素**
>
> ①人員削減の必要性があること
> ②解雇回避のために経営努力がなされたこと
> ③解雇の人選が公平であること（例えば労働組合員を敵視したものではないこと）
> ④労使協議など、手続きに妥当性があること

なお、解雇をする場合の手続き上の前提としては、次のような条件を満たさなければなりません。

> ①就業規則などに明文規定があればこれに従うこと
> ②解雇事由に該当するような行為があったこと
> ③労働基準法上の解雇禁止規定などに該当していないこと
> ④労働基準法に定める解雇手続きを履行していること

56 解雇制限等のルール

解雇してはならない場合

労働基準法により、使用者は、社員が次の**「解雇制限」**事由に該当する場合は、その間、解雇することができません（労基法19）。

解雇制限の事由

① 労働者が業務上負傷し、または疾病にかかり、療養のために休業する期間およびその後30日間
② 産前産後の休業をする期間およびその後30日間

ただし、次の場合は、解雇制限期間であっても解雇する事ができます。

解雇制限が除外される場合

① 事業の継続が不可能となり、労働基準監督署長の認定を受けて解雇する場合
② 業務上の療養開始後3年を経過しても負傷または疾病が治らない場合に、平均賃金の1200日分の**打切補償**（「労働者災害補償保険法」の傷病補償年金を受けている場合は打切補償を支払ったものとみなされる）を行った場合

解雇制限のルール

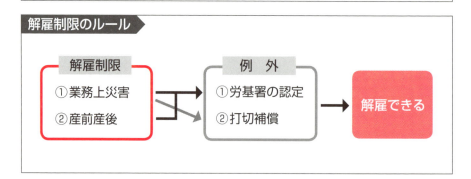

モデル規定

（解雇制限）
第24条　次のいずれかに該当する期間は解雇しない。ただし、1項1号の場合において、療養開始から3年を経過しても傷病が治らず、平均賃金1,200日の打切補償を支払った場合はこの限りではない。
　①業務上の傷病にかかり療養のため休業する期間およびその後30日間
　②産前産後の休業期間およびその後30日間
2.　天災事変その他やむを得ない事由のために事業の継続が不可能となった場合で、行政官庁の認定を受けたときは、前項の規定は適用しない。

妊産婦の解雇は原則できなくなった

　労働基準法では「解雇制限」の他にも、国籍・信条などを理由とする解雇の禁止（労基法3）、企画業務型裁量労働制の適用に同意しなかったことを理由とする解雇の禁止（労基法38の4）などを定めています。

　その他の労働法にも、解雇を制限したものがあります。主なものは、「育児・介護休業法」に定める休業等を取得しようとしたことなどを理由とする解雇の禁止（育児・介護休業法10他）、均等法の男女の性別を理由とした差別（解雇を含む）の禁止（均等法6）などです。このように、使用者の差別や不当な解雇を禁止しているのです。

　また、平成19年4月から、均等法により、妊娠中および産後1年以内の女性を解雇するときは、「妊娠、出産、産前産後休業等による解雇」でないことを使用者が証明しない限り無効とされることになりました。

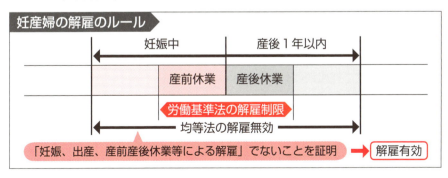

妊産婦の解雇のルール

57 解雇の手続き

即時解雇は30日分の賃金相当額を支払う

　前のページの「解雇制限」に該当しない場合であっても、使用者が社員を解雇する場合、①少なくとも30日前に「**解雇予告**」をするか、②30日分以上の平均賃金を支払うか、のいずれかの手続きをしなければなりません（労基法20）。

　そして、②を「**解雇予告手当**」といい、即時解雇をするような場合に支払うこととなります。解雇予告手当と予告期間を併用する方法も可能です（例えば、15日分の解雇予告手当を支払えば、解雇予告は15日前でよい）。

　ただし、次の場合であって、労働基準監督署長の認定を受けた場合は、解雇予告をすることなく即時解雇することができます（労基法20）。

解雇予告除外認定が受けられる場合
①天災事変その他やむを得ない事由により事業の継続が不可能となったとき
②労働者の責に帰すべき事由に基づくとき

　「労働者の責に帰すべき事由」とは、次のような事項をいいます（昭和23.11.11基発1637号）。

労働者の責に帰すべき事由
①きわめて軽微なものを除き、事業場内での盗取、横領、傷害等刑法犯に該当する行為、あるいは事業場外で行われた行為であっても、それが著しく当該事業場の名誉、信用を失墜するものなど
②賭博、風紀紊乱等により、職場規律を乱し、他の労働者に悪影響を及ぼす場合など
③雇入れの際の採用条件の要素となるような経歴を詐称した場合など
④他の事業場へ転職した場合
⑤原則として2週間以上正当な理由なく無断欠勤し、出勤の督促に応じない場合
⑥出勤不良又は出勤常ならず、数回にわたって注意を受けても改めない場合

2ヵ月以内の有期雇用などは解雇予告がいらない

次の者を解雇する場合は、解雇予告を要しません（労基法21）。

解雇予告の適用除外

① 日々雇い入れられる者（1ヵ月を超えて引き続き使用される場合を除く）
② 2ヵ月以内の期間を定めて使用される者（所定の期間を超えて引き続き使用される場合を除く）
③ 季節的業務に4ヵ月以内の期間を定めて使用される者（所定の期間を超えて引き続き使用される場合を除く）
④ 試みの使用期間中の者（14日を超えて引き続き使用される場合を除く）

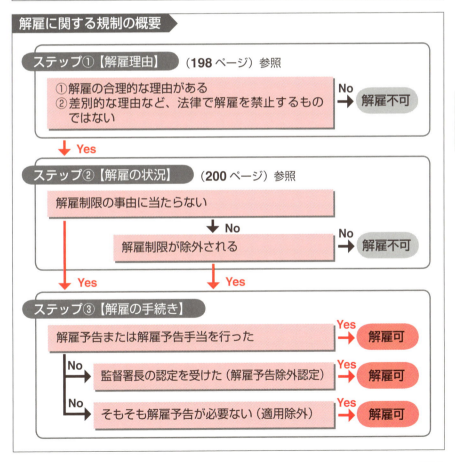

58 「安全衛生」の定め方

労働者を使用すれば「安全配慮義務」を負う

　企業は、利益の追求を目的としていますが、そのために社員の生命を奪うことは、絶対にあってはならないことです。「安全衛生」とは、そのような労働災害の防止と、社員の健康確保を総称した言葉です。

　また、使用者には労働契約に伴って労働者の安全に配慮する義務（これを「**安全配慮義務**」という）があるとされている（契約法5）ため、災害が発生した場合、民法415条（債務不履行）によって、社員に故意または重大な過失があることが明らかな場合を除き、損害賠償責任を免れることはできません。

健康診断は必ず実施する

　使用者は、社員を新たに雇入れる際、および毎年定期的に**健康診断**を実施するよう義務づけられています（安衛法66）。

　その他にも、有害業務や海外派遣などは、別途健康診断が必要な場合がありますから、安全衛生法の定めに従って実施して下さい。

　社員の健康状態を確保することは、適正配置を行うためや作業能率を維持するためにも重要なことです。

　実施した健康診断の結果は、（一定の場合医師の意見を求め）社員に通知します。事業場の規模によっては、さらに労働基準監督署への結果報告も義務づけられています。

　上記の健康診断で一定の疾病が発見されたときには、使用者は、社員の就業を禁止しなければなりません（安衛法68）。

　【モデル規定】の〔第70条〕がその定めで、同条1項の各号に掲げた内容が命令で定められている内容です（安衛則61）。

　ただし、就業を禁止する場合、医師の意見を求めることとなっています。

モデル規定

(安全衛生の基本)
第67条　社員は、安全衛生に関し定められた事項を遵守し、災害の未然防止に努めなければならない。

(安全衛生)
第68条　社員は、危険防止および保健衛生のため、次の事項を厳守しなければならない。
　　①安全管理者の指示命令に従うこと
　　　　　　　　　(中略)
　　⑩前各号の他、安全衛生上必要な事項として会社が定めた事項に従うこと

(健康診断)
第69条　会社は、入社の際および毎年1回、社員の健康診断を行う。
　2．有害業務に従事する社員については、前項の他、法令の定めに従い定期健康診断を行う。
　3．社員は、正当な理由なく、会社の実施する健康診断を拒否することはできない。
　4．健康診断の結果により必要がある場合は、医師の指示に従って就業を一定期間禁止し、または職場を変えることがある。
　5．前項に従って会社から命じられた社員は、この命を受けなければならない。

(就業制限)
第70条　社員が次のいずれかに該当する場合は、会社の指定する医師に診断させ、その意見を聴いた上で就業を禁止することがある。この場合、社員はこれに従わなければならない。
　　①病毒伝播のおそれのある伝染病にかかったとき
　　②精神障害のため、現に自身を傷つけ、または他人に害を及ぼすおそれのあるとき
　　③心臓、腎臓、肺等の疾病で労働のため病勢が著しく増悪するおそれのあるとき
　　④前各号の他、これらに準ずる疾病にかかったとき
　2．前項の就業制限については、会社に責がないことが明らかな場合、無給とする。

59 「災害補償」の定め方

災害補償義務は労災保険で補われる

業務災害によって社員が傷病などを負ったとき、使用者は、「療養補償」「休業補償」「傷害補償」「遺族補償」「葬祭料」といった一定の補償をしなければなりません（労基法75～80）。

この**災害補償**を担保するために定められているのが、「労働者災害補償保険法」であり、使用者に代わって保険制度が給付を行います。

就業規則では、【モデル規定】〔第71条〕のように、社員に災害時の補償範囲を示しますが、その際、労災保険制度の給付との関係を明示します。

労災保険では、業務上の災害、つまり使用者の責任を問われる場合は、ほとんど支給されますが、社員が故意に事故を起こしたようなときは、一部または全額が支給されないことがあります。災害補償の例外として明示して下さい。

療養が長期になるときは打切補償で解雇できる

使用者は、社員が業務上の傷病によって療養のために休業する間およびその後30日間は、原則として、解雇が制限されます。

しかし、傷病によっては療養が長期に渡ることもあるわけです。

打切補償とは、療養開始後3年を経過しても治癒しない場合に、平均賃金の1200日分を支払い、解雇制限の例外として解雇することができるものです。

ただし近年、この打切補償による解雇が無効とされた例（学校法人専修大学事件　東京地裁平成24年9月28日判決）もあるため、解雇の判断は慎重に行わなければなりません。

なお、この打切補償は、労災保険の傷病補償年金に代えることもできます。

モデル規定

(災害補償)

第71条　社員が業務上負傷しまたは疾病にかかったときは、労働基準法の規定に従って療養補償、休業補償、障害補償を行う。また、社員が業務上負傷し、または疾病にかかり死亡したときは労働基準法の規定に従い遺族補償および葬祭料を支払う。

2．補償を受けるべき者が、同一の事由について労働者災害補償保険法から前項の災害補償に相当する保険給付を受けることができる場合、その価額の限度において前項の規定を適用しない。

3．社員が業務外の疾病にかかったときは、健康保険法により給付を受けるものとする。

(打切補償)

第72条　業務上の傷病が療養開始後3年を経過しても治らないときは、平均賃金の1,200日分の打切補償を行い、その後は補償を打ち切ることができる。

2．前項の定めは、労働者災害補償保険法が支給する傷病補償年金に代えることができる。

(災害補償の例外)

第73条　社員が故意または重大な過失によって負った傷病等について、労働者災害補償保険法から不支給の決定が出た場合、会社も災害補償を行わない。

(民事上損害との相殺)

第74条　会社は、社員から業務上災害により民事上の損害賠償を求められた場合、その事故を理由に既に会社から見舞金その他の名目で支給された額があるときは、その額を損害賠償額より控除する。

60 「制裁」の定め方

制裁は種類と対象となる行為を定める

制裁とは、企業における経営秩序を保つため、これに反する者に課す処分をいい、懲戒とも呼びます。

使用者の懲戒権について、判例では、労働者は、労働契約を締結して雇用されることによって企業秩序を遵守すべき義務も負うので、使用者は、その雇用する労働者の企業秩序違反行為を理由として懲戒を課することができると、その正当性を認めています(関西電力事件:最高裁判決/昭和58.9.8)。

制裁の種類は次のようなものです。順番に処分が重くなっていきます。

(1) 譴　　責

　譴責とは、制裁の種類の中では一番軽いもので、始末書を提出させて将来を戒める処分です。度々遅刻してくる者など、軽易な処罰行為を繰り返す者には、その都度始末書の提出を求めます。仮に、将来、懲戒解雇などを行うことになったとき、始末書が、本人の日頃の勤務態度を証明するものになります。

(2) 減　　給

　減給とは、賃金から一定額を減額して支給するという処分で、併せて始末書を提出させます。賃金には「全額払いの原則」があるため、減額は違法と思われるかもしれませんが、就業規則に定める制裁として減額する場合は、賃金の「全額払いの原則」に反しないとされています。

　ただし、減給については、「1回の額が平均賃金の1日分の半額を、総額が1賃金支払期における賃金の総額の10分の1を超えてはならない」とされているので(労基法91)、この制限の範囲で行わなければなりません(昭和63.3.14基発150号)。

　遅刻の場合の控除を、例え5分の遅刻でも「1回の遅刻で、半日分の控除」とすることは、減給の限度内であるため可能ですが、制裁として行うことを明確にしておく必要があります。

(3) 出勤停止

出勤停止とは、始末書を提出させたうえで、その者の就業を一定期間停止し、その間の賃金を支給しないという処分です。出勤停止期間に法律上の制限はありませんが、あまり長期になると労働者は生活が成り立たなくなるため、7日間程度を上限とするものが一般的です。

(4) 諭旨解雇

諭旨解雇とは、本来懲戒解雇とするべき行為について、その後本人の反省が見られるなどの場合には、懲戒解雇を猶予して自主的な退職願の提出を勧告します。本人が勧告に応じないときには、懲戒解雇とします。

(5) 懲戒解雇

懲戒解雇は、最も重い制裁であり、一般的に即時解雇とします。

ただし、解雇については「労働基準法」が定める手続きを守らなくてはなりません。また、懲戒解雇は本人の重要な賞罰経歴とみなされていることや、退職金についても全部または一部が支給されない場合が多いことから、本人の弁解を求め十分な調査のうえ実施するべきです。

モデル規定

(制裁の種類)

第76条 社員が本規則および付随する諸規程に違反した場合は、次に定める種類に応じて懲戒処分を行う。ただし、情状酌量の余地があるか、改しゅんの情が顕著であると認められるときは、懲戒の程度を軽減することがある。

① 譴責(始末書を提出させ、将来を戒める)
② 減給(始末書を提出させ、1回の額が平均賃金の1日分の半額、総額が一賃金支払期における賃金総額の1割を超えない範囲で減給する)
③ 出勤停止(始末書を提出させ、7日以内の期間を定め出勤を停止する。なお、その期間中の賃金は支払わない)
④ 諭旨解雇(退職願の提出を勧告する。ただし、これに応じないときは懲戒解雇する)
⑤ 懲戒解雇(予告期間を設けることなく即時に解雇する。この場合において労働基準監督署長の認定を受けたときは、解雇予告手当も支給しない)

制裁は軽い罰から検討する

　具体的に制裁の対象となる行為は、モデル規定のように制裁の種類ごとに定めます。

　他に、パートタイマー就業規則のように一括して制裁の対象となる行為を掲げる方法もあります。いずれの方法でもかまいませんが、制裁を課す判断の目安として右のモデル規定のようなものの方が使用者、労働者ともに判断しやすいメリットがあり、パートタイマー就業規則の方法ではコンパクトに規定できるメリットがあります。

　制裁の対象となる行為は、企業秩序を乱す行為、労使の信頼関係を失う行為などとして社会通念上妥当な範囲でなくてはなりません。

　また、どの制裁を適用するのかについては、軽い制裁から検討し、行為と制裁が均衡するものを選択しなければなりません。組合活動に積極的であるなどの理由で重い処分をくだすと、不当労働行為（労組法7）になる場合もありますから、注意して下さい。

管理職の責任も問うことができる

　制裁に関する規定では、以上の他、実際生じた損害が社員の故意または重大な過失による場合、会社は社員にその損害の賠償を求めることもできます。

　ただし、あらかじめ違約金等を定めることは「賠償予定の禁止」に抵触し違法となりますから、【モデル規定】〔第80条〕（259ページ参照）のように定めて下さい。

　また、制裁の対象となった行為について、当事者の上司にも監督責任を求める必要がある場合、次のように規定します。

応用規定

（管理監督責任）
第○条　社員が制裁を受けた場合、状況により当該上司に対しても管理監督責任としての処分を行う。ただし、当該上司がその防止に必要な措置を講じ、または講ずることができなかったことにやむを得ない事情があるときはこの限りではない。

モデル規定

（譴　責）
第77条　社員が次のいずれかに該当する行為をした場合は譴責に処する。
　　①正当な理由なく、遅刻、早退、欠勤したとき
　　②就業規則その他会社の諸規程に定める服務規律に違反したとき
　　③勤務時間中に許可なく職場を離れ、または外来者と面談したとき
　　④許可なく立入禁止の場所に入ったとき
　　⑤本人の不注意により業務に支障をきたしたとき
　　⑥その他前各号に準ずる程度の行為があったとき

（減給、出勤停止）
第78条　社員が次のいずれかに該当する行為をした場合は、減給または出勤停止に処する。この判断は会社が行う。
　　①会社の就業規則などに定める服務規律にしばしば違反したとき
　　②正当な理由なく遅刻、早退、欠勤をたびたび繰り返したとき
　　　　　　　　　　（中略）
　　⑦会社の建物、施設、備品、商品、金銭等の管理を怠ったとき
　　⑧他の社員に対して不当に退職を強要したとき
　　⑨前条各号の行為が再度に及んだとき、または情状が悪質なとき
　　⑩その他前各号に準ずる程度の行為があったとき

（諭旨解雇、懲戒解雇）
第79条　社員が次のいずれかに該当する行為をした場合は懲戒解雇に処する。ただし、会社の勧告に従って退職願を提出したときは諭旨解雇とする。なお、懲戒解雇の場合、退職金の全部または一部を支給しない。
　　①許可なく他の事業所に雇用され、またはこれと類似する兼業行為のあったとき
　　②服務規律違反が数度に及び改しゅんの跡が見られないとき
　　　　　　　　　　（中略）
　　⑨他の社員に対して、暴行、脅迫、監禁、その他社内の秩序を乱す行為をしたとき
　　⑩前条各号の行為が再度に及んだとき、または情状が悪質なとき
　　⑪その他前各号に準ずる程度の行為があったとき

61 「表彰」の定め方

表彰は社員の志気を高める

　一般に多くの企業が、永年勤続や特に功績のあった社員などを**表彰**しています。表彰とは、社員の志気や、企業への帰属意識の高揚などを目的とした制度です。

　法律で義務づけたものではありませんから、使用者は自由に、独自の表彰制度を作って下さい。

　永年勤続など会社の表彰状、記念品などは、退職した社員にとって半生を振り返る思い出の品になる場合があります。「私は○○株式会社で働いていました。」と、社員が誇れる会社を作ることで、会社の評判を高め、地域に根ざしていくことにもなるのでしょう。

モデル規定

（表　彰）

第75条　社員が次のいずれかに該当する場合は、その都度審査の上、表彰する。
　　①業務上有益な発明、改良、工夫または考案があったとき
　　②永年誠実に勤務したとき
　　③会社の名誉を高める社会的善行をしたとき
　　④その他前各号に準ずる程度の善行または功労があると認められるとき
2．　表彰は、賞状のほか、賞品または賞金を授与してこれを行う。

第6章
女性と年少者、育児・介護・パート

62 年少者の就業制限と労働時間

18歳未満の年少者には就業制限がある

　未だ心身の発育過程にある年少者については、その健全な育成を図るため、成人よりも手厚い保護を必要とします。

　「労働基準法」は、18歳未満の者を「**年少者**」とし（労基法57）、そのうち、義務教育の終了時期と合わせて「15歳に達した日以後最初の3月31日が終了するまで」の者を「**児童**」と定義し（労基法56）、それぞれ、労働時間その他について、以下のような特別の定めをしています。

　まず、年少者を、使用者が使用する場合、労働者の年齢を証明する戸籍証明書（児童については学校長の証明と親権者の同意書も必要）を備え付けなければなりません。そして、法律に定める危険・有害業務(労基法62)または坑内労働（労基法63）に年少者を使用することはできません。

　児童の使用については、原則禁止となっています。ただし、13歳以上の児童を使用する場合（映画の製作、演劇の事業は13歳未満も含む）は、労働基準監督署長の許可を得たときに限り許されています（労基法56）。

年少者の労働時間は大人と異なる

　年少者の労働時間には、次のような特別な規制があります。
　年少者を使用する場合、他の労働者と明確に区別して、所定労働時間を定めなければなりません。

（1）変形労働時間制の適用除外

　年少者については、まず変形労働時間制の規定（労基法32の2～32の5）の適用が除外されています。ただし、児童を除く年少者に、1週間について48時間を超えず、1日について8時間を超えない範囲で、1ヵ月または1年単位の変形労働時間制に準ずる労働時間を認めています。

　また、児童を除く年少者については、1週間のうちで1日を4時間以内に短縮すれば、週40時間を超えない範囲で、他の日を10時間まで延長することができます（労基法60Ⅰ、Ⅲ）。

(2) 児童の修学時間通算

児童の労働時間については、修学時間を通算して規制されます。

つまり、修学時間を合わせて1週間について40時間、1日について7時間を超えて使用することはできません（労基法60Ⅱ）。

(3) 深夜労働の禁止

午後10時から午前5時までの深夜については年少者を使用することはできません（ただし、16歳以上の年少者を交替制で使用する場合は許されます）（労基法61）。

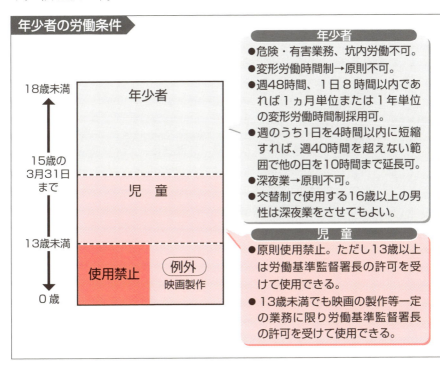

63 女性の労働と母性保護の概要

女性には母性を保護するための特別のルールがある

　従来の労働基準法では、女性労働者については、その保護を目的として時間外および休日労働が禁止されてきました。しかし今日、女性の意識や役割の変化とともに、それらの規則が男性と対等に働くための弊害になってきたため、平成11年に法律が改正され、女性の社会進出を支援しつつ、妊娠中や産後などの母性を保護する規制を強化するものとなってきました。

　まず、労働基準法に定められている主な事項は次のとおりです。これらを順に説明していきましょう。

> ① 妊産婦の就業制限（労基法64の3）
> ② 坑内労働の禁止（労基法64の2）
> ③ 産前産後休業（労基法65）
> ④ 妊産婦の労働時間（労基法66）
> ⑤ 育児休憩（労基法67）
> ⑥ 生理休暇（労基法68）

　なお、このあと説明にある「**妊産婦**」とは、妊娠中の女性および産後1年を経過しない女性をいいます。

（1）妊産婦の就業制限

　妊産婦を使用する場合、重量物を取り扱う業務、有害ガスを発散する場所における業務その他妊娠、出産、哺乳等に有害な業務として定められた一定の業務に就かせることはできません（労基法64の3）。

（2）坑内労働の禁止

　女性については、これまで、**坑内労働**（鉱山の地下通路やトンネル建設現場での労働）が禁止されていました。このことについても、女性の働く機会を拡大するため、平成19年4月より改正され、右の表のように定められました（労基法64の2）。

坑内労働の禁止

●妊娠中の女性 ●坑内業務に従事しない旨を申し出た産後1年を経過しない女性	→ すべての坑内業務に使用できない
すべての女性	→ 以下の業務に使用できない ●人力により行われる掘削の業務 ●その他の女性に有害な業務として厚生労働省で定める業務

つまり、妊産婦でない女性技術者を坑内での管理・監督業務に従事させるものはOK。

(3) **産前産後休業**（労基法65）218ページ参照

(4) **妊産婦の労働時間**

使用者は妊産婦が請求した場合、次の時間に労働させることはできません（労基法66）。

　①変形労働時間（ただし、フレックスタイム制は可能）
　②時間外および休日労働
　③深夜労働

(5) **育児休憩**

生後満1年に達しない生児を育てる女性の請求があるとき、使用者は、1日2回（1日の労働時間が4時間以内の場合は1回（昭和36.1.9基収8996号））、各々30分、育児のための時間（「**育児休憩**」といいます）を与えなければなりません（労基法67）。

(6) **生理休暇**

使用者は、生理日の就業が著しく困難な女性の請求があったときは、その生理日に就業させることはできません（労基法68）。これを「**生理休暇**」といいます。

使用者の許可制にするとか、医師の証明を要求することは、制度の趣旨に反しますので認められません。また、生理期間、苦痛の程度は各人によって異なるものであり、取得日数について客観的な一般基準は定められません。

育児休憩や生理休暇については、法律上、賃金の支払義務が定められていませんので、就業規則等で支給の有無について明確にしておく必要があります。一般的には無給の定めが多いようです。

64 「産前産後休業」の定め方

産前は直前まで、産後は6週間後から本人の希望で勤務も可

「産前産後休業」は、働く女性が出産にあたって母体の健康を確保し、仕事を失うことなく安心して休業を取れるように、法律で定められたものです（「労働基準法」で出産とは妊娠4ヵ月以上のものをいいます（昭和23.12.23基発1885号））。

休業の取り扱いは、産前と産後で異なります。

産前休業については、6週間（多胎妊娠の場合は14週間）以内に出産する予定の女性が休業を請求した場合は、その者を就業させてはいけません（労基法65Ⅰ）。産前の体調は個人差があるため、本人の請求によって休暇を与えることとされています。また、産前の期間は予定日で計算し、出産当日は産前に含みます（昭和25.3.31基収4057号）。

産後休業については、産後8週間を経過しない女性を就業させてはいけません。ただし、産後6週間を経過した女性が働くことを請求した場合には、その女性について医師が支障がないと認めた業務に就かせることができます（労基法65Ⅱ）。

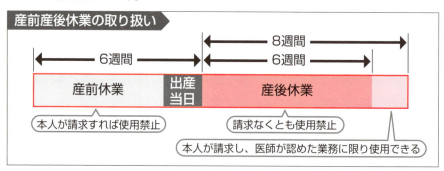

産前産後休業は母性保護の基本ルール

産前産後休業は、その他の母性保護に関する法律の基本となるルールです。その他の法律の定めとは、次のようなものです。

産前産後休業と関連規定

① 産前産後休業の期間は、平均賃金の算定において、計算の基礎から除外する（労基法12Ⅲ）。
② 法定の産前産後休業の期間と、その後の30日は、解雇が制限される（労基法19）。
③ 産前産後休業の期間は、年次有給休暇の要件となる出勤率の算定において出勤したものとみなす（労基法39Ⅶ）。
④ 妊娠中の女性および坑内で行われる業務に従事しない旨を申し出た産後1年を経過しない女性に、坑内で行われる全ての業務に就かせてはならない（労基法64の2）。
⑤ 妊産婦を危険有害業務に就かせてはならない（労基法64の3）。
⑥ 妊産婦が請求した場合、他の軽易な作業に転換させなければならない（労基法65Ⅲ）。
⑦ 妊産婦が請求した場合、時間外、休日および深夜労働の就業は禁止される（労基法66Ⅰ～Ⅲ）。
⑧ 妊娠・出産等を理由とする不利益取り扱いの禁止と妊娠中・産後1年以内の解雇は「妊娠、出産、産前産後休業等による解雇でないこと」を事業主が証明しない限り無効（均等法9Ⅰ～Ⅳ）。
⑨ 「母子保健法」の規定による保健指導、または健康診査を受けるために必要な時間を確保するための措置、指導事項を守るための措置（均等法22、23）。
⑩ 「育児・介護休業法」の育児休業等の制度の適用を受けるとき、産前産後休業が優先される。

産前産後休業中を有給とするか無給とするかについて、法律では規定がありませんから、就業規則で明確にしておく必要があります。

なお、労働者が「健康保険法」の被保険者である場合、一定の要件を満たせば健康保険から「出産手当金」が支給されます。

―― モデル規定 ――

（産前産後休業）
第62条　会社は、6週間（多胎妊娠の場合にあっては14週間）以内に出産する女性社員から請求があった場合は、本人の希望する日から産前休業を与える。
　　2．　会社は、女性社員が出産したときは、8週間の産後休業を与える。ただし、産後6週間を経過し本人が就業を申し出た場合は、医師が支障ないと認めた業務に限り就業させる。
　　3．　前各項の休業は、無給とする。

65 均等法の母性保護規定

均等法は差別禁止だけではない

「男女雇用機会均等法」は、就労の場における男女の差別を廃し、均等な機会を確保することと、妊娠中および出産後の健康の確保を目的とした法律です。

男女の差別禁止に関する事項は36ページを参照してください。ここでは、女性の妊娠や出産に関する事項を確認します。

妊産婦の母体を保護する

次のような措置により、働く女性の妊娠・出産という母性を保護し、その福祉の向上と男女が平等に働くことのできる職場の実現を図っています（これを「**母性保護規定**」という）。

（1）保健指導または健康診査

①妊娠中

会社は、妊娠中の女性労働者が、母子保健法に基づく**保健指導**または健康診査を受診するために必要な時間を確保するため、次のとおりその必要な時間を与えなければなりません（均等法12）。

保健指導等を受けるための時間

妊娠後の期間	付与する回数
妊娠23週まで	4週間に1回
妊娠24週から35週まで	2週間に1回
妊娠36週以後出産まで	1週間に1回

②産　後

産後1年以内の女性労働者について、医師等が健康診査等を受けることを指示したときは、その指示するところにより必要な時間を確保できるようにしなければなりません。

(2) 医師等の指導事項を守るための措置

会社は、前記の保健指導等の結果、妊産婦等が指導事項を守るために必要な措置を講じなければなりません。厚生労働省の指針では、その必要な措置として次のとおり示しています（均等法13）。

> ① 妊娠中、通勤に利用する交通機関の混雑が母胎等に影響があるときは、時差出勤等の負担緩和措置
> ② 妊娠中、作業等が母胎等に影響があるときは、休憩時間の延長等の措置
> ③ 妊娠中または産後の症状に対応する医師等の指導に基づく措置

また、厚生労働省では、「母性健康管理指導事項連絡カード」を策定し、これによって具体的な医師の指示を受けるよう促しています。

妊産を理由とした解雇は禁止

会社は、女性労働者が「婚姻・妊娠・出産」を理由として、解雇や不利益な取り扱いをすることはできません。あらかじめこれらを退職する条件として約束することも禁止されています。

また、妊娠中の女性労働者および出産後１年を経過しない女性労働者に対しては、様々な理由をつけて解雇することを防ぐため、解雇を原則無効とし、会社が「妊娠・出産・産前産後休業等」を理由とする解雇でないことを証明したときに限り有効とされました（201ページ参照）。

66 「育児・介護休業」の定め方

育児や介護を退職の理由にしないために

　少子高齢化や核家族化を背景に、子育てや家族介護への社会的環境の整備が求められています。しかし、依然として保育所や介護施設の整備は十分ではなく、自らの意に反して仕事を離れる人が少なくありません。

　そのため、「育児・介護休業法」（正しくは「育児休業、介護休業等育児または家族介護を行う労働者の福祉に関する法律」という）が施行され、育児や介護を行う労働者の保護が図られています。

　なお、この法律は頻繁に改正が行われているため常に見直しを怠らないよう注意が必要です。平成29年にも大きな改正があり、有期雇用者について休業の取得要件が緩和されたり、介護のための制度が拡充されるなど、制度が変わっています。

◆ 法改正（平成29年10月施行）のポイント！

① 有期契約労働者について休業の取得要件を緩和
② 介護休業の分割取得
③ 介護のための所定労働時間の短縮措置等を拡充
④ 介護のための所定外労働の免除を義務化
⑤ 育児休業の対象となる子の範囲を拡大
⑥ 介護休業の対象となる家族の範囲を拡大
⑦ 子の看護休暇・介護休暇の取得単位の柔軟化
⑧ マタハラ防止措置の義務化

育児・介護休業法では、次のような制度を設けています。

育児・介護に関する制度の概要
① 育児休業　② 介護休業　③ 時間外労働の制限　④ 所定外労働の免除 ⑤ 深夜業の制限　⑥ 子の看護休暇　⑦ 介護休暇　⑧ 短時間勤務制度（育児） ⑨ 始業・終業時刻変更等の措置（育児）　⑩ 短時間勤務等（介護）

労働者が育児休業や介護休業の申し出をしたこと、または休業をしたことを理由として、解雇その他不利益な取り扱いをすることは禁止されています。

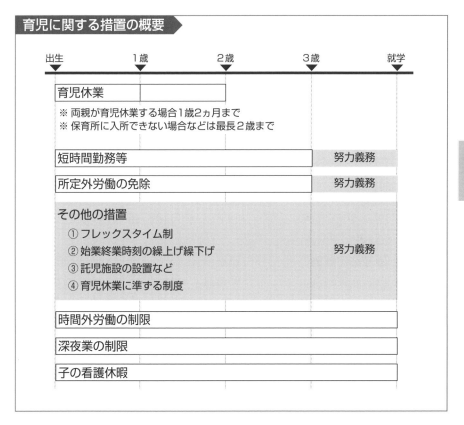

育児・介護休業は別規程で定める

育児・介護休業に関しては、細かな規定が必要となります。したがって、就業規則とは別規程を設けた方がわかりやすいでしょう。その場合、就業規則には、別規程を定める旨と趣旨・概要のみを定めます。本書では「育児・介護休業規程」（267ページ参照）として、育児と介護を1つの規程にしてありますが、「育児休業規程」「介護休業規程」と別々の規程にしてもかまいません。

なお、休業制度などを利用し勤務しなかった日または時間について、会社は賃金を支払う義務はありません。

モデル規定

（育児・介護休業）
第63条　「育児・介護休業規程」に定める対象者が申し出た場合は、その規定に基づき育児または介護休業、もしくは短時間勤務制度等を利用することができる。
　　2.　前項の場合の賃金その他の取り扱いは「育児・介護休業規程」の定めによる。

育児休業

本章では申し出の手続きなどは省略します。手続きなどについてはモデル規定を参照してください。

(1) 育児休業の対象者

労働者（男女いずれも）が、1歳未満の子を養育するための「育児休業」を申し出たときは、会社はこれを与えなければなりません（育介法5の1）。

日雇労働者や一部の有期雇用者については対象外とすることができます（229ページ参照）。ただし平成29年1月の法改正により有期雇用者に関する要件は緩和されており、多くの有期雇用者が育児休業の対象に該当することになっています。また、労使協定によって対象外とできる人もいます。

（2）育児休業の期間・回数

　子が「1歳に達するまで」で、1人の子につき「1回」が原則です。

　ただし、父母がともに育児休業を取る場合は、「1歳2ヵ月に達するまで」取得できます（「パパ・ママ育休プラス」といいます）。父母が交替で取得したり、重なる期間があってもかまいません。ただし、1人が取得できる期間の上限は1年間（母親は産後休業とあわせて1年間）です（育介法9の2）。

　また、「原則1回」と書きましたが、母親の出産後8週間以内に父親が休業を取得した場合は、特別な理由がなくても再度取得できるようになっています（育介法5の2）。

　その他、保育所に入所できないなどの事情がある場合は、子が1歳6ヵ月に達する日まで育児休業を延長することができます（育介法5の3）。また、平成29年10月の改正により、1歳6ヵ月の時点でもまだ保育所に入所できない等の事情がある場合は、さらに2歳に達するまで育児休業を延長できることになりました。

介護休業

　労働者が家族の介護を行うために「介護休業」を申し出たときは、会社はこれを与えなければなりません（育介法11の1）。

　介護休業の期間は、対象家族1人につき、通算して93日です（育介法15）。以前は要介護状態に至るごとに1回しか認められていませんでしたが、平成29年1月の法改正により3回まで分割取得が可能になっています。

　「対象家族」とは、配偶者、父母、子、配偶者の父母、祖父母、兄弟姉妹および孫をいいます（育介法2の4、育介則2）。また、「要介護状態」とは、負傷、疾病または身体上もしくは精神上の障害により2週間以上の期間にわたり常時介護を必要とする状態をいいます（育介法2の3、育介則1）。

日雇労働者や一部の有期雇用者については対象外とすることができます（229ページ参照）。ただし平成29年1月の法改正により有期雇用者に関する要件は緩和されており、多くの有期雇用者が育児休業の対象に該当することになっています。また、労使協定によって対象外とできる人もいます。

時間外労働の制限

小学校就学前の子の養育または要介護状態にある家族の介護を行うために労働者が請求した場合、1月24時間、1年150時間を超えて時間外労働をさせることはできません（育介法7章）。

制限の請求は、1回につき、1ヵ月以上1年以内の期間について、その開始の日および終了の日を明らかにした書面を使用者に提出して、開始の日の1ヵ月前までにしなければなりません（請求は、何回でもすることができます）。具体的には、「1年150時間」と「1ヵ月24時間」の条件があり、請求期間が6ヵ月であれば、150時間よりも少ない「24時間×6ヵ月＝144時間」が上限となります。

所定外労働の免除

「所定外労働の免除」は、「時間外労働の制限」とはちがって、「所定労働時間」を超える労働を一切させないというものです。3歳未満の子を養育する労働者または要介護状態にある家族の介護を行うために労働者が申し出た場合は、所定労働時間を超えて労働させてはなりません。

これまで育児についてのみ義務となっていましたが、平成29年1月の法改正により介護についても義務化されています。

請求回数などは「時間外労働の制限」と同様です（育介法6章）。

深夜業の制限

小学校就学前の子の養育または要介護状態にある家族の介護を行うために労働者が請求した場合、深夜に労働させることはできません（育介法8章）。

事業の正常な運営を妨げる場合は拒否できる

「時間外労働の制限」「所定外労働の免除」「深夜業の制限」ともに、事業の正常な運営を妨げる場合は、請求を断ることができます。ただし、こ

のことに該当するかどうかは、その者の所属する事業所をもとにして、担当する作業内容、繁閑、代行者の配置の難易などにより判断されます。

行政解釈の例示では、「時間外労働をさせざるを得ない繁忙期において、同一時期に多数の専門性の高い職種の労働者が請求した場合であって、通常考えられる相当の努力をしたとしてもなお事業運営に必要な業務体制を維持することが著しく困難な場合」などが該当するとしています。

子の看護休暇

小学校就学前の子を養育する男女労働者は、会社に申し出ることにより、子の**看護休暇**を取得することができます（育介法4章）。

取得できる看護休暇の日数は1年度（特に会社が定めない場合は4/1～3/31）において年5日まで、子どもが2人以上いる場合に年10日までとなっています。「日単位」で付与するほか、平成29年1月からは「半日単位」の取得を認めるよう義務付けられました。

会社は、労働者が看護休暇を請求した場合、業務の繁忙等を理由に拒むことができず、そのことを理由に解雇することも禁止されています。また、看護休暇は労働基準法に規定される年次有給休暇とは別にする必要があります。

子の看護休暇を取得できる労働者には、日々雇用される者は含まれません。また労使協定の締結により勤続6ヵ月未満の者や週の所定労働日数が2日以下の労働者を対象外とすることが可能です。

介護休暇

対象家族の介護を行う労働者は、会社に申し出ることにより「介護休暇」を取得することができます。対象家族の介護、通院等の付き添い、介護サービスに必要な手続きその他の対象家族に必要な世話などのために1日単位で取得できるもので、平成29年1月からは「半日単位」の取得を認めるよう義務付けられています。

短時間勤務制度（育児）

3歳に満たない子を養育する労働者が希望すれば利用できる「短時間勤務制度」を設けることが義務付けられています。なお、1日6時間勤務と

する制度が必須となっています（育介法23の1、育介則34の1）。

始業・終業時刻変更等の措置（育児）

小学校就学の始期に達するまでの子を養育する労働者に関しては、始業・終業時刻の変更等の措置を講ずる「努力義務」があります（育介法24の1）。223ページの図のような措置が努力義務となっています。

短時間勤務等（介護）

要介護状態にある対象家族を介護する労働者については、労働者の申し出にもとづき短時間勤務等の措置を講じなければなりません（育介法23の3）。具体的には、①短時間勤務制度、②フレックスタイム制、③始業・終業時刻の繰上・繰下、④介護サービス利用料補助制度等のうちいずれかを講ずる必要があります。

利用期間はこれまで介護休業とあわせて93日までとされていましたが、平成29年1月の法改正により大幅に拡充され、介護休業とは別に3年間以上となっています。利用開始から3年間の間で少なくとも2回以上の利用を可能とするものでなければなりません。なお、これは①〜③の措置を講ずる場合です。④の介護サービス費用の助成については期間は定められていません。

マタハラ防止措置

平成29年1月の法改正では、企業に対してマタハラ（マタニティハラスメント）を防止するために雇用管理上必要な措置を講じることが義務付けられました。マタハラとは、妊娠・出産を理由として嫌がらせや不利益な取り扱いを行うことを言います。具体的には、マタハラを許さないという方針の明確化、相談窓口の設置などが求められています（育介法25条、均等法11条の2第1項）。

実効性の確保

育児介護休業法には罰則や企業名公表の制度があります。勧告に従わない場合の公表制度、虚偽の報告等を行った事業主には最大20万円の過料が課されます（育介法56の2、66）。

【育児休業／介護休業】

	育 児 休 業	介 護 休 業
対象労働者	原則として、1歳に満たない子を養育する労働者 ※ 有期雇用の労働者については次のいずれにも該当すること ●勤続1年以上の者 ●子が1歳6ヵ月に達する日までに労働契約が満了し、更新されないことが明らかでないこと	要介護状態にある対象家族を介護する労働者 ※ 有期雇用の労働者については次のいずれにも該当すること ●勤続1年以上の者 ●介護開始予定日から93日と6ヵ月を経過する日までに労働契約が満了し、更新されないことが明らかでないこと
適用除外	①日雇労働者 ②協定で除外できる労働者 ●勤続1年未満の者 ●申出日から1年以内（1歳6ヵ月までの育児休業をする場合は、6ヵ月以内）に雇用関係が終了することが明らかな者 ●週の所定労働日数が2日以下の者	①日雇労働者 ②協定で除外できる労働者 ●勤続1年未満の者 ●申出日から93日以内に雇用関係が終了することが明らかな者 ●週の所定労働日数が2日以下の者
期間・回数	子が1歳に達するまでの連続した期間（パパ・ママ育休プラスでは1歳2ヵ月まで） ※ 子が1歳に達する日に、一方の親が育児休業中で、次のいずれかの事情がある場合1年6ヵ月（同様に2歳）に達するまで イ) 保育所に入所を希望しているが、入所できない場合 ロ) 子の養育をする配偶者で、1歳以降も子を養育する予定だった者が、死亡、負傷、疾病等により子を養育することが困難になった場合 同じ子につき1回のみ。 ただし母親の産後8週間以内に父親が休業を取得した場合は再度取得が可能	対象家族1人につき連続した期間で3回、通算93日

【子の看護休暇／介護休暇制度】

	子 の 看 護 休 暇	介 護 休 暇
対象労働者	小学校就学の始期に達するまでの子を養育する労働者	要介護状態にある対象家族を介護する労働者
適用除外	①日雇労働者 ②協定で除外できる労働者 　●雇用された期間が６ヵ月未満の者 　●週の所定労働日数が２日以下の者	
期間・回数	１年度に５日まで （子が２人以上の場合10日まで）	１年度に５日まで （対象家族２人以上の場合10日まで）

【時間外労働の制限】

	育 児	介 護
対象労働者	小学校就学の始期に達するまでの子を養育する労働者	要介護状態にある対象家族を介護する労働者
適用除外	①日雇労働者 ②勤続１年未満の労働者 ③週の所定労働日数が２日以下の労働者	
期間・回数	１回の請求につき１月以上１年以内（請求回数に制限なし）	

【所定外労働の免除】

	育 児	介 護
対象労働者	３歳未満の子を養育する労働者	要介護状態にある対象家族を介護する労働者
適用除外	①日雇労働者 ②勤続１年未満の労働者 ③週の所定労働日数が２日以下の労働者	
期間・回数	１回の請求につき１月以上１年以内（請求回数に制限なし）	

【深夜業の制限】

	育 児	介 護
対象労働者	小学校就学の始期に達するまでの子を養育する労働者	要介護状態にある対象家族を介護する労働者
適用除外	①日雇労働者 ②勤続１年未満の労働者 ③深夜に保育・介護できる16歳以上の同居の家族がある労働者 ④週の所定労働日数が２日以下の労働者 ⑤所定労働時間の全部が深夜にある労働者	
期間・回数	１回の請求につき１月以上６月以内（請求回数に制限なし）	

【短時間勤務制度（育児）】

対象労働者	3歳未満の子を養育する労働者
適用除外	①日雇労働者 ②協定で除外できる労働者 　●勤続1年未満の者 　●週の所定労働日数が2日以下の者 　●業務の性質等から措置が困難な者
期間・回数	子が3歳に達するまで

【始業・終業時刻変更等の措置（育児）／短時間勤務等（介護）】

	育児	介護
措置	いずれかの実施（努力義務） ①フレックスタイム制 ②始業終業時刻の繰上げ・繰下げ ③託児施設の設置など ④育児休業に準ずる制度	いずれかを実施する ①短時間勤務 ②フレックスタイム制 ③始業終業時刻の繰上げ・繰下げ ④介護サービスの助成その他これに準ずる制度
対象労働者	小学校就学前までの子を養育する労働者	要介護状態にある対象家族を介護する労働者
適用除外	①日雇労働者 ②協定で除外できる労働者 　●雇用された期間が1年未満の者 　●週の所定労働日数が2日以下の者	①日雇労働者 ②協定で除外できる労働者 　●雇用された期間が1年未満の者 　●週の所定労働日数が2日以下の者
期間・回数	子が小学校就学の始期に達するまで	対象家族1人について、利用開始から3年の間で2回まで

67 パートタイマーの意義と「パート労働法」

正社員とパートタイマーの区別とは

　パートタイマーとは、一般に臨時的・補助的労働力と位置づけられていますが、本来、**短時間労働者**の通称です。

　短時間労働者については、法律によって若干定義が異なります。短時間労働者に関する代表的な法律「パート・有期労働法（正しくは「短時間労働者及び有期雇用労働者の雇用管理の改善等に関する法律」といいます）では、「1週間の所定労働時間が同一の事業所に雇用される通常の労働者の1週間の所定労働時間に比し短い労働者」と定義されています（パート・有期法2）。

　つまり、「所定労働時間」の長短によって正社員と区別しているのです。パートタイマーの労働条件の特徴は、「短時間労働」「有期労働契約」そして「時間給」であることです。

　このようなパートタイマーは、正社員と労働条件が異なり、正社員よりも軽視されがちなことから、雇用管理に不備が生じやすい面があります。

　また、正社員と同じ勤務時間・職務内容でありながら、女性というだけでパートタイマーと呼び、条件を差別する「疑似パート」の問題が絶えません。このような取り扱いは是非改めなければならないのです。

　ところで、これまでパートタイマー（短時間労働者）の雇用条件の改善などを目的としてきた「パート労働法」は、「働き方改革関連法」により、有期契約労働者を含む「パート・有期労働法」に改正されています。主な改正内容は、「同一労働同一賃金」に関するものです（240ページ参照）。

パートタイマーの役割の変化とパート労働法

　今日、産業構造の変化や女性の勤労意欲の向上、若者の就労意識の変化などによって、組織の中で正社員の占める割合が低下し、パートタイマーや派遣労働者など、正社員を補完する別の雇用形態が増えてきました（これを「雇用形態の多様化」といいます）。

そして、パートタイマーは、単なる臨時的・補助的労働力ばかりではなくなってきています。産業のサービス化が企業内の女性の存在価値を高め、パートタイマーでありながら管理職に就く人も出てきています。また、団塊世代の大量定年により嘱託等として再雇用され、パートタイマーに準じた雇用形態の労働者も増えています。

　一方で、社会的な役割が高まっても、依然として劣悪な労働条件を強いられているパートタイマーも少なくありません。

　このようなことから、パート労働法ではパートタイマーの公正な待遇を確保するために、さまざまな規制を設けています。

「正社員と同視すべき」パートタイマーの均衡待遇

　パートタイマーの中には、ほとんど正社員と同じように働きながら、賃金等で差別的な扱いをされている人も少なくありません。そこで、パート労働法では正社員との働き方の違いに応じて待遇を決めるよう求めています。

　具体的には、「職務(仕事の内容や責任)」「人材活用の仕組み(人事異動の有無や範囲)」「契約期間(実質的に無期契約となっているかどうか)」の3つの要素を比較して、「正社員と同視すべき」者については、パートタイマーであることを理由に差別的に取り扱うことが禁止されています。

　また、「正社員と職務と一定期間の人材活用の仕組みが同じ場合」は、賃金を正社員と同一の方法で決定すること、さらに「それ以外のパートタイマー」についても、賃金を決定する際に職務の内容や経験等を勘案することが努力義務となっています。以上をまとめると、次の図表のとおりです。

正社員との比較によるパートタイマーの種類と講ずべき措置

	判断要件		賃金		教育訓練		福利厚生	
	職務	人材活用の仕組み	職務関連賃金	左記以外	職務関連能力付与	左記以外	施設利用など	左記以外
正社員と同視すべきパート	同じ	同じ	◎	◎	◎	◎	◎	◎
それ以外のパート	同じ	一定期間同じ	□	−	○	△	○	−
	同じ	異なる	△	−	○	△	○	−
	異なる	異なる	△	−	△	−	○	−

◎…パートタイマーであることによる差別的取り扱いの禁止　○…実施義務・配慮義務
□…同一の方法で決定する努力義務　△…職務の内容、成果、意欲、能力、経験等を勘案する努力義務

労働条件通知書を発行しないと10万円までの過料

　労働条件については、労働基準法によって明示事項（口頭でもよいもの）および文書による明示事項が定められています（労基法15Ⅰ）。ただし、パートタイマーについては一層の保護が必要であるとして、労働基準法の明示事項に加えて、次の表のとおりパート労働法においても明示すべき事項が定められています。中でも、昇給、退職手当、賞与については明示が「義務」となっています（他は「努力義務」）。

　この文書明示の義務を怠った場合、原則として10万円以下の過料に処されることとなっています（パート・有期法47）。

　労働条件の明示に当たっては、厚生労働省が公表しているモデル「労働条件通知書」（35ページ）を参考にしてください。

文書による労働条件の明示事項

労働基準法に定める事項
① 労働契約の期間に関する事項
② 就業場所、従事すべき業務
③ 始業・終業時刻、所定労働時間を超える労働の有無、休憩時間、休日、休暇、就業時転換に関する事項
④ 賃金の決定、計算および支払の時期に関する事項
⑤ 退職に関する事項（解雇の事由を含む）

＋

パート・有期法に定める事項
① 昇給
② 退職手当、臨時に支払われる賃金、賞与、1ヵ月を超える期間の出勤成績によって支給される精勤手当等
③ 所定労働日以外の日の労働の有無
④ 所定労働時間を超えて、または所定労働日以外の日に労働させる程度
⑤ 安全衛生
⑥ 教育訓練
⑦ 休職

赤字は義務、他は努力義務

正社員への転換を推進

パートタイマーを、より安定した雇用形態である正社員へ転換するための措置を講じることが事業主に義務付けられています。

具体的には次のような措置です（パート・有期法12）。

正社員への転換を推進する措置の例

① 正社員を募集する場合、その募集内容を既に雇っているパート労働者に周知する。

② 正社員のポストを社内公募する場合、既に雇っているパート労働者にも応募する機会を与える。

③ パート労働者を正社員へ転換するための試験制度を設けるなど、転換制度を導入する。

パートタイマーからの苦情に対応

その他、パートタイマーから苦情の申し出を受けたときは、社内で自主的な解決を図ることが努力義務となっています（パート・有期法19）。

紛争解決援助の仕組みとして、都道府県労働局長による助言、指導、勧告、紛争調整委員会による調停が設けられています（パート・有期法21、22）。

68 有期労働契約の終了・雇い止め

パートタイマーには雇用調整の役割がある

　解雇が厳しく制限される我が国では、景気の変動による業務量の増減への対応を、主にパートタイマーの雇用調整により行ってきました。特にパートタイマーを削減する際は、積極的に整理解雇を行う以外に、有期の労働契約を更新しない（これを「**雇い止め**」といいます）方法を取ることがあります。ここに、パートタイマーの特徴の1つ「有期労働契約」の意味があるのです。

　ところで、労働契約に期間を定める場合は、民法628条と労働契約法17条1項の規定により、「やむを得ない理由」がある場合を除き、中途解約ができません。有期労働契約というのは、契約期間が満了すれば雇用関係が終わりますが、逆に言えばそれだけ契約期間中の地位は保証されているはずという考え方なのです。

　ここでいう「やむを得ない理由」とは、正社員の解雇の場合などに求められる「客観的に合理的な理由」などよりも厳しいものを想定しています。たとえば、会社の倒産や、天変地異で事業継続が不可能になったなど、相当やむを得ない理由がある場合に限られるのです。

　中途解約があった場合は、残りの契約期間について相手方へ損害賠償を求めることもできます。

期間を定めない労働契約とみなされることがある

　できるだけ短期で雇用調整を実現できるように、契約期間を1年以内、場合によっては3ヵ月程度の非常に短い期間とし、2回、3回……と契約を更新する場合があります。

　ただし、契約書の記載はともかく実際は「必ず契約更新する」などと口約束していたり、長期的に更新を繰り返したりする場合、実質的に「期間の定めのない労働契約」に移行したとみなされることがあります。

平成12年に（当時の）労働省は、学識経験者を集め、判例等を分析した「有期労働契約の反復更新に関する調査研究会報告」を作成させました。

　これによると、契約更新の手続きが厳格に行われていて、労使ともに有期の雇用契約だと認識している場合などを除き、有期雇用契約といっても、期間の定めのない労働契約とみなされる場合が多くなります（下の表参照）。この場合は、合理的な解雇理由と解雇の手続きが必要となります。なお、この「雇止めの法理」は現在、「労働契約法」（19条）に明文化されています。

「期間の定めのない労働契約」とみなされやすい有期労働契約の類型と特徴

①実質無期契約タイプ
●期間の定めのない契約と実質的に異ならない状態に至っていると認められたもの

特　　徴	業務内容が恒常的、更新手続が形式的であるものが多い。雇用継続を期待させる使用者の言動がみられるもの、同様の地位にある労働者に雇い止めの例がほとんどないものが多い。
雇止め可否	ほとんどの事案で雇い止めは認められていない。

②期待保護（反復更新）タイプ
●相当程度の反復更新により雇用継続への合理的な期待が認められるもの

特　　徴	更新回数は多いが、業務内容が正社員と同一でないものも多く、同種の労働者に対する雇い止めの例もある。
雇止め可否	経済的事情による雇い止めについて、正社員の整理解雇とは判断基準が異なるとの理由で、雇い止めを認めた事案がかなりみられる。

③期待保護（継続特約）タイプ
●雇用継続への合理的な期待が契約締結時等から生じていると認められるもの

特　　徴	更新回数は概して少なく、契約締結の経緯等が特殊な事案が多い。
雇止め可否	使用者が有期契約は形式的なものと断言していたものなど、契約に特殊な事情等の存在を理由として雇い止めを認めない事案が多い。

有期労働契約の締結・更新および雇い止めのルール

　では、法律上雇い止めが許される場合はどうでしょう。有期の労働契約を繰り返し更新しているパートタイマーなどにとって、突然に契約を更新

しないといわれれば、「理由は？」「もっと早くいって欲しかった」と思うことでしょう。そこで労働基準法では、契約更新の有無やその判断についてあらかじめ明らかにするよう次のように定めています（労基法14Ⅱ、H15告示第357）。

有期労働契約の締結、更新および雇い止めに関する基準

① 契約期間の満了後における更新の有無を明示すること（例えば、「自動的に更新する」「更新することが有る」「契約の更新はしない」）。
② 契約を更新する場合またはしない場合の判断基準を明示すること（例えば、「勤務成績、態度により判断する」「経営状況により判断する」）。
③ ①②の事項に関して変更した場合、労働者に対して、速やかにその内容を明示すること。
④ 有期労働契約（3回以上更新されているか、1年を超えて継続勤務している者に限り、あらかじめ更新しない旨を明示されている者を除く）を更新しない場合は、少なくとも期間満了の30日前までに予告をすること。
⑤ ④の場合に、労働者が雇止めの理由について証明書を請求したときは、遅滞なく交付すること。
⑥ 1回以上契約を更新し、かつ1年を超えて継続勤務している者の有期労働契約を更新しようとする場合は、契約期間をできるだけ長くするように努めること。

5年超えたら無期労働契約に転換

　有期労働契約を長期にわたり反復更新した場合に、労働者が希望すれば無期契約へ転換させるように「労働契約法」が改正されました。
　この改正については平成25年4月1日に施行され、5年が経過する平成30年4月1日以降、徐々に影響がでてきています。
　この無期転換のルールは、自動的に無期労働契約に転換されるのではなく、労働者から転換の申し込みを行う必要があります。この申し込みは「5年を超えることとなる有期労働契約の契約期間の初日から満了日までの間」に行使できます。ですから、たとえば2年契約を更新してきた労働者の場合、施行日以後、3回目の契約途中で5年を超えるため、3回目の契約期間に入れば転換の申し込みができることになります。ただし、施行時

点ですでに勤続5年を超えている人が対象になるわけではなく、施行日以後に締結・更新した時点から5年をカウントすることになっているので、企業にとっては少し猶予が与えられたと言えます。

　無期労働契約に転換する際は、給与や勤務時間などの労働条件を従前と同じにすればよく、正社員並みの待遇までは求められていません。

　なお、同一の使用者と労働者の間で、原則6ヵ月以上のクーリング期間（空白期間）をおいて有期労働契約が再度締結された場合は、従前の契約期間は5年のカウントに含めません。

　また、一定の手続きにより定年後の継続雇用期間も5年のカウントに含めないことや、プロジェクト業務に就く高度専門労働者については、上限を5年ではなく10年とする特例が設けられています。

第6章　女性と年少者、育児・介護・パート

69 「同一労働同一賃金」のルール

不合理な格差をなくすために

　「働き方改革関連法」により、いわゆる「同一労働同一賃金」に関する法律が見直されました。非正規労働者が増加するなか、正社員と非正規労働者との「賃金格差」が社会問題となっているからです。ここでいう非正規労働者とは、パートタイマー（短時間労働者）、有期契約労働者、派遣労働者などです。

　もともと、パートタイマーについては「パート労働法（正しくは「短時間労働者の雇用の改善等に関する法律」）」（8条〜10条ほか）により、有期契約労働者については「労働契約法」（20条）により、正社員との「不合理な格差」が禁止されています。

　パート労働法と、労働契約法は、性質が大きく異なります。それは、パート労働法が罰則や行政指導などの強制力があり、調停によるADR（裁判外紛争解決手続）の対象にもなっているのに対し、労働契約法は労使の自主的話し合いを前提としていて、最終的には民事裁判により解決するべきものです。

　しかし、非正規労働者の増加によって、特に有期契約労働者が正社員との待遇差をめぐり裁判で争う事件が増えてきています。たとえば、昨年、重要な判決もありました。「ハマキョウレックス事件」（最高裁/平成30.6.1）「長澤運輸事件」（最高裁/平成30.6.1）です。これらは、まさに「働き方改革関連法」が国会で審議されている最中、最高裁が6月1日の同日、「同一労働同一賃金」にまつわる判決を行ったものです。

　このように労使の争いが増えていることなどから、今回の改正では、各法律で規制してきた体系を整理しています。施行日は、令和2年（2020年）4月1日（派遣事業を除く中小企業は令和3年（2021年）4月1日）です。

パート・有期労働法へ整理

今回の改正では、これまで「パート労働法」「労働契約法」によって規制されていた「同一労働同一賃金」ついて、労働契約法（20条）の規定を削除し、有期契約労働者が「パート労働法」の対象に組み込まれました。裁判で争うことを視野に入れる「労働契約法」より、行政指導等により解決の可能性がある「パート労働法」の方が、多くの労使紛争を行政の介入で解決しやすくなるからです。

あわせて、どのような場合が不合理なのかを、ガイドライン（短時間・有期雇用労働者及び派遣労働者に対する不合理な待遇の禁止等に関する指針）を作成するなどして明確にするよう改正されています。名称も変更され、正しくは「短時間労働者及び有期雇用労働者の雇用管理の改善等に関する法律」に改められます。

そして派遣労働者については、労働者派遣法（正しくは「労働者派遣事業の適切な運営の確保及び派遣労働者の保護等に関する法律」）を改正し、同様のルールが盛り込まれています。

どう「不合理」を判断するのか

労働条件の相違が不合理かどうかは、裁判例などでは、次の3つの要素を考慮して判断しています。

不合理かどうかの判断要素

① 「職務の内容（労働者の業務の内容と業務に伴う責任の程度）」

② 「職務変更、配置転換（職務の内容および配置の変更）の範囲」

③ 「その他の事情」

たとえば、前述の「ハマキョウレックス事件」では、正社員にのみ支払われる「住宅手当」について不合理ではないと判断しています。これは、正社員には全国転勤（②の配置転換）があがる一方、契約社員には転勤がないため、住宅への負担に配慮した住宅手当の有無は不合理ではない（ちゃんと理屈がとおる）といっているのです。

規定作成の注意点！

　ここでは規定作成の注意点をポイントだけ説明をしますが、モデル規定はありません。自社の賃金規程をチェックし、どう修正するか、会社の内容ごとに検討しなければなりません。

　まず、正社員と非正規労働者との賃金等の相違が不合理かどうかを判断するに当たっては、両者の賃金の総額を比較することのみによるのではなく、「賃金項目の趣旨を個別に考慮すべき」とされています。詳しくは、ガイドラインも参考に確認してください。

　禁止しているのは、「不合理」であって、「合理的」や「完全に一致している」ことまで求められているのではありません。では、少額な相違であればよいかというと、裁判例などではそうとはいえません。正社員と非正規労働者で僅かな違いを設けるくらいなら、同じ額にしたほうが安全でしょう。

　たとえば、先ほどの最高裁判決では、「皆勤手当」などの格差を不合理と判断されています。出勤を推奨する意味では、正規、非正規の違いは関係ないという理由です。この他、最近では、「通勤交通費」の支給上限が異なるなども、不合理と判断している裁判例が出てきています。

70 パートタイマー就業規則の具体的な定め方

パートタイマーの就業規則は非正社員の基本

　ここから、パートタイマーに関する就業規則の定め方について解説します。パートタイマーは、その他の臨時的労働者の特徴と共通する要素を多く持っているため、パートタイマーの就業規則の定め方が理解できれば、アルバイトや定年後の再雇用など、正社員以外の労働者についても準じて考えることができます。
　ところで、「パートタイマー就業規則」を作成する場合、次のような3つの方法があります。

パターン①	正社員の就業規則を作ったときと同様に、パートタイマーの労働条件を1つひとつ独自に規定する方法。
パターン②	多くは独自に規定していくが正社員と同じ部分は「正社員就業規則を準用する」とする方法。
パターン③	パートタイマー独自に異なる部分のみ規定して「この規則に定めのない事項は正社員の就業規則を準用する」とする方法。

　②や③のパターンは、作り手の立場からは作業が省略され楽に作成できるメリットがありますが、正社員の就業規則まで見なくては内容が理解できないため、読み手の立場からはあまり親切とはいえません。
　278ページ以降に掲載してあるモデルは、**パターン①**のもので、賃金に関する事項も含め、読みやすくなるよう文章量も少なく配慮したものです。

パートタイマーの事情に配慮して作成する

　まずパートタイマーの就業規則を定める際には、地域限定採用であること、家庭の事情を配慮するべきであるなど、正社員と異なる点から次の事項に注意する必要があります。
①**適用範囲**
　正社員の就業規則と別規程にする場合で、他にアルバイト、定年後再雇

用者などの有期・短時間などの労働者がいるときは、誰にどの規則が適用されるのかを明確にしてください。

② **人事**
　パートタイマーは、職場の近くに住んでいる者を採用するケースが多く、転勤、出向などの人事異動は馴染みません。会社の現状や将来の予想によって、必要最低限の異動を規定すればよいでしょう。

③ **労働時間など各人ごとに異なる場合**
　人数が少ない場合や家庭の都合によって融通する場合には、個別に労働条件を定めることもあります。その場合、就業規則にも「各人ごとに定める」または「個別雇用契約書に定める」などの文言を入れてください。

モデル規定 － パート

（パートタイマーの定義）
第2条　この規則においてパートタイマーとは、第6条に定める手続きを経て会社に採用された者であって、1日または週の所定労働時間が正社員よりも短い者をいいます。ただし、このパートタイマーには、嘱託社員は含みません。

（異　動）
第12条　会社は、業務上の必要がある場合、パートタイマーに勤務場所、職種の変更および役職の任免などの人事異動を命じます。
　2．パートタイマーは、正当な理由のない限り、この命令に従わなくてはなりません。

（所定労働時間）
第30条　所定労働時間は、休憩時間を除き1日について6時間以内、1週30時間以内とし、始業、終業および休憩の時刻は、次のうち、各人ごとに定める時間とします。（以下省略）

パートタイマーにも年次有給休暇は必要

　パートタイマーにも、年次有給休暇の請求権は発生します。ただし、短時間勤務の労働者で1週間の勤務日数が少ない者にも正社員と同じ日数の有給休暇を与えることは、使用者にとって酷になることから、**「比例付与」**と呼ばれる方法で与えることができます。所定労働時間が週30時間未満

の労働者で、かつ、所定労働日数が週4日以下（週以外の期間によって所定労働日数が定められている場合は、1年間の所定労働日数216日以下）の労働者については、次のように労働日数に比例して付与日数が定められています（労基法39Ⅲ）。

なお、169ページで見た使用者側からの時季指定については、10日未満の付与日数の者には義務はありませんが、数年継続勤務することで付与日数が増え、対象となってくる人もいます。毎年、付与日数をチェックしておきましょう。

比例付与の日数と時季指定義務

□ 時季指定が必要

週所定労働日数	1年間の所定労働日数		勤続年数						
			6ヵ月	1年6ヵ月	2年6ヵ月	3年6ヵ月	4年6ヵ月	5年6ヵ月	6年6ヵ月以上
4日	169～216日	付与日数	7日	8日	9日	10日	12日	13日	15日
3日	121～168日		5日	6日	6日	8日	9日	10日	11日
2日	73～120日		3日	4日	4日	5日	6日	6日	7日
1日	48～72日		1日	2日	2日	2日	3日	3日	3日

社会保険の適用／健康診断

健康保険・厚生年金・雇用保険は、労働時間数や労働日数（期間）が一定基準に満たない場合、加入することができません。

短時間労働者の社会保険等の加入基準

①厚生年金・健康保険	1週の所定労働時間および1月の所定労働日数が常時雇用者の4分の3以上は加入しなければなりません（※）。
②雇用保険	次の全ての条件に該当する場合は加入しなければなりません。 イ）1週間の所定労働時間が20時間以上 ロ）31日以上引き続き雇用されることが見込まれること
③労災保険	原則全ての労働者が強制加入となります。

※ 常時501人以上の企業および500人以下で労使合意により申出する企業は、加入基準が「所定労働時間が週20時間以上」「勤務期間1年以上」「月額賃金8万8千円以上」に緩和されています。

健康診断は、「常時使用する者」について、採用時および毎年定期に実施するよう義務付けられていますが（安衛則43、44条）、正社員以外のパートタイマーであっても、次の①②のいずれにも該当する場合、必ず実施しなければなりません（平成5.12.1基発663号）。

パートタイマーの健康診断の実施基準

① 次のいずれかに該当する場合
　イ）期間の定めのない労働契約により使用される者であること。
　ロ）期間の定めのある労働契約で1年（有害業務の場合6ヵ月）以上
　　　引き続き使用される予定、または使用されている者であること。
② 1週間の労働時間数がその事業場において同種の業務に従事する通常
　　の労働者の4分の3以上であること。

契約期間の更新に上限を定めるか

　パートタイマーと有期労働契約を結ぶ場合は、契約期間や契約の更新ルールを定めます。なお、1回の契約期間には労働基準法によって上限（38ページ参照）が決められています。また、契約更新をおこなう場合は、無期労働契約への転換（238ページ参照）を念頭において、合計年数や更新回数に上限を設けることを検討しておきます。

モデル規定 - パート

（契約期間）
第8条　会社とパートタイマーは期間を定める雇用契約を結ぶものとし、契約期間は、原則として1年以内で各人ごとに定めます。

（契約更新）
第9条　会社は、必要と認められたパートタイマーに雇用契約の更新を求めることがあります。この場合、本人と協議の上、あらためて労働条件を定め契約を更新します。
　2.　契約更新を行う場合は、原則として全労働契約期間を合計して5年を超えないものとします。

応用規定

（無期労働契約への転換）
第○条　契約更新によって、勤続年数が5年を超えることとなったパートタイマーは、5年を超えることとなる雇用契約の初日から満了日までの間に、無期労働契約への転換を申し込むことができます。
　2.　前項の申し込みにより無期労働契約に転換したパートタイマーについては、正社員の就業規則を適用せず、本人と協議の上、個別に労働条件を定めます。

巻◆末

モデル規程集

就 業 規 則

第1章 総　則

（目　的）
第1条　この規則は、○○○○株式会社（以下「会社」という）の社員の服務と労働条件、その他就業に関する事項を定めたものである。

（社員の定義）
第2条　この規則において社員とは、第7条に定める手続きを経て会社に採用された者であって、雇用期間の定めがなく、職務変更および勤務地変更があり、会社の中核を担う者（いわゆる「正社員」）をいう。

（適用範囲）
第3条　この規則は、前条に定める社員に適用する。ただし、期間を定めて雇用する次の者についてはこの規則を適用せず、別に定める規則を適用する。
　　　①パートタイマー　②契約社員（無期転換した者を含む）

（遵守の義務）
第4条　会社および社員は、この規則を遵守し、その職務を誠実に遂行しなければならない。

第2章 人　事
《第1節／採用》

（採用選考）
第5条　会社は、入社希望者のうちから選考して社員を採用する。
　2．入社希望者は、次の書類を事前に会社宛に提出しなければならない。ただし、会社が指示した場合は、その一部を省略することができる。
　　　①自筆による履歴書（3ヵ月以内の写真貼付）　②中途採用者は、職務経歴書
　　　③新規卒業者は、最終学校卒業（見込）証明書、成績証明書
　　　④その他、会社が提出を求めた書類

（労働条件の明示）
第6条　会社は、社員の採用に際し、採用時の賃金、労働時間、その他の労働条件が明らかとなる書面を交付する。

（採用決定者の提出書類）
第7条　社員として採用された者は、採用後2週間以内に次の書類を提出しなければならない。ただし、会社が指示した場合は、その一部を省略することができる。
　　　①住民票記載事項証明書　②身元保証書　③誓約書　④扶養家族届
　　　⑤年金手帳・雇用保険被保険者証（前職がある場合）
　　　⑥源泉徴収票（採用された年に他から給与所得を受けていた場合）
　　　⑦免許、資格証明書　⑧健康診断書　⑨マイナンバー（個人番号）カードの写し、または通知カード等の写しと身元確認書類　⑩その他会社が提出を求めた書類
　2．前項2号の保証人は、独立生計を営む成年者とする。

（変更届）
第8条　前条1項に掲げる提出書類の記載事項に異動が生じた場合は、1ヵ月以内に届け出なければならない。

（試用期間）
第9条　新たに採用した者については、採用の日から3ヵ月間を試用期間とする。ただし、特殊の技能または経験を有する者には、試用期間を設けずまたは短縮することがある。

２．　前項の試用期間は、会社が必要と認めた場合、３ヵ月の範囲で期間を定め更に延長することができる。この場合、２週間前までに本人宛に通知する。
　３．　試用期間を経て引き続き雇用されるときには、試用期間の初めから勤続年数に通算する。
（採用取消し）
第10条　第7条1項の書類を、正当な理由なく期限までに提出しなかった場合は、採用を取り消すことができる。
　２．　試用期間中、能力、勤務態度、人物および健康状態に関し社員として不適当と認めた場合は解雇する。ただし、14日を超える試用期間中のものを解雇するときは労働基準法に定める手続きによる。

《第２節／異動等》

（異　動）
第11条　会社は、業務上の必要がある場合、社員に勤務場所、職種の変更および役職の任免などの人事異動を命じる。
　２．　会社は、取引関係または資本関係のある企業に対して、社員の人材育成、取引先の業務支援、その他の事由により社員に出向を命じることがある。この場合、会社は別に定める「出向規程」により、出向事由、任務、出向予定期間および出向中の労働条件、賃金等の取り扱いその他の必要事項について、１ヵ月前までに本人に通知する。
　３．　社員は、正当な理由のない限り、前各項の異動命令に従わなくてはならない。
（業務の引継ぎ）
第12条　社員が前条によって異動する場合は、業務の引継ぎを完了し会社の指示する期間内に異動しなければならない。

《第３節／休職》

（休　職）
第13条　社員が次のいずれかに該当する場合は、休職を命ずる。
　　　①傷病休職（業務外の傷病により引き続き欠勤し、１ヵ月を経過しても就労できないとき）
　　　②自己都合休職（社員の都合により欠勤し、１ヵ月を超えて就業できないとき）
　　　③公務休職（公務に就任し、相当の期間就業できなくなったと認められるとき）
　　　④起訴休職（刑事事件に関し起訴され、相当の期間就業できないと認められるとき）
　　　⑤専従休職（会社の許可を得て会社外の職務に専従するとき）
　　　⑥出向休職（社命により関連会社等へ出向するとき）
　　　⑦その他休職（会社が休職の必要があると認めたとき）
　２．　前項1号および2号の欠勤期間が、断続している場合であっても、同一の事由により１暦月に10日以上欠勤したときは、その翌月の欠勤日数を通算して合計30日を超えたときに休職とする。
（休職期間）
第14条　休職期間は、休職事由および勤続年数の区分により、それぞれ次のとおりとする。
　　　①前条1号の場合

勤続年数	１年未満	１年以上３年未満	３年以上
休職期間	６ヵ月	１年	１年６ヵ月

　　　②前条2号の場合は、２ヵ月間　　　③前条4号の場合は、未決期間
　　　④前条3号、5号、6号、7号の場合、会社が必要と認めた期間
（休職期間の取り扱い）
第15条　休職期間については賃金を支給せず、また勤続年数にも通算しない。
　２．　休職により賃金の支払われない期間の社会保険料の社員本人負担分については、原則として、各月分を会社が立替えた後に本人に請求するものとし、社員はその請求月の翌月末日までに会社へ振り込んで支払うものとする。

（復　職）
第16条　休職期間満了前に休職事由が消滅した場合は、原則として休職前の職務に復帰させる。ただし、事情により、休職前の職務と異なる職務に復帰させることがある。また、社員は正当な理由なくこれを拒むことはできない。
　2．休職者は、休職事由が消滅したときは、会社に届け出なければならない。
　3．傷病休職者が復職するときは、医師の診断に基づき会社が決定する。なお、診断を求める医師については、会社が指定することがある。
　4．第13条1項1号および2号により、休職していた者が出勤し、同一または類似の事由により出勤後3ヵ月以内に再び欠勤に至った場合は、前後の欠勤は連続しているものとみなして通算する。
　5．休職期間が満了しても事由が消滅しない場合は、休職期間の満了をもって自動退職となる。

《 第 4 節 ／ 退職 》

（退　職）
第17条　社員が次のいずれかに該当するに至った場合は、その日を退職の日とし翌日に社員としての身分を失う。
　　①自己都合により退職を願い出て会社の承認があったとき、または、退職願の提出後14日を経過したとき
　　②死亡したとき　　　③定年に達したとき
　　④期間を定めて雇用された者が雇用期間を満了したとき
　　⑤休職期間が満了し、復職できないとき
　　⑥社員が行方不明となり、その期間が継続して30日に達したとき
　　⑦当社の役員に就任したとき

（自己都合退職）
第18条　自己都合により退職しようとする者は、少なくともその14日前までには退職願を提出しなければならない。
　2．前項の場合、会社が承認した退職日までは現在の職務について後任者への引継ぎを完了し、業務に支障をきたさぬよう専念しなければならない。

（定　年）
第19条　社員の定年は60歳の誕生日とする。
　2．定年退職する社員が希望する場合は、別に定める嘱託規程に基づき、引き続き継続雇用することができる。ただし、労使協定で継続雇用の対象者の要件を定めたときは、その定めによるものとする。

（貸付金等の返還）
第20条　退職または解雇の場合、社章、身分証明書、健康保険証、貸与被服、その他会社からの貸付金品、債務を退職日までに全て返納すること。
　2．社宅入居者については、退職の日から2日以内に明渡しを行うものとする。

（退職証明）
第21条　会社は、退職または解雇された者が、退職証明書の交付を願い出た場合は、すみやかにこれを交付する。
　2．前項の証明事項は、使用期間、業務の種類、会社における地位、賃金および退職の理由とし、本人からの請求事項のみを証明する。
　3．解雇の場合であって、その社員から解雇理由について請求があったときは、解雇予告から退職日までの期間であっても1項の証明書を交付する。

《第5節／解雇》

（解　雇）
第22条　次のいずれかに該当する場合は、社員を解雇する。
　　　　①会社の事業の継続が不可能になり、事業の縮小、廃止をするとき
　　　　②社員が精神または身体の障害により、医師の診断に基づき、業務に堪えられない
　　　　　と認められるとき
　　　　③社員が勤務成績または業務能率が著しく不良で、他に配置転換しても就業に適し
　　　　　ないと認められるとき
　　　　④試用期間中の社員で、会社が不適当と認めたとき
　　　　⑤その他前各号に準ずるやむを得ない事由があるとき

（解雇予告）
第23条　会社は、前条により解雇する場合は、次に掲げる者を除き30日前に本人に予告し、
　　　　または平均賃金の30日分に相当する予告手当を支給して行う。
　　　　①日々雇用する者　　②２ヵ月以内の期間を定めて雇用した者
　　　　③試用期間中であって採用後14日以内の者
　　　　④本人の責に帰すべき事由により解雇する場合で、労働基準監督署長の承認を受けた者
　２．　前項の予告の日数は、平均賃金を支払った日数分だけ短縮することができる。

（解雇制限）
第24条　次のいずれかに該当する期間は解雇しない。ただし、1項1号の場合において、療養
　　　　開始から３年を経過しても傷病が治らず、平均賃金1,200日の打切補償を支払った場
　　　　合はこの限りではない。
　　　　①業務上の傷病にかかり療養のため休業する期間およびその後30日間
　　　　②産前産後の休業期間およびその後30日間
　２．　天災事変その他やむを得ない事由のために事業の継続が不可能となった場合で、行
　　　　政官庁の認定を受けたときは、前項の規定は適用しない。

第3章　服務規律

（服務の基本）
第25条　社員は、この規則および業務上の指揮命令を遵守し、自己の業務に専念し、作業能
　　　　率の向上に努め、互いに協力して、職場の秩序を維持しなければならない。

（服務規律）
第26条　社員は、次の事項を守って職務に精励しなければならない。
　　　　①常に健康に留意すること　②業務を効率的に進めるように努め、第51条2項～4項の定め
　　　　　に反して時間外休日労働をしてはならない　③会社の名誉と信用を傷つけないこと
　　　　④業務上の秘密事項を他に漏らさないこと　⑤会社の備品、設備を大切に扱うこと
　　　　⑥許可なく職務以外の目的で会社の設備、車両、機械器具等を使用しないこと
　　　　⑦職場の整理整頓に努めること
　　　　⑧勤務時間中は職務に専念し、みだりに職場を離れないこと
　　　　⑨会社構内において政治活動を行わないこと
　　　　⑩会社構内において、許可なく業務に関係ない印刷物等の配布または掲示をしないこと
　　　　⑪職務に関し事由のない金品、接待を享受しないこと
　　　　⑫休憩時間および定められた場所以外では喫煙しないこと
　　　　⑬勤務中は所定の作業服、作業帽を着用すること
　　　　⑭担当の業務および指示された業務は責任を持って完遂すること
　　　　⑮酒気をおびて就業しないこと　　⑯社員証を携帯し、名札を着用すること
　　　　⑰その他前各号に準ずる不都合な行為をしないこと

（守秘義務）
第27条　社員は、在職中はもちろん退職後であっても、職務上知り得た会社の業務上の秘密（会社が保有する技術上または営業上の有用な情報であって、会社が秘密として管理しているもの）および個人情報（特定の個人を識別することができる情報）を、他に漏らし、または会社の業務以外に自ら使用してはならない。

（二重就業の禁止）
第28条　社員は会社の承認を得ないで就業に支障があると認められる他の職務に従事し、または事業を営んではならない。

（セクシュアル・ハラスメントの禁止）
第29条　社員は職務に関連しまたは職場において、次に掲げる性的言動等（セクシュアル・ハラスメント）を行ってはならない。
　　　　①性的言動（性的冗談、意図的な性的噂の流布、食事等の執拗な誘いなど）
　　　　②性的なものを視覚に訴えること（ヌードポスターの掲示など）
　　　　③性的な行動（身体への不必要な接触など）
　　　　④男女の性を理由とする差別（女性のみに顧客接待を命じることなど）
　　　　⑤その他前各号に準ずる行為
　２．前項に掲げる行為を受けた社員は、別に定める「苦情処理委員会」に申し立てることができる。

（インターネットおよび電子メールの取り扱い）
第30条　インターネットの閲覧、電子メールの送受信は、職務以外の目的で使用してはならない。なお会社は、社員の電子メールの使用状況を確認するため、送受信の内容を本人の承諾なく閲覧することがある。

（私用携帯電話の使用禁止）
第31条　社員の私用携帯電話を業務時間中に所持する場合、その電源を切っておくこととし、職務に関係しない目的で通話や電子メールの送受信等を行ってはならない。

（出退勤）
第32条　社員の出勤および退勤については、次の事項を守らなければならない。
　　　　①始業時刻前に出勤し、就業の準備をし、始業時刻とともに業務を開始すること
　　　　②出勤および退勤は、必ず所定の通用口から行うこと
　　　　③業務の開始および終了の際は、タイムカードに自ら打刻すること
　　　　④退勤するときは、機械工具、書類等を整理整頓すること
　　　　⑤業務終了後はすみやかに退社するものとし、業務上の必要なく社内に居残ってはならない。

（入場禁止）
第33条　次のいずれかに該当する者に対しては、出勤を禁止し、または退勤を命じることがある。
　　　　①風紀をみだす者　　②衛生上有害であると認められる者
　　　　③火器、凶器その他の危険物を携帯する者
　　　　④業務を妨害する者、またはそのおそれのある者
　　　　⑤その他会社が必要があると認めた者

（持込禁止）
第34条　社員の出勤および退勤の場合において、日常携帯品以外の品物を持ち込みまたは持ちだそうとするときは所属長の許可を受けなければならない。

（欠　勤）
第35条　社員が欠勤する場合は、所定の手続きにより、事前に所属長に届け出なければならない。ただし、やむを得ない事由により事前に届け出ることができなかったときは、直ちに電話で連絡を取り、出勤後すみやかに所定の手続きをとらなければならない。

2．正当な理由なく、事前の届出をせず、しかも当日の始業時刻から3時間以内に連絡せずに欠勤した場合は、無断欠勤とする。
3．傷病による欠勤が引き続き4日以上（断続的欠勤が続き会社が求めたときを含む）に及ぶ場合、病状に関する医師の証明書を提出しなければならない。

（遅刻、早退）
第36条 社員が、私傷病その他やむを得ない私用により遅刻または早退しようとする場合は、所定の手続きにより事前に所属長の許可を受けなければならない。ただし、やむを得ない事由により事前に届け出ることができなかったときは、出勤後すみやかに所定の手続きを取らなければならない。
2．社員の遅刻は、制裁扱いとして1回について半日分の賃金を控除する。ただし、1計算期間について3回を限度とする。なお、会社が認めたときは、事後に有給休暇に代えることができる。

（外　出）
第37条 業務上または私用により、就業時間中に外出する場合は、所定の手続きを行い所属長に許可を得なければならない。

（面　会）
第38条 業務外の面会は所属長の許可を受けた場合を除き、所定の場所において休憩時間中にしなければならない。

（直行・直帰）
第39条 出張のため直行または直帰する場合は、所属長に事前の許可を得なければならない。ただし、緊急のため事前の許可を受けられなかったときは、電話で連絡を取り承認を受けなければならない。

第4章　勤　務
《第1節／労働時間》

（所定労働時間）
第40条 所定労働時間は、休憩時間を除き1日について8時間とし、始業および終業の時刻は、次のとおりとする。
　●始業時刻：午前8時00分　●終業時刻：午後5時00分
2．前項の始業、終業の時刻は、業務の都合または交通機関のストライキなどにより、全部または一部の社員に対し、変更することができる。ただし、この場合においても、1日の勤務時間が前項の時間を超えないものとする。

（フレックスタイム制）
第41条 前条の規定にかかわらず、「フレックスタイム制」に関する協定を締結したときは、その対象者については、始業および終業の時刻について本人の自主的決定に委ねるものとし、協定の定める条件により勤務するものとする。
2．フレックス勤務をする者は、清算期間の総労働時間に著しく不足が生じないよう努めなければならない。
3．フレックス勤務をする者は、自ら始業および終業の時刻を決定する場合、与えられた業務に支障が生じないよう努めなければならない。
4．清算期間の総実労働時間が、清算期間の総所定労働時間を超える場合、その超過時間をその月の時間外労働として、時間外手当を支給する。
5．清算期間の総実労働時間が、清算期間の総所定労働時間に満たない場合、その不足時間に相当する額を賃金から控除する。
6．コアタイムに遅刻、早退、私用外出をした場合、一般の勤務に準じて査定する。た

だし、その時間分の賃金は控除しない。
　7．フレックス勤務をする者は、深夜勤務または休日勤務するときは、所属長に許可を受けなければならない。
　8．社員が、清算期間の途中に、フレックスタイム制の適用部署から非適用部署に異動した場合、異動日の前日の期間までをその期間の清算期間として実労働時間を清算する。また、フレックスタイム制の非適用部署から適用部署に異動した場合、異動日から、その清算期間の終了までをその期間の清算期間とする。
　9．フレックス勤務をする者は、毎週金曜日までに、次の週の出社および退社の予定時刻を、所属長に届け出るものとする。

（裁量労働制）
第42条　裁量労働制に関する労使協定が締結されたときは、その協定の定める対象者については、協定で定める時間労働したものとみなす。
　2．前項の協定で定める労働時間が、法定労働時間を超える場合は、超える時間について賃金規程に定める割増賃金を支払う。
　3．1項の規定は、適用対象者が欠勤、休暇等によって労働しなかった日については適用しない。

（事業場外労働）
第43条　外勤、出張その他会社外で就業する場合で、労働時間を算定しがたいときは、所定労働時間就業したものとみなす。

《第2節／休憩時間》

（休憩時間）
第44条　休憩時間は次のとおりとする。ただし、社員の過半数を代表する者との協定により休憩の交替付与に関する協定をした場合は、これによるものとする。
　　　●午前12時00分 から 午後1時00分 まで

（母性の保護）
第45条　妊娠中の女性社員が次の請求をしたときは、その時間の勤務を免除する。
　　①母子保健法による保健指導等を受けるために必要な時間を取ること
　　　イ　妊娠23週まで　　　　　　　4週間に1回
　　　ロ　妊娠24週から35週まで　　　2週間に1回
　　　ハ　妊娠36週以後出産まで　　　1週間に1回
　　②通勤時の混雑が母体に負担となる者について、それぞれ30分の範囲で出社時刻を遅らせ退社時刻を早めること
　　③長時間継続勤務することが身体に負担となる者について、適宜休憩をとること
　2．前項の他、妊娠中または産後1年以内の女性社員について、「母子健康管理指導事項連絡カード」により医師等から指示があった場合は、その指示に基づく業務負担の軽減等の必要な措置を与える。
　3．1項、2項により勤務しなかった時間については、無給とする。

（育児時間）
第46条　生後1年に達しない生児を育てる女性社員が、あらかじめ申し出た場合は、所定休憩時間のほか、1日について2回、1回について30分の育児時間を与える。
　2．前項の育児時間は無給とする。

（公民権行使の時間）
第47条　社員が、選挙その他の公務に参加するために必要な時間を請求したときは、その時間の労働を免除する。ただし選挙等に支障のない範囲で、請求された時刻を変更することがある。
　2．前項の労働を免除した時間は無給とする。

《第3節／休日》

(休　日)
第48条　休日は次のとおりとする。
　　　　①毎週、土曜日・日曜日　　　　②国民の祝日に関する法律に定める休日
　　　　③年末年始（12月〇日から1月〇日）　④夏季（8月〇日から8月〇日）
　　　　⑤その他会社が定める休日

(休日の振替え)
第49条　電力事情、交通機関のストライキその他やむを得ない事由がある場合は前条の休日を1週間以内の他の日に振り替えることがある。
　2．　振り替える場合は、前日までに対象者を定め、振り替える日を指定し、対象者に通知する。

(代　休)
第50条　休日労働または1日の時間外労働が8時間以上に及んだ場合は、本人の請求によりその翌日から1週間以内に代休を与える。ただし、請求された日では業務に支障があるときは与えないこと、または他の日に変更することがある。

《第4節／時間外および休日労働》

(時間外および休日労働)
第51条　会社は、業務の都合により、所定時間外および休日に勤務させることがある。
　2．　前項の時間外および休日労働を命じる場合で、それが法定労働時間を超え、あるいは法定休日に及ぶときは、労働者代表と締結し、労働基準監督署長に届け出た「時間外および休日労働に関する協定」の範囲内とする。
　3．　管理職以外の社員が自ら時間外および休日労働の必要があるとして、その勤務を希望する場合は、必ず所属長の許可を得なければならない。なお、時間外勤務が2時間を超えるとき、および休日に勤務するときは、所属長が事前に人事部長の許可を得なければならない。
　4．　2項の協定で定めるところにより時間外および休日労働させる場合であっても、実際に勤務する時間外労働の時間は休日労働の時間を含み月100時間未満、2ヵ月から6ヵ月の平均が80時間以下としなければならない。

(妊産婦の時間外労働)
第52条　会社は、妊娠中の女性および産後1年を経過しない女性が請求したときは、法定労働時間を超え、または法定休日に、もしくは深夜に勤務を命じることはしない。

(非常時災害の特例)
第53条　災害その他避けられない事由により臨時の必要がある場合は、労働基準監督署長の許可を受け、または事後届出により、この章の規定にかかわらず、労働時間の変更、延長または休日勤務をさせることがある。

(適用除外)
第54条　課長以上の役職者は、労働時間、休憩時間、休日の規定は適用しない。

《第5節／年次有給休暇》

(年次有給休暇)
第55条　6ヵ月間を超えて継続勤務しその間の所定労働日数の8割以上を出勤した者、およびその後1年ごとに区分した各期間(これを年休対象期間という)を継続勤務し所定労働日数の8割以上を出勤した者には、勤続年数の区分ごとに次のとおり年次有給休暇を与える。

勤続年数	6ヵ月	1年6ヵ月	2年6ヵ月	3年6ヵ月	4年6ヵ月	5年6ヵ月	6年6ヵ月以上
付与日数	10日	11日	12日	14日	16日	18日	20日

　2．　前項の出勤率の算定上、次の期間は出勤したものとみなす。
　　　　①業務上の傷病による休業期間　②年次有給休暇の取得期間

③産前産後休業の取得期間　④育児休業、介護休業の取得期間のうち、法定の期間

(年次有給休暇取得日の賃金)
第56条　年次有給休暇の取得日に支払う賃金は、所定労働時間労働した場合に支払われる通常の賃金とする。

(年次有給休暇の届出)
第57条　年次有給休暇を請求しようとする者は、前日（連続5日以上請求する者は2週間前）までに所属長に届け出なければならない。ただし、事業の正常な運営を妨げるときは、他の時季に変更することがある。

(年次有給休暇の繰越し)
第58条　付与された年次有給休暇のうち次の付与日までに取得しなかった日数は、1年に限り繰り越すことができる。

(年次有給休暇の計画的付与)
第59条　会社は、労働者代表との間で「年次有給休暇の計画的付与に関する協定」を締結した場合は、その協定で定められた時季に、年次有給休暇を与えるものとする。
　2．前項の場合、社員は、協定で定められた時季に年次有給休暇を取得しなければならない。

(使用者側からの時季指定)
第60条　会社は、第55条1項により付与する年次有給休暇（その日数が10日以上の労働者の場合に限る）の日数のうち5日については、社員ごとに、年休対象期間に取得する時季を指定するものとする。ただし、社員が自ら時期を指定し取得した日、第59条の計画的付与により取得した日があるときは、その日数について、会社が指定する時季を取り消すものとする。
　2．会社が、業務の都合等によりやむを得ないと判断したときは、あらかじめ指定していた前項の付与日を他の時季に変更することができる。ただし、変更する日は同じ年休対象期間のうちに限る。
　3．社員は、会社の指定した第1項の時季に取得することを拒むことはできない。ただし、業務の都合等により他の日に変更を希望するときは、会社に申し出て許可を得なくてはならない。

《第6節／特別休暇等》

(生理休暇)
第61条　生理日の就業が著しく困難な女性社員が請求した場合は、休暇を与える。
　2．前項の休暇は、無給とする。

(産前産後休業)
第62条　会社は、6週間（多胎妊娠の場合にあっては14週間）以内に出産する女性社員から請求があった場合は、本人の希望する日から産前休業を与える。
　2．会社は、女性社員が出産したときは、8週間の産後休業を与える。ただし、産後6週間を経過し本人が就業を申し出た場合は、医師が支障ないと認めた業務に限り就業させる。
　3．前各項の休業は、無給とする。

(育児・介護休業)
第63条　「育児・介護休業規程」に定める対象者が申し出た場合は、その規定に基づき育児または介護休業、もしくは短時間勤務制度等を利用することができる。
　2．前項の場合の賃金その他の取り扱いは「育児・介護休業規程」の定めによる。

(慶弔休暇)
第64条　社員が次のいずれかに該当した場合は、慶弔休暇を与える。ただし、原則としてその事由が発生した日から連続して取得するものとする。

①社員本人が結婚するとき　5日　　②社員の子が結婚するとき　　　　1日
③社員の妻が出産するとき　2日　　④2親等以内の家族が死亡したとき　2日
2．前項の休暇を取得した日は、所定労働時間労働した場合に支払われる通常の賃金を支給する。

第5章　賃　金

（賃　金）
第65条　社員の賃金に関する事項については、別に定める「賃金規程」による。

第6章　退職金

（退職金）
第66条　社員の退職金に関する事項については、別に定める「退職金規程」による。

第7章　安全衛生

（安全衛生の基本）
第67条　社員は、安全衛生に関し定められた事項を遵守し、災害の未然防止に努めなければならない。

（安全衛生）
第68条　社員は、危険防止および保健衛生のため、次の事項を厳守しなければならない。
①安全管理者の指示命令に従うこと　　②常に職場の整理整頓に努めること
③通路、非常用出入口および消火設備のある箇所には物を置かないこと
④原動機、動力伝導装置その他これに類する機械設備の始動または停止の操作は、担当者または責任者以外の者は行わないこと
⑤ガス、電気、有害物、爆発物等の取り扱いは、所定の方法に従い慎重に行うこと
⑥危険防止のために使用または着用を命ぜられた保護具、帽子、作業服および履物を使用または着用すること
⑦作業の前後には、使用する装置、機械器具の点検を行うこと
⑧作業中は定められた作業動作、手順、方法を厳守すること
⑨定められた場所以外で許可なく火気を使用し、または喫煙しないこと
⑩前各号の他、安全衛生上必要な事項として会社が定めた事項に従うこと

（健康診断）
第69条　会社は、入社の際および毎年1回、社員の健康診断を行う。
2．有害業務に従事する社員については、前項の他、法令の定めに従い定期健康診断を行う。
3．社員は、正当な理由なく、会社の実施する健康診断を拒否することはできない。
4．健康診断の結果により必要がある場合は、医師の指示に従って就業を一定期間禁止し、または職場を変えることがある。
5．前項に従って会社から命じられた社員は、この命を受けなければならない。

（就業制限）
第70条　社員が次のいずれかに該当する場合は、会社の指定する医師に診断させ、その意見を聴いた上で就業を禁止することがある。この場合、社員はこれに従わなければならない。
①病毒伝播のおそれのある伝染病にかかったとき
②精神障害のため、現に自身を傷つけ、または他人に害を及ぼすおそれのあるとき
③心臓、腎臓、肺等の疾病で労働のため病勢が著しく増悪するおそれのあるとき
④前各号の他、これらに準ずる疾病にかかったとき
2．前項の就業制限については、会社に責がないことが明らかな場合、無給とする。

第8章　災害補償

（災害補償）

第71条　社員が業務上負傷しまたは疾病にかかったときは、労働基準法の規定に従って療養補償、休業補償、障害補償を行う。また、社員が業務上負傷し、または疾病にかかり死亡したときは労働基準法の規定に従い遺族補償および葬祭料を支払う。
　　２．補償を受けるべき者が、同一の事由について労働者災害補償保険法から前項の災害補償に相当する保険給付を受けることができる場合、その価額の限度において前項の規定を適用しない。
　　３．社員が業務外の疾病にかかったときは、健康保険法により給付を受けるものとする。
（打切補償）
第72条　業務上の傷病が療養開始後3年を経過しても治らないときは、平均賃金の1,200日分の打切補償を行い、その後は補償を打ち切ることができる。
　　２．前項の定めは、労働者災害補償保険法が支給する傷病補償年金に代えることができる。
（災害補償の例外）
第73条　社員が故意または重大な過失によって負った傷病等について、労働者災害補償保険法から不支給の決定が出た場合、会社も災害補償を行わない。
（民事上損害との相殺）
第74条　会社は、社員から業務上災害により民事上の損害賠償を求められた場合、その事故を理由に既に会社から見舞金その他の名目で支給された額があるときは、その額を損害賠償額より控除する。

第9章　表彰および制裁

（表　彰）
第75条　社員が次のいずれかに該当する場合は、その都度審査の上、表彰する。
　　　　①業務上有益な発明、改良、工夫または考案があったとき
　　　　②永年誠実に勤務したとき　　③会社の名誉を高める社会的善行をしたとき
　　　　④その他前各号に準ずる程度の善行または功労があると認められるとき
　　２．表彰は、賞状のほか、賞品または賞金を授与してこれを行う。
（制裁の種類）
第76条　社員が本規則および付随する諸規程に違反した場合は、次に定める種類に応じて懲戒処分を行う。ただし、情状酌量の余地があるか、改悛の情が顕著であると認められるときは、懲戒の程度を軽減することがある。
　　　　①譴責（始末書を提出させ、将来を戒める）
　　　　②減給（始末書を提出させ、1回の額が平均賃金の1日分の半額、総額が一賃金支払期における賃金総額の1割を超えない範囲で減給する）
　　　　③出勤停止（始末書を提出させ、7日以内の期間を定め出勤を停止する。なお、その期間中の賃金は支払わない）
　　　　④諭旨解雇（退職願の提出を勧告する。ただし、これに応じないときは懲戒解雇する）
　　　　⑤懲戒解雇（予告期間を設けることなく即時に解雇する。この場合において労働基準監督署長の認定を受けたときは、解雇予告手当も支給しない）
（譴　責）
第77条　社員が次のいずれかに該当する行為をした場合は譴責に処する。
　　　　①正当な理由なく、遅刻、早退、欠勤したとき
　　　　②就業規則その他会社の諸規程に定める服務規律に違反したとき
　　　　③勤務時間中に許可なく職場を離れ、または外来者と面談したとき
　　　　④許可なく立入禁止の場所に入ったとき
　　　　⑤本人の不注意により業務に支障をきたしたとき

⑥その他前各号に準ずる程度の行為があったとき

（減給、出勤停止）
第78条　社員が次のいずれかに該当する行為をした場合は、減給または出勤停止に処する。この判断は会社が行う。
　　　①会社の就業規則などに定める服務規律にしばしば違反したとき
　　　②正当な理由なく遅刻、早退、欠勤をたびたび繰り返したとき
　　　③会社の諸規程に定める手続きおよび届出を怠りまたは偽ったとき
　　　④会社において営利を目的とする物品の販売を行ったとき
　　　⑤職務を利用して金品の饗応を受けたとき
　　　⑥会社の金品を盗難、横領、または背任等の不正行為をしたとき
　　　⑦会社の建物、施設、備品、商品、金銭等の管理を怠ったとき
　　　⑧他の社員に対して不当に退職を強要したとき
　　　⑨前条各号の行為が再度に及んだとき、または情状が悪質なとき
　　　⑩その他前各号に準ずる程度の行為があったとき

（諭旨解雇、懲戒解雇）
第79条　社員が次のいずれかに該当する行為をした場合は懲戒解雇に処する。ただし、会社の勧告に従って退職願を提出したときは諭旨解雇とする。なお、懲戒解雇の場合、退職金の全部または一部を支給しない。
　　　①許可なく他の事業所に雇用され、またはこれと類似する兼業行為のあったとき
　　　②服務規律違反が数度に及び改しゅんの跡が見られないとき
　　　③職場の安全および健康に危険または有害な行為をしたとき
　　　④無断欠勤が14日以上に及び、それが悪質なとき
　　　⑤会社の内外において刑罰法令に触れる行為をし、社名を著しく汚し信用を失墜させたとき
　　　⑥職務上知り得た業務上の重要機密を外部に漏らし、または漏らそうとしたとき
　　　⑦経歴を偽りまたは詐術その他不当な方法により雇用されたとき
　　　⑧許可なく会社施設内において、集会および演説または印刷物等の配布や掲示をしたとき
　　　⑨他の社員に対して、暴行、脅迫、監禁、その他社内の秩序を乱す行為をしたとき
　　　⑩前条各号の行為が再度に及んだとき、または情状が悪質なとき
　　　⑪その他前各号に準ずる程度の行為があったとき

（損害賠償）
第80条　社員が故意または重大な過失により会社に損害を与えた場合は、損害の一部または全部を賠償させることがある。

（監督責任）
第81条　社員が時間外休日労働に関する第51条2項〜4項の定めに違反した場合は、その所属長に対しても管理監督者責任としての処分を行うことがある。ただし、当該所属長がその防止に必要な措置を講じ、または講じることが出来なかったことについて、やむを得ない事情があるときは、この限りではない。

付　則

　2．この規則は、令和　年　月　日から実施する。

賃 金 規 程

第1章 総　則

（目　的）

第1条　この規程は、就業規則第○条に基づき、社員の賃金に関する事項を定めたものである。

2．　パートタイマー、契約社員の賃金については、この規程を適用せず、別に定める。

（賃金の体系）

第2条　賃金の体系は、次のとおりとする。

（賃金の支払形態）

第3条　賃金は月給制とするが、社員が次のいずれかに該当する場合は、出勤日数について、第5条で計算した日割り計算で賃金を支給する。ただし、計算期間の支給対象となる日数が15日を超えるときは、逆に欠勤日数分を月額から控除して支給する。

①賃金計算期間の途中における入社、退社により不就労日があるとき

②賃金計算期間の途中における休職の開始または復職により不就労日があるとき

③業務上の負傷もしくは私傷病により欠勤し、社会保険等から補償されるとき

④賃金計算期間の途中における産前産後休暇、または育児・介護休業の開始または復職により不就労日があるとき

⑤就業規則第○条に定める出勤停止の処分を受けているとき

⑥欠勤の手続きによらず無断欠勤をしたとき

（不就労控除）

第4条　社員が、遅刻、早退、私用外出した場合（就業規則第○条のフレックスタイム制で勤務するものの実労働時間が所定労働時間に満たない場合を含む）については、年次有給休暇その他の規定がある場合を除き、不就労となる時間の賃金を15分単位で計算し控除する。なお、実際に不就労となる時間相当額を超える控除額は、制裁扱いとする。

第5条　この規程において、不就労控除の計算の基礎となる賃金の日額および時間額は、次の計算による。

$$時間額 = \frac{職能給 + 役職手当 + 家族手当 + 裁量労働手当 + 営業手当}{1ヵ月平均所定労働時間}$$

$$日　額 = 時間額 \times 1日の所定労働時間数$$

2．　1ヵ月の平均所定労働時間は、毎年、前年12月21日から本年12月20日までの1年間を単位として、所定労働日のカレンダーで計算する（以下、本規程において同じ）。

（計算期間および支払日）

第6条　賃金の計算期間は、前月21日から当月20日とし、当月25日に支給する。ただし、支給日が金融機関の休日に当たるときはその直前の営業日とする。

（非常時払い）

第7条　前条の規定にかかわらず、次のいずれかに該当する場合であって、社員（社員が死亡

したときはその遺族）の請求があったときは、賃金支払日の前であっても既往の労働に対する賃金を支払うものとする。
①社員またはその収入によって生計を維持する者が結婚、出産し、疾病にかかり、災害を受け、または死亡したとき
②社員またはその収入によって生計を維持する者が、やむを得ない事由によって1週間以上にわたり帰郷するとき

（支払方法）
第8条　賃金は、原則として本人の指定する本人名義の預貯金口座へ、その全額を振込みにより支給する。ただし、次に掲げるものは支給額より控除する。
　　　①所得税　　②住民税　　③健康保険料、厚生年金保険料、雇用保険料
　　　④社員代表と書面により協定を締結したときは、その協定で控除することとしたもの
　2．　口座振込みを希望する社員は、所定の用紙により、本人名義の預貯金口座を会社に届け出なければならない。

（端数処理）
第9条　賃金の計算上、円未満の端数が生じたときは、社員にとって有利になるよう切り捨てまたは切り上げるものとする。

第2章　基本給

（基本給）
第10条　基本給は、社員の職務遂行能力を評価して決定する職能給とする。
　2．　職能給の額は、〈別表1〉のとおり、職能等級の最低保障（下限）額（以下「本給」という）に第4章の昇給額の累積額（以下「加給」という）を加算して支給する。

第3章　諸手当

（役職手当）
第11条　役職者には次の区分により役職手当を支給する。
　　　①部長　70,000円　　　②課長　45,000円　　　③係長　30,000円

（家族手当）
第12条　所得税法において控除対象となる配偶者および23歳未満で就学中の子を扶養する社員に対して、次の区分により家族手当を支給する。ただし、子については3人を限度とする。
　　　①配偶者　月15,000円　　②子（1人につき）　月 5,000円
　2．　会社は、対象家族の扶養関係または所得を確認するため、必要最低限の証明を求めることがある。なお、社員は正当な理由なくこれを拒むことはできない。
　3．　家族手当は、本人から届出がなかったために支給しなかったとしても、原則として遡及して支給することはない。また、支給事由が消滅したにもかかわらず、本人から届出がなかったために支給したときは、その額の返還を命じるものとする。

（裁量労働手当）
第13条　就業規則第〇条（裁量労働制）の対象者は、第〇条に係わらず時間外・休日労働手当は支給せず、「裁量労働制に関する協定」で定めた労働時間を勤務したものとみなし、割増賃金に相当する額の裁量労働手当を支給する。

（営業手当）
第14条　営業職の社員が就業規則第〇条の事業場外労働に従事した場合は、所定労働時間を勤務したものとみなし、第〇条に係わらず時間外・休日労働手当は支給しない。
　　　　ただし、実際の時間外労働の有無に関わらずみなし労働時間として取り扱う代償として、月々30,000円の営業手当を支給する。

（通勤手当）
第15条　電車、バス等の公的交通機関を利用して通勤する者について、会社が認める最短順路

により計算した定期券代の実費（原則として3ヵ月定期とし、特急料金、座席指定料金を除く）を通勤手当として支給する。ただし、非課税限度額をもって支給限度とする。

2. 会社の許可を得て、私有車で通勤する者については、ガソリンの時価、標準的な燃費、そして通勤距離により各人ごとに随時額を定め、毎月、通勤手当として支給する。
ただし、片道の通勤距離によって、次のとおり非課税限度額をもって支給限度とする。

会社までの距離	支給限度額
2km以上　10km未満	4,100円
10km以上　15km未満	6,500円
15km以上　25km未満	11,300円
25km以上　35km未満	16,100円
35km以上　45km未満	20,900円
45km以上	24,500円

（時間外・休日手当）
第16条　社員が、法定労働時間を超え、または休日に、もしくは午後10時から午前5時までの深夜に勤務した場合、次の区分により時間外・休日手当を支給する。
①時間外勤務
$$\frac{職能給＋役職手当}{1ヵ月の平均所定労働時間} \times 1.25 \times 時間外勤務時間数$$
②休日勤務（法定休日）
$$\frac{職能給＋役職手当}{1ヵ月の平均所定労働時間} \times 1.35 \times 休日（法定）勤務時間数$$
③休日勤務（法定休日以外）
$$\frac{職能給＋役職手当}{1ヵ月の平均所定労働時間} \times 1.25 \times 休日（法定外）勤務時間数$$
④深夜勤務
$$\frac{職能給＋役職手当}{1ヵ月の平均所定労働時間} \times 0.25 \times 深夜勤務時間数$$

2. 時間外勤務または休日勤務が深夜に及んだ場合は、深夜勤務の手当を併給する。
3. 1項1号の割増率は、時間外労働（法定休日以外の休日勤務の時間を含む）が1ヵ月60時間を超えた部分については50％とする。なお、この場合の1ヵ月は毎月21日を起算日とする。

（諸手当の変更時期）
第17条　諸手当の支給は、賃金計算期間において、事由の発生した月から支給し、事由の消滅した月の前月までを対象とする。ただし裁量労働手当、営業手当、通勤手当については、額の変更、支給の開始・終了がある月を日割計算とする。

第4章　昇給・降給

（定期昇給）
第18条　定期昇給は、職能給について、原則として毎年4月1日に実施する。ただし、次に掲げる者については除外する。
①当年1月1日以降に採用された者
②昇給時期において休職または産前産後もしくは育児・介護休業中の者

2. 定期昇給の額は、人事評価結果に基づき、各人の職能等級ごとに〈別表2〉のとおり実施する。ただし、昇給後の本給と加給の合計額（以下「職能給の総額」という）が〈別表1〉の上限額を超える場合は、上限を限度とする。

3．昇格する場合の定期昇給は、昇格前の職能等級において実施する。
4．昇給の決定が遅延した場合、支給日前に退職した者に差額は支給しない。

(昇格昇給)
第19条　職能等級が昇格した社員の職能給は、昇格前の職能給の総額を昇格後の本給と加給に読み換える。ただし、職能給の総額が昇格後の職能等級の最低保障額に満たない場合は、その額まで昇給する。

(降格降給)
第20条　職能等級が降格した社員の職能給は降格前の職能給の総額を降格後の本給と加給に読み換える。ただし、職能給の総額が降格後の上限額を超えている場合は、その額まで降給する。

(特別昇給)
第21条　特別昇給は、第18条（定期昇給）および〈別表2〉の規定にかかわらず、会社が特に必要があると認めた場合に、随時実施する。

(職種転換の特例)
第22条　会社都合により職種転換した者であって、転換前の職能等級より降格したために降給する場合は、その降給額相当の額を調整給として、2年を限度に支給する。
2．前項の調整給を支給する者が昇格した場合、昇格前と昇格後の職能給の総額の差額を限度に調整給を消去する。

第5章　賞　与

(支給時期)
第23条　賞与は、次の支給対象期間全てに在籍した者について、毎年7月および12月の2回、会社の業績により支給することができる。

名　称	支給時期	支給対象期間
夏季賞与	7月	10月1日から3月31日まで
冬季賞与	12月	4月1日から9月30日まで

2．支給対象者は支給日現在在籍している者とし、次の者には支給しない。
①賞与支給対象期間中に、出勤停止以上の処分を受けた者
②その他会社が賞与を支給することについて適当でないと認めた者
3．支給対象期間の2割以上を勤務しなかった者は、所定勤務日数における出勤日数の割合によって減額した賞与を支給する。
4．支給対象期間の途中で入社した者には、1項の賞与に代えて業績により小額の一時金を支給することができる。

(支給基準)
第24条　各人の賞与の額は、別に定める「人事評価制度規程」の評価結果に基づき、次のとおり支給する。
①賞　　与＝基本賞与＋成果賞与
②基本賞与＝職能給×支給係数
③成果賞与＝成果賞与単価×評価ポイント
④成果賞与単価＝$\dfrac{成果賞与支給総額}{支給対象者全員の評価ポイントの合計}$
※支給係数は、その年の会社業績に基づき、その都度定める。
※職能給は、各人の対象期間末日の額とする。
※評価ポイントは、各人の評価結果に基づき、〈別表3〉のポイントとする。

第6章　雑　則

(休業手当)
第25条　社員が、会社の責任となる事由により休業した場合は、休業1日につき、平均賃金の

6割を支給する。
（平均賃金）
第26条　労働基準法の定めにより、休業補償や解雇予告手当などを算定する際に用いる平均賃金は、次の算式によって計算する。

$$平均賃金 = \frac{直近の賃金締切日より起算した前3ヵ月間の賃金総額}{3ヵ月間の総日数}$$

2．前項の賃金総額には、臨時に支給した賃金および3ヵ月を超える期間ごとに支給した賃金は算入しない。

（不正受給の返還）
第27条　この規程に定める額を不正に受給した場合、会社はその全額の返還を求めるものとする。

2．この場合、社員は誠実にこれを返還しなければならない。

付　　則

1．この規則は、令和　年　月　日から実施する。

〔範囲給表〈別表1〉〕　　　　　　　　　　　　　　　　　　　　　　　　（円）

支給範囲	1等級	2等級	3等級	4等級	5等級	6等級	7等級	8等級
下限額	180,000	194,000	211,000	231,000	264,000	300,000		
上限額	208,000	228,000	251,000					
はりだし昇給	−							

〔昇給表〈別表2〉〕　　　　　　　　　　　　　　　　　　　　　　　　（円）

評価	1等級	2等級	3等級	4等級	5等級	6等級	7等級	8等級
S	8,000	10,500	13,000	15,000	18,000	25,000		
A	7,500	9,500	11,500	13,000				
B	7,000	8,500	10,000					
C	6,500	7,500						
D	6,000							

〔評価ポイント〈別表3〉〕　　　　　　　　　　　　　　　　　　　　　　　（円）

評価	1等級	2等級	3等級	4等級	5等級	6等級	7等級	8等級
S	5	6	7	8	9	10	11	12
A	4	5	6	7	8	9	10	11
B	3	4	5	6	7	8	9	10
C	2	3	4	5	6	7	8	9
D	1	2	3	4	5	6	−	−

退職金規程

第1章 総則

（目的）
第1条 この規程は、就業規則第○条に基づき、社員の退職金に関する事項を定めたものである。

（支給対象者）
第2条 次の者を除き、退職し、または解雇される社員には、本規程に基づき退職金を支給する。
　①勤続年数3年未満の者
　②パートタイマー、アルバイト、その他期間を定めて雇用される者
　③定年後に継続雇用される者

第2章 退職金の計算

（定年等による支給額）
第3条 社員が次のいずれかに該当する場合は、勤続年数に応じて〔別表〈A欄〉〕に定める額の退職金を支給する。
　①死亡により退職するとき　　②定年により退職（継続雇用の場合を含む）するとき
　③休職期間の満了により退職するとき
　④業務上の傷病を理由として退職または解雇するとき
　⑤役員に就任し退職するとき　⑥就業規則第○条により解雇するとき

（自己都合等による支給額）
第4条 社員が次のいずれかに該当する場合は、勤続年数に応じて〔別表〈B欄〉〕に定める額の退職金を支給する。
　①自己都合により退職するとき
　②就業規則第○条により懲戒解雇する場合であって減額された退職金を支給するとき

（退職金共済契約の適用）
第5条 「中小企業退職金共済法」による退職金共済契約等に基づいて退職金の支給を受ける場合には、その金額を第3条または第4条に定める退職金の額より控除するものとする。

（退職金の不支給、減額）
第6条 第3条および第4条にかかわらず、次のいずれかに該当する者については、退職金を支給しない。ただし、事情により減額して支給することがある。
　①就業規則第○条に定める懲戒規定に基づき懲戒解雇または準ずる程度の懲戒処分を受けた者
　②退職後、就業規則第○条に定める懲戒規定に相当する事由が発覚した者
　③就業規則第○条に定める退職の手続きを怠った者、または就業規則第○条に定める業務の引継ぎを誠実に行わなかった者

（勤続年数）
第7条 退職金の支給対象となる勤続年数は、入社日から退職日まで（60歳を超えて継続雇用される者は「60歳到達日まで」とする。以下同じ）とする。ただし、勤続年数1年未満の端数は月割とし、1月未満の端数は切り捨てる。
　2．就業規則第○条の休職期間および1月を超えて法定の育児休業、介護休業、産前産後休暇を取得した期間は、1月未満の端数は切り捨てて勤続年数から控除する。
　3．出向休職する期間の勤続年数に対する取り扱いは、その都度、出向契約書に定めるものとする。

（支給額の端数計算）
第8条　第3条および第4条の支給額は、前条1項但書の勤続年数の端数処理の規定に基づく場合、次の式により計算する。

$$退職金の支給額 = A + (B - A) \times \frac{端数月数}{12}$$

A＝勤続年数の1年未満の端数を切り捨てた場合の額
B＝勤続年数の1年未満の端数を切り上げた場合の額

2．退職金の最終計算において、千円未満の端数があるときはこれを切り上げる。

（功労金）
第9条　在職中の勤務成績が特に優秀であった者および特に功労のあった者に対しては、役員会の決定により、第3条および第4条の退職金に功労金を加算する場合がある。

第3章　雑　則

（支払いの時期および方法）
第10条　退職金は、退職日から30日以内にその全額を、原則として、社員の希望する預貯金口座に振り込んで支給する。ただし、会社業績により1年以内の期間で分割して支給することがある。

（受給権者）
第11条　社員が死亡した場合の退職金は、社員の遺族に支給する。なお、遺族の範囲および支給順位については、労働基準法施行規則第42条から第45条に定める遺族補償の順位を準用する。

（退職金の返還）
第12条　退職金支給後において、第6条に定める不支給事由が発覚した者については、既に支払済みの退職金の全額もしくはその一部の返還を命じる。この場合、退職者は誠実に返還に応じなければならない。

付　則

1．この規程は、令和　年　月　日から実施する。

〔別表1〕

勤続年数	支給額（千円）	
	A欄	B欄
1	0	0
2	0	0
3	300	200
4	425	250
5	550	300
6	740	400
7	930	500
8	1,120	600
9	1,310	700
10	1,500	800
11	1,760	940
12	2,020	1,080

勤続年数	支給額（千円）	
	A欄	B欄
13	2,280	1,220
14	2,540	1,360
15	2,800	1,500
16	3,140	1,700
17	3,480	1,900
18	3,820	2,100

育児・介護休業規程

第1章 総則

（目的）
第1条　この規程は、就業規則第○条に基づき、育児・介護のための休業、時間外労働および深夜業の制限、子の看護休暇、介護休暇、所定外労働の免除ならびに短時間勤務等に関する取り扱いについて定めたものである。

（法令との関係）
第2条　この規程に定めのないことについては、「育児休業、介護休業等育児または家族介護を行う労働者の福祉に関する法律（以下「育児・介護休業法」という）」その他の法令の定めるところによる。

（信義則）
第3条　会社は、育児・介護休業等を希望する社員に対し、休業等を取得しやすい職場環境を整備するとともに、希望に沿った休業等ができるよう配慮しなければならない。
　　2．社員は、この規程に基づく制度を利用するに当たり、業務の引継ぎを完了させるなど担当業務に支障を来たさぬよう努めなくてはならない。

第2章 育児休業制度

（育児休業の対象者）
第4条　1歳に満たない子と同居し、養育する社員は、この規程に定めるところにより育児休業を取得することができる。ただし、期間契約社員については申出時点において次のいずれにも該当する者に限る。
　　①雇用された期間が1年以上の者
　　②子が1歳6ヵ月（第5条4項の場合は2歳）に達する日までに労働契約が満了し、更新されないことが明らかでない者
　　2．前項にかかわらず、次の社員は育児休業を取得することができない。
　　①日雇社員
　　②会社と社員代表との間で「育児・介護休業等に関する協定（以下「協定」という）」が締結されたときは、その協定により育児休業の対象から除外することとされた次の社員
　　　イ）雇用された期間が1年未満の者
　　　ロ）申出の日から1年（第4条3項および4項の場合は6ヵ月）以内に雇用関係が終了することが明らかな者
　　　ハ）1週間の所定労働日数が2日以下の者

（育児休業の期間等）
第5条　育児休業の期間は、原則として、子が1歳に達するまでを限度として育児休業申出書に記載された期間とする。
　　2．前項の規定にかかわらず、社員の配偶者が、子が1歳に達するまでに育児休業を取得しており、社員が、配偶者より後なおかつ子の1歳の誕生日以前に育児休業を開始した場合は、同一の子について取得する社員の育児休業可能な期間を1歳2ヵ月

まで延長する。ただし、この場合においても休業期間の上限は1年間（母親は産後休業と合わせて1年間）とする。
3. 子が1歳に達する日において、本人または配偶者が育児休業中の社員は、次のいずれかに該当する場合、育児休業を1回のみ延長または新たに取得（以下「延長等」という）することができる。なお、この延長等は、子が1歳6ヵ月に達するまでを限度とする。
　①保育所の入所を希望しているが、入所できないとき
　②配偶者で、1歳以降も子を養育する予定であった者が次のいずれかに該当したとき
　　イ）死亡したとき
　　ロ）負傷、疾病等により子の養育が困難になったとき
　　ハ）離婚その他の事情により子と同居しなくなったとき
　　ニ）6週間（多胎妊娠の場合は14週間）以内に出産予定または産後8週間を経過しないとき
4. 子が1歳6ヵ月に達する日において本人または配偶者が育児休業中の社員で、前項の①または②のいずれかに該当する者については、さらに育児休業の延長等をすることができる。なお、この延長等は子が2歳に達するまでの間を限度とする。

（育児休業の申出の手続き等）
第6条　育児休業を希望する社員は、原則として育児休業開始予定日の1ヵ月前（第5条3項に基づく休業の場合は2週間前）までに、「育児休業申出書」を会社に提出するものとする。これより遅れた場合、会社は、「育児・介護休業法」の定めによって育児休業開始予定日の指定を行うことができる。
2. 前項の規定にかかわらず、次の場合には、休業開始予定日の1週間前までに「育児休業申出書」を会社に提出することにより、育児休業の申出をすることができる。
　①出産予定日前に子が出生したとき
　②配偶者が死亡したとき
　③配偶者が負傷、疾病等により子を養育することが困難になったとき
　④配偶者が子と同居しないこととなったとき
　⑤子が負傷、疾病等により2週間以上の期間にわたり世話を必要とする状態になったとき
　⑥保育所に入所を希望しているが、入所できないとき
3. 育児休業の申出は1人の子につき1回限りとし、双子以上の場合もこれを1人とみなす。ただし、次の場合にあっては再度の申し出をすることができる。
　①産前産後休業の開始により育児休業期間が終了した場合で、その休業等の対象となった子が、死亡や、他人の養子になったことなどにより労働者と同居しなくなったとき
　②新たな育児休業の開始により育児休業期間が終了した場合で、その休業等の対象となった子が、死亡や、他人の養子になったことなどにより労働者と同居しなくなったとき
　③介護休業の開始により育児休業期間が終了した場合で、その対象となった対象家族が死亡、または離婚、婚姻の取消、離縁等により対象家族と労働者との親族関係が消滅したとき

④配偶者が死亡したとき
　　　⑤配偶者が負傷、疾病等により子の養育が困難な状態となったとき
　　　⑥離婚等により配偶者が子と同居しないこととなったとき
　　　⑦申し出にかかる子の負傷、疾病等により、2週間以上の期間にわたり世話を必要とする状態になったとき
　　　⑧申し出の子について保育所に入所を希望しているが、入所できないとき
　　　⑨子の出生の日または出産予定日のいずれか遅い方の日から起算して8週間を経過する日の翌日までに、産後休業を取得していない社員が育児休業を取得したとき
　4．会社は、育児休業申出書を受け取るに当たり、必要最小限度の各種証明書の提出を求めることがある。この場合、社員は会社の指示に従わなくてはならない。
　5．申出の日後に申出に係る子が出生したときは、出生後2週間以内に会社に「育児休業等対象児出生届」を提出しなければならない。

（取扱通知）
第7条　育児休業申出書が提出されたときは、会社はすみやかにその育児休業申出書を提出した社員（以下「育児休業申出者」という）に対し、「育児休業取扱通知書」を交付する。

（出生届）
第8条　育児休業申出者は、申出日の後に子が出生したとき、2週間以内に会社に「育児休業等対象児出生届」を提出しなければならない。

（育児休業の申出の撤回等）
第9条　育児休業申出者は、育児休業開始予定日の前日までに、「育児休業申出撤回届」を会社に提出することにより、育児休業の申出を撤回することができる。
　2．育児休業の申出を撤回した社員は、次の場合を除き、同じ子については再度申出をすることができない。
　　　①配偶者が死亡したとき
　　　②配偶者が負傷、疾病等により子の養育が困難な状態となったとき
　　　③離婚等により配偶者が子と同居しないこととなったとき
　　　④申し出にかかる子の負傷、疾病等により、2週間以上の期間にわたり世話を必要とする状態になったとき
　　　⑤申し出の子について保育所に入所を希望しているが、入所できないとき
　3．育児休業開始予定日の前日までに、子の死亡、養子縁組の取消し等により育児休業申出者が休業申出に係る子を養育しないこととなった場合には、育児休業の申出はされなかったものとみなす。この場合において、育児休業申出者は、原則として事由が発生した日に、会社にその旨を通知しなければならない。

（変更の申出）
第10条　社員は、次の場合に「育児休業期間変更申出書」によって育児休業開始予定日の1週間前までに会社に申し出ることにより、1回に限り育児休業開始予定日の繰り上げ変更を行うことができる。
　　　①出産予定日前に子が出生したとき
　　　②配偶者が死亡したとき
　　　③配偶者が負傷、疾病等により子を養育することが困難になったとき

④配偶者が子と同居しないこととなったとき
⑤申し出にかかる子の子が負傷、疾病等により2週間以上の期間にわたり世話を必要とする状態になったとき
⑥申し出の子について保育所に入所を希望しているが、入所できないとき

2．社員は、「育児休業期間変更申出書」によって育児休業終了予定日の1ヵ月前までに申し出ることにより（第5条3項に基づく休業の場合、2週間前までに申し出ることにより、第5条1項に基づく休業とは別に）、1回に限り育児休業終了予定日の繰り下げ変更を行うことができる。

3．社員が育児休業開始予定日の繰り下げ変更または育児休業終了予定日の繰り上げ変更を希望する場合には、育児休業期間変更申出書により会社に申し出るものとし、会社がこれを適当と認めた場合には、すみやかに本人に通知することとする。

(育児休業の終了)
第11条　次の各号に掲げるいずれかの事由が生じた場合には、育児休業はその日（3号の場合はその前日）に終了するものとする。
①子の死亡等、育児休業に係る子を養育しないこととなったとき
②育児休業に係る子が1歳（第5条3項に基づく休業の場合は1歳6ヵ月、第5条4項に基づく休業の場合は2歳）に達したとき
③育児休業申出者について、産前産後休業、介護休業または新たな育児休業が始まったとき
④第5条2項に基づく休業において、出生日以後の産前・産後休業期間と育児休業期間との合計が1年に達したとき

2．前項1号の事由が生じた場合、育児休業申出者は、原則としてその事由が生じた日に、会社にその旨を通知しなければならない。

第3章　介護休業制度

(介護休業の対象者)
第12条　要介護状態にある家族を介護する社員は、この規程に定めるところにより介護休業を取得することができる。ただし、期間契約社員については次のいずれにも該当する者に限る。
①雇用された期間が1年以上の者
②介護開始予定日から93日と6ヵ月を経過する日までに労働契約が満了し、更新されないことが明らかでない者

2．前項にかかわらず、次の社員は介護休業を取得することができない。
①日雇社員
②会社と社員代表との間で協定が締結されたときは、その協定により介護休業の対象から除外することとされた次の社員
　イ）雇用された期間が1年未満の者
　ロ）申出日の日から93日経過日以内に雇用関係が終了することが明らかな者
　ハ）1週間の所定労働日数が2日以下の者

3．第1項の「要介護状態にある家族」とは、負傷、疾病または身体上もしくは精神上の障害により、2週間以上の期間にわたり常時介護を必要とする状態にある次の者をいう。
①配偶者　②父母　③子　④配偶者の父母　⑤祖父母、兄弟姉妹または孫

（介護休業の期間等）
第13条　介護休業の期間は、原則として、介護を必要とする者1人につき3回、通算93日の範囲内で、介護休業申出書に記載された期間とする。

（介護休業の申出の手続き等）
第14条　介護休業を希望する社員は、原則として介護休業開始予定日の2週間前までに、「介護休業申出書」を会社に提出するものとする。これより遅れた場合、会社は、「育児・介護休業法」の定めによって介護休業開始予定日の指定を行うことができる。
2．会社は、介護休業申出書を受け取るに当たり、必要最小限度の各種証明書の提出を求めることがある。この場合、社員は会社の指示に従わなくてはならない。

（取扱通知）
第15条　介護休業申出書が提出されたときは、会社はすみやかにその介護休業申出書を提出した社員（以下「介護休業申出者」という）に対し、「介護休業取扱通知書」を交付する。

（介護休業の申出の撤回等）
第16条　介護休業申出者は、介護休業開始予定日の前日までに、「介護休業申出撤回届」を会社に提出することにより、介護休業の申出を撤回することができる。
2．介護休業の申出を撤回した社員は、撤回した休業について、再度の申出は原則として1回とする。
3．介護休業開始予定日の前日までに、申出に係る家族の死亡、離婚等により介護しないこととなった場合には、介護休業の申出はされなかったものとみなす。この場合において、介護休業申出者は、原則として事由が発生した日に、会社にその旨を通知しなければならない。

（変更の申出）
第17条　社員は、「介護休業期間変更申出書」によって介護休業終了予定日の2週間前までに会社に申し出ることにより、1回に限り介護休業終了予定日の繰り下げを行うことができる。
2．社員が介護休業終了予定日の繰り上げ変更または、介護休業開始日の繰り上げ・繰り下げ変更を希望する場合には、「介護休業期間変更申出書」により会社に申し出るものとし、会社がこれを適当と認めた場合には、すみやかに本人に通知することとする。

（介護休業の終了）
第18条　次の各号に掲げるいずれかの事由が生じた場合には、介護休業はその日（2号の場合はその前日）に終了する。
　①次のいずれかの理由により、介護休業に係る対象家族を介護しないこととなったとき
　　イ）対象家族の死亡
　　ロ）離婚や離縁等による当該休業に係る家族との親族関係の消滅
　　ハ）介護休業申出者が、負傷、疾病等により介護できない状態になったこと
　②産前産後休業、育児休業または新たな介護休業が始まったとき
2．前項の事由が生じた場合、介護休業申出者は、原則として事由が生じた日に、会社にその旨を通知しなければならない。

第 4 章　所定外労働の免除

（育児のための所定外労働の免除）
第19条　3歳に満たない子と同居し養育する社員が、その子を養育するため請求した場合には、就業規則第○条の規定および「時間外・休日労働に関する協定」にかかわらず、事業の正常な運営に支障がある場合を除き、所定労働時間を超えて労働させることはない。
　2．前項にかかわらず、次のいずれかに該当する社員は、所定外労働の免除を請求することができない。
　　①日雇社員
　　②会社と社員代表との間で協定が締結されたときは、その協定により所定外労働の免除の対象から除外することとされた次の社員
　　　イ）雇用された期間が1年未満の者
　　　ロ）1週間の所定労働日数が2日以下の者

（育児のための所定外労働免除の手続き等）
第20条　所定外労働の免除を請求しようとする社員は、1回につき、1ヵ月以上1年以内の期間（以下この章において「免除期間」という）について、免除開始予定日および免除終了予定日を明らかにして、原則として免除開始予定日の1ヵ月前までに、「所定外労働免除請求書」を会社に提出しなければならない。なお、この場合において当該免除期間は第5章に定める時間外労働の制限期間と重複しないようにしなければならない。
　2．会社は、所定外労働免除請求書を受け取るに当たり、必要最小限度の各種証明書の提出を求めることがある。この場合、社員は会社の指示に従わなければならない。
　3．請求の日後に請求に係る子が出生したときは、所定外労働免除請求書を提出した者は、出生後2週間以内に会社に「育児休業等対象児出生届」を提出しなければならない。
　4．免除開始予定日の前日までに、請求に係る子の養育をしないこととなった場合には、請求はされなかったものとみなす。この場合において、請求者は、原則として事由が発生した日に、会社にその旨を通知しなければならない。

（育児のための所定外労働免除の終了）
第21条　次の各号に掲げるいずれかの事由が生じた場合には、免除期間はその日（3号の場合はその前日）に終了する。
　　①子の養育をしないこととなったとき
　　②免除に係る子が3歳に達したとき
　　③請求者について、産前産後休業、育児休業または介護休業が始まったとき
　2．前項1号の事由が生じた場合には、請求者は、原則として事由が生じた日に、会社にその旨を通知しなければならない。

（介護のための所定外労働の免除）
第22条　要介護状態にある家族を介護する社員が、その家族を介護するために請求した場合には、就業規則第○条の規定および「時間外・休日労働に関する協定」にかかわらず、事業の正常な運営に支障がある場合を除き、所定労働時間を超えて労働させることはない。
　2．前項にかかわらず、次のいずれかに該当する社員は、所定外労働の免除を請求することができない。
　　①日雇社員

②会社と社員代表との間で協定が締結されたときは、その協定により所定外労働の免除の対象から除外することとされた次の社員
　　イ）雇用された期間が1年未満の者
　　ロ）1週間の所定労働日数が2日以下の者

（介護のための所定外労働免除の手続き等）
第23条　所定外労働の免除を請求しようとする社員は、1回につき、1ヵ月以上1年以内の期間について、免除開始予定日および終了予定日を明らかにして、原則として免除開始予定日の1ヶ月前までに「所定外労働免除請求書」を会社に提出しなければならない。なお、この場合において当該免除期間は第5章に定める時間外労働の制限期間と重複しないようにしなければならない。
2．会社は、所定外労働免除請求書を受け取るに当たり、必要最小限度の各種証明書の提出を求めることがある。この場合、社員は会社の指示に従わなければならない。
3．免除開始予定日の前日までに、請求に係る対象家族の死亡等により家族の介護をしないこととなった場合には、請求はされなかったものとみなす。この場合において、請求者は、原則として事由が発生した日に、会社にその旨を通知しなければならない。

（介護のための所定外労働免除の終了）
第24条　次の各号に掲げるいずれかの事由が生じた場合には、免除期間はその日（2号の場合はその前日）に終了する。
　　①対象家族の介護をしないこととなったとき
　　②請求者について、産前産後休業、育児休業または介護休業が始まったとき
2．前項1号の事由が生じた場合には、請求者は、原則として事由が生じた日に、会社にその旨を通知しなければならない。

第5章　時間外労働の制限

（育児・介護のための時間外労働の制限）
第25条　小学校就学の始期に達するまでの子と同居し養育する社員が、その子を養育するため、または要介護状態にある家族を介護する社員が、その家族を介護するために請求した場合には、就業規則第○条の規定および「時間外・休日労働に関する協定」にかかわらず、事業の正常な運営に支障がある場合を除き、1ヵ月について24時間、1年について150時間を超えて時間外労働をさせることはない。
2．前項にかかわらず、次のいずれかに該当する社員は、育児のための時間外労働の制限、または介護のための時間外労働の制限を請求することができない。
　　①日雇社員
　　②雇用された期間が1年未満の者
　　③1週間の所定労働日数が2日以下の者

（時間外労働制限の手続き等）
第26条　時間外労働の制限を請求しようとする社員は、1回につき、1ヵ月以上1年以内の期間（以下この章において「制限期間」という）について、制限開始予定日および制限終了予定日を明らかにして、原則として制限開始予定日の1ヶ月前までに、「育児・介護のための時間外労働制限請求書」を会社に提出しなければならない。
　　なお、この場合において当該制限期間は、第4章に定める所定外労働の免除期間と重複しないこと。
2．会社は、時間外労働制限請求書を受け取るに当たり、必要最小限度の各種証明書の

　　　　提出を求めることがある。この場合、社員は会社の指示に従わなければならない。
　3．請求の日後に請求に係る子が出生したときは、時間外労働制限請求書を提出した者は、出生後2週間以内に会社に「育児休業等対象児出生届」を提出しなければならない。
　4．制限開始予定日の前日までに、請求に係る家族の死亡等により、請求者が子の養育または家族の介護をしないこととなった場合には、請求はされなかったものとみなす。この場合において、請求者は、原則として事由が発生した日に、会社にその旨を通知しなければならない。

（時間外労働制限の終了）
第27条　次の各号に掲げるいずれかの事由が生じた場合には、制限期間はその日（3号の場合はその前日）に終了する。
　　　　①家族の死亡等制限に係る子の養育または家族の介護をしないこととなったとき
　　　　②制限に係る子が小学校就学の始期（子が6歳に達する日の属する年度の3月31日）に達したとき
　　　　③請求者について、産前産後休業、育児休業または介護休業が始まったとき
　2．前項1号の事由が生じた場合には、請求者は、原則として事由が生じた日に、会社にその旨を通知しなければならない。

第6章　深夜労働の制限

（育児・介護のための深夜労働の制限）
第28条　小学校就学の始期に達するまでの子と同居し養育する社員が、その子を養育するため、または要介護状態にある家族を介護する社員が、その家族を介護するために請求した場合には、就業規則第〇条の規定にかかわらず、事業の正常な運営に支障がある場合を除き、午後10時から午前5時までの間（以下「深夜」という）に労働をさせることはない。
　2．前項にかかわらず、次の社員は、深夜業の制限を請求することができない。
　　　　①日雇社員
　　　　②雇用された期間が1年未満の者
　　　　③次のいずれにも該当する16歳以上の同居の親族がいる社員
　　　　　イ）深夜に就労していないか、または深夜就労日数が月3日以下であること
　　　　　ロ）心身の状況が請求に係る子の養育、または家族の介護をすることができること
　　　　　ハ）6週間（多胎妊娠の場合は14週間）以内に出産予定でないか、または産後8週間以内でないこと
　　　　④1週間の所定労働日数が2日以下の者
　　　　⑤所定労働時間の全部が深夜にある者

（深夜労働の制限の手続き等）
第29条　深夜労働の制限を請求しようとする者は、1回につき、1ヵ月以上6ヵ月以内の期間（以下この条において「制限期間」という）について、制限開始予定日および制限終了予定日を明らかにして、原則として制限開始予定日の1ヵ月前までに、「育児・介護のための深夜労働制限請求書」を会社に提出しなければならない。
　2．会社は、深夜労働制限請求書を受け取るに当たり、必要最小限度の各種証明書の提出を求めることがある。この場合、社員は会社の指示に従わなければならない。
　3．請求の日後に請求に係る子が出生したときは、深夜労働制限請求書を提出した者は、

出生後2週間以内に会社に「育児休業等対象児出生届」を提出しなければならない。
4. 制限開始予定日の前日までに、請求に係る家族の死亡等により、深夜労働制限請求者が子の養育または家族の介護をしないこととなった場合には、請求はされなかったものとみなす。この場合において、請求者は原則として、事由が発生した日に、会社にその旨を通知しなければならない。

(深夜労働の制限の終了)
第30条　次の各号に掲げるいずれかの事由が生じた場合には、制限期間はその日（3号の場合はその前日）に終了する。
①家族の死亡等制限に係る子の養育または家族の介護をしないこととなったとき
②制限に係る子が小学校就学の始期（子が6歳に達する日の属する年度の3月31日）に達したとき
③請求者について、産前産後休業、育児休業または介護休業が始まったとき
2. 前項1号の事由が生じた場合には、請求者は、原則として事由が生じた日に、会社にその旨を通知しなければならない。

第7章　勤務時間の短縮等の措置

(育児のための短時間勤務)
第31条　3歳に満たない子と同居し養育する社員は、会社に申し出て、次のいずれかの短時間勤務の適用を受けることができる。
①所定労働時間：午前9時00分から午後4時00分まで（6時間）
　休憩時間：午前12時00分から午後1時00分まで（1時間）
②所定労働時間：午前9時00分から午後5時00分まで（7時間）
　休憩時間：午前12時00分から午後1時00分まで（1時間）
2. 前項にかかわらず、次の社員は、短時間勤務をすることができない。
①日雇社員
②勤務時間が1日6時間以下の者
③会社と社員代表との間で協定が締結されたときは、その協定により、短時間勤務の対象から除外することとされた次の社員
　イ）雇用期間が1年未満の者
　ロ）1週間の所定労働日数が2日以下の者
　ハ）業務の性質または実施体制に照らし短時間勤務とすることが困難な業務として協定に定める業務に従事する者
3. 前項3号ハ)の定めにより短時間勤務の適用から除外する者については、代替措置として、第2章に定める育児休業に準じて、子が3歳に達するまで休業することができる。
4. 適用のための手続き等は、第6条から第11条までの規定を準用する。ただし申出は、「育児短時間勤務申出書」により行う。
5. 産後1年以内の女性社員については、第1項による短時間勤務の他、1日2回各々30分の育児時間を請求することができる。

(介護のための短時間勤務)
第32条　要介護状態にある家族を介護する社員は、会社に申し出て、対象家族1人当たり3年間を限度として、短時間勤務の適用を受けることができる。ただし、労働時間については会社と社員で協議の上、会社が決定する。なお、利用できる回数は、利

開始から3年の間で2回までとする。
2. 前項にかかわらず、次の社員は、短時間勤務をすることができない。
①日雇社員
②勤務時間が1日6時間以下の者
③会社と社員代表との間で協定が締結されたときは、その協定により除外することとされた次の社員
　イ）雇用期間が1年未満の者
　ロ）1週間の所定労働日数が2日以下の者
3. 適用のための手続きは、第14条から第18条までの規程を準用する。ただし申出は、「介護短時間勤務申出書」により行う。

第8章　子の看護休暇

(子の看護休暇)
第33条　小学校就学の始期に達するまでの子を養育する社員は、負傷し、または疾病にかかった子の世話をし、もしくは予防接種または健康診断を受けさせるために、育児休業とは別に、1年間（毎年4月1日から3月31日）につき5日間（子が2人以上の場合は10日間）を限度として子の看護休暇を取得することができる。
2. 前項にかかわらず、次の社員は、子の看護休暇を申出できない。
①日雇社員
②会社と社員代表との間で協定が締結されたときは、その協定により、子の看護休暇を申出できる対象から除外された次の社員
　イ）雇用された期間が6ヵ月未満の者
　ロ）1週間の所定労働日数が2日以下の者
3. 子の看護のための休暇を取得しようとする者は、「子の看護休暇申出書」を会社に提出することにより申し出るものとする。なお、緊急を要する場合においては、当日の始業時刻までに電話で連絡の上、出社後すみやかに所定の手続きを行うこと。
4. 子の看護休暇は1日単位または半日単位で取得できるものとし、半日は所定労働時間の2分の1とする。半日単位の子の看護休暇2回で1日分の取得とする。

第9章　介護休暇

(介護休暇)
第34条　要介護状態にある家族を介護する社員は、要介護状態にある対象家族の介護その他通院等の付き添い、介護サービスの提供を受けるための世話などのために、介護休業とは別に、1年間（毎年4月1日から3月31日）につき5日間（対象家族が2人以上の場合は10日間）を限度として介護休暇を取得することができる。
2. 前項にかかわらず、次の社員は、介護休暇を申出できない。
①日雇社員
②会社と社員代表との間で協定が締結されたときは、その協定により、介護休暇を申出できる対象から除外された次の社員
　イ）雇用された期間が6ヵ月未満の者
　ロ）1週間の所定労働日数が2日以下の者
3. 介護休暇を取得しようとする者は、「介護休暇申出書」を会社に提出することにより

申し出るものとする。なお、緊急を要する場合においては、当日の始業時刻までに電話で連絡の上、出社後すみやかに所定の手続きを行うこと。
4．介護休暇は1日単位または半日単位で取得できるものとし、半日は所定労働時間の2分の1とする。半日単位の介護休暇2回で1日分の取得とする。

第10章　雑　則

（賃金の取り扱い）
第35条　育児・介護休業の期間、子の看護休暇、介護休暇の取得日については、賃金は支給しない。
2．短時間勤務の適用を受ける間の給与については、別途定める賃金規程に基づき、時間給換算した額を基礎とした実労働時間分の基本給と諸手当を支給する。
3．賞与について、その算定対象期間にこの規定により勤務しなかった期間が含まれる場合には、出勤日数により日割りで計算した額を支給する。また、1ヵ月以上短時間勤務の適用を受ける期間がある場合には、その期間に応じて、短縮した勤務時間の所定労働時間における割合で減額を行うものとする。

（年次有給休暇）
第36条　年次有給休暇の権利発生のための出勤率の算定に当たっては、育児・介護休業をした日は、出勤したものとみなす。

（昇　給）
第37条　定期昇給は、育児・介護休業の期間中は行わないものとし、育児・介護休業期間中に定期昇給日が到来した者については、復職後に再評価の上実施するものとする。また、短時間勤務の適用を受ける期間は、通常の勤務をしているものとみなす。

（退職金）
第38条　退職金の算定に当たって、育児・介護休業をした期間は勤続年数に参入しない。また、短時間勤務の適用を受ける期間は、通常の勤務をしたものとみなします。

（社会保険料等の取り扱い）
第39条　休業中の社会保険料の被保険者負担分、住民税等については、原則として各月に会社が立て替え、社員は翌月〇日までに会社へ支払うものとする。ただし、産前産後休業および3歳未満の子の養育のために育児休業を取得した場合、健康保険、厚生年金保険の被保険者負担分の保険料で、免除されたものはこの限りではない。

（復職後の勤務）
第40条　育児・介護休業後の勤務は、原則として、休業直前の部署および職務とする。
2．前項にかかわらず、本人の希望がある場合および組織の変更等やむを得ない事情がある場合には、部署および勤務の変更を行うことがある。

（教育訓練）
第41条　会社は、3ヵ月以上の育児休業または1ヵ月以上の介護休業をする社員で、休業期間中、職場復帰プログラムの受講を希望する者に同プログラムを実施することとする。
2．会社は、別に定める職場復帰プログラム基本計画に沿って、当該社員が休業している間、同プログラムを行うこととする。

付　則

1．この規程は、令和　年　月　日から実施する。

パートタイマー 就業規則

第1章 総則

（目的）
第1条　この規則は、○○○○株式会社（以下「会社」といいます）のパートタイマーの労働条件と、勤務に関するルールを定めたものです。

（パートタイマーの定義）
第2条　この規則においてパートタイマーとは、第6条に定める手続きを経て会社に採用された者であって、1日または週の所定労働時間が正社員よりも短い者をいいます。
　　　ただし、このパートタイマーには、嘱託社員は含みません。

（遵守の義務）
第3条　会社およびパートタイマーは、この規則を遵守し、その職務を誠実に遂行しなければなりません。

第2章 人事

（採用選考）
第4条　会社は、入社希望者のうちから選考してパートタイマーを採用します。
　2．入社希望者は、自筆による履歴書（3ヵ月以内の写真貼付）、その他会社が提出を求めた書類を事前に会社宛に提出しなければなりません。ただし、会社が指示した場合は、その一部を省略することができます。

（労働条件の明示）
第5条　会社は、パートタイマーの採用に際し、採用時の賃金、労働時間、その他の労働条件が明らかとなる書面を交付します。

（採用決定者の提出書類）
第6条　パートタイマーとして採用された者は、採用日までに次の書類を提出しなければなりません。ただし、会社が指示した場合は、その一部を省略することができます。
　　　①住民票記載事項証明書　　②誓約書　　③扶養家族届
　　　④源泉徴収票（採用された年に他から給与所得を受けていた場合）
　　　⑤その他会社が提出を求めた書類

（変更届）
第7条　前条に掲げる提出書類の記載事項に変更があった場合は、1ヵ月以内に届け出なければなりません。

（契約期間）
第8条　会社とパートタイマーは期間を定める雇用契約を結ぶものとし、契約期間は、原則として1年以内で各人ごとに定めます。

（契約更新）
第9条　会社は、必要と認められたパートタイマーに雇用契約の更新を求めることがあります。この場合、本人と協議の上、あらためて労働条件を定め契約を更新します。
　2．契約更新を行う場合は、原則として全雇用期間を合計して5年を超えないものとします。

（試用期間）
第10条　新たに採用した者については、採用の日から1ヵ月間を試用期間（本採用までの試験的な採用の期間をいいます）とします。

（採用取消し）
第11条　第6条の書類を、正当な理由なく期限までに提出しなかった場合は、採用を取り消す

ことができます。
2．試用期間中、能力、勤務態度、人物および健康状態に関しパートタイマーとして不適当と認めた場合は解雇します。ただし、14日を超える試用期間中の者を解雇するときは労働基準法に定める手続きによります。

（異　動）
第12条　会社は、業務上の必要がある場合、パートタイマーに配置転換、勤務場所の変更および役職の任免などの人事異動を命じます。
2．パートタイマーは、正当な理由のない限り、この命令に従わなくてはなりません。

（退　職）
第13条　パートタイマーが次のいずれかに該当するに至った場合は、その日を退職の日とし翌日にパートタイマーとしての身分を失います。
　　① 自己都合により退職を願い出て会社の承認があったとき　　② 死亡したとき
　　③ 雇用契約の期間が満了したとき
　　④ パートタイマーが行方不明となり、その期間が継続して30日に達したとき

（自己都合退職）
第14条　前条１号により退職しようとする者は、少なくともその14日前までには退職願を提出しなければなりません。
2．前項の場合、会社が承認した退職日までは現在の職務について後任者への引継ぎを完了し、業務に支障をきたさぬよう専念しなければなりません。

（貸付金等の返還）
第15条　退職または解雇の場合、社章、身分証明書、貸与被服、その他会社からの貸付金品、債務を退職日までに全て返納しなければなりません。

（退職証明）
第16条　会社は、退職または解雇された者が、退職証明書の交付を願い出た場合は、すみやかにこれを交付します。
2．前項の証明事項は、使用期間、業務の種類、会社における地位、賃金および退職の理由とし、本人からの請求事項のみを証明します。
3．解雇の場合であって、そのパートタイマーから解雇理由について請求があったときは、解雇予告から退職日までの期間であっても１項の証明書を交付します。

（解　雇）
第17条　次の各号のいずれかに該当する場合は、パートタイマーを解雇します。
　　① 会社の事業の継続が不可能になり、事業の縮小、廃止をするとき
　　② パートタイマーが精神または身体の障害により、医師の診断に基づき、業務に堪えられないと認められるとき
　　③ パートタイマーが勤務成績または業務能率が著しく不良で、他に配置転換しても就業に適しないと認められるとき
　　④ 試用期間中のパートタイマーで、会社が不適当と認めたとき
　　⑤ その他前各号に準ずるやむを得ない事由があるとき

（解雇予告）
第18条　会社は、前条により解雇する場合は、次に掲げる者を除き30日前に本人に予告し、または平均賃金の30日分に相当する予告手当を支給して行います。
　　① 日々雇用する者　　② ２ヵ月以内の期間を定めて雇用した者
　　③ 試用期間中であって採用後14日以内の者
　　④ 本人の責に帰すべき事由により解雇する場合で、労働基準監督署長の承認を受けた者
2．前項の予告の日数は、平均賃金を支払った日数分だけ短縮することができます。

（解雇制限）
第19条　次の各号のいずれかに該当する期間は解雇しません。ただし、1項1号の場合において、療養開始から3年を経過しても傷病が治らず、平均賃金の1,200日分の打切補償を支払った場合はこの限りではありません。
　　①業務上の傷病にかかり療養のため休業する期間およびその後30日間
　　②産前産後の休業期間およびその後30日間
　2．天災事変その他やむを得ない事由のために事業の継続が不可能となった場合で、行政官庁の認定を受けたときは、前項の規定は適用しません。

第3章　服務規律

（服務の基本）
第20条　パートタイマーは、この規則および業務上の指揮命令を遵守し、自己の業務に専念し、作業能率の向上に努め、互いに協力して、職場の秩序を維持しなければなりません。

（服務規律）
第21条　パートタイマーは、次の事項を守って職務に精励しなければなりません。
　　①常に健康に留意すること　　　　②会社の名誉と信用を傷つけないこと
　　③会社の備品、設備を大切に扱うこと
　　④許可なく職務以外の目的で会社の設備、車両、機械器具等を使用しないこと
　　⑤職場の整理整頓に努めること
　　⑥勤務時間中は職務に専念し、みだりに職場を離れないこと
　　⑦会社構内において、許可なく業務に関係ない印刷物等の配布または掲示をしないこと
　　⑧休憩時間および定められた場所以外では喫煙しないこと
　　⑨勤務中は所定の作業服、作業帽を着用すること
　　⑩担当の業務および指示された業務は責任を持って完遂すること
　　⑪酒気をおびて就業しないこと　　⑫社員証を携帯し、名札を着用すること
　　⑬職務に関連しまたは職場において、性的言動等（セクシュアル・ハラスメント）他人に迷惑となることを行わないこと
　　⑭その他前各号に準ずる不都合な行為をしないこと

（守秘義務）
第22条　パートタイマーは、在職中はもちろん退職後であっても、職務上知り得た会社の業務上の秘密（会社が保有する技術上または営業上の有用な情報であって、会社が秘密として管理しているもの）および個人情報（特定の個人を識別することができる情報）を、他に漏らし、または会社の業務以外に自ら使用してはなりません。

（出退勤）
第23条　パートタイマーの出勤および退勤については、次の事項を守らなければなりません。
　　①始業時刻前に出勤し、就業の準備をし、始業時刻とともに業務を開始すること
　　②出勤および退勤は、必ず所定の通用口から行うこと
　　③出勤および退勤の際は、タイムカードに自ら打刻すること
　　④退勤するときは、機械工具、書類等を整理整頓すること
　2．業務終了後はすみやかに退勤するものとし、業務上の必要なく社内に居残ってはなりません。

（入場禁止）
第24条　次の各号のいずれかに該当する者に対しては、出勤を禁止し、または退勤を命じることがあります。
　　①風紀をみだす者
　　②衛生上有害であると認められる者
　　③火器、凶器その他の危険物を携帯する者

④業務を妨害する者、またはそのおそれのある者
⑤その他会社が必要があると認めた者

（持込禁止）
第25条　パートタイマーの出勤および退勤の場合において、日常携帯品以外の品物を持ち込みまたは持ちだそうとするときは所属長の許可を受けなければなりません。

（欠　　勤）
第26条　パートタイマーが欠勤する場合は、所定の手続きにより、事前に所属長に届け出なければなりません。ただし、やむを得ない事由により事前に届け出ることができなかったときは、直ちに電話で連絡を取り、出勤後すみやかに所定の手続きを取らなければなりません。
2．正当な理由なく、事前の届出をせず、当日の始業時刻から3時間以内に連絡せずに欠勤した場合は、無断欠勤とします。
3．傷病による欠勤が引き続き4日以上（断続的欠勤が続き会社が求めたときを含む）に及ぶ場合、病状に関する医師の証明書を提出しなければなりません。

（遅刻、早退）
第27条　パートタイマーが、私傷病その他やむを得ない私用により遅刻または早退しようとする場合は、所定の手続きにより事前に所属長の許可を受けなければなりません。ただし、やむを得ない事由により事前に届け出ることができなかったときは、出勤後すみやかに所定の手続きを取らなければなりません。
2．パートタイマーの遅刻は、制裁扱いとして1回について半日分の賃金を控除します。ただし、1計算期間について3回を限度とします。なお、会社が認めたときは、事後に有給休暇に代えることができます。

（外　　出）
第28条　業務上または私用により、就業時間中に外出する場合は、所定の手続きを行い所属長に許可を得なければなりません。

（面　　会）
第29条　業務外の面会は所属長の許可を受けた場合を除き、所定の場所において休憩時間中にしなければなりません。

第4章　勤　務

（所定労働時間）
第30条　所定労働時間は、休憩時間を除き1日について6時間以内、1週30時間以内とし、始業、終業および休憩の時刻は、次のうち、各人ごとに定める時間とします。

勤務	始業時刻	終業時刻	休憩時間	所定労働時間
A勤	午前 8:00	午後 2:45	午前12:00～午前12:45	6時間
B勤	午前10:00	午後 4:45	午後 1:00～午後 1:45	6時間
C勤	午前12:00	午後 6:45	午後 2:00～午後 2:45	6時間

2．前項の始業、終業の時刻は、業務の都合または交通機関のストライキなどにより、全部または一部のパートタイマーに対し、変更することができます。ただし、この場合においても、1日の勤務時間が前項の時間を超えないものとします。

（母性の保護）
第31条　妊娠中の女性パートタイマーが次の請求をしたときは、その時間の勤務を免除します。
①母子保健法による保健指導等を受けるために必要な時間を取ること
　　イ）妊娠23週まで　　　　　　　4週間に1回
　　ロ）妊娠24週から35週まで　　　2週間に1回
　　ハ）妊娠36週以後出産まで　　　1週間に1回

　　　　②通勤時の混雑が母体に負担となる者について、それぞれ30分の範囲で出社時刻を
　　　　　遅らせ退社時刻を早めること
　　　　③長時間継続勤務することが身体に負担となる者について、適宜休憩をとること
　２．前項の他、妊娠中または産後１年以内の女性パートタイマーについて、「母子健康管
　　理指導事項連絡カード」により医師等から指示があった場合は、その指示に基づく
　　業務負担の軽減等の必要な措置を与えます。
　３．１項、２項により勤務しなかった時間は、無給とします。

（育児時間）
第32条　生後１年に達しない生児を育てる女性パートタイマーが、あらかじめ申し出た場合は、
　　所定休憩時間のほか、１日について２回、１回について30分の育児時間を与えます。
　２．前項の育児時間は、無給とします。

（公民権行使の時間）
第33条　パートタイマーが、選挙その他の公務に参加するために必要な時間を請求したとき
　　は、その時間の労働を免除します。ただし選挙等に支障のない範囲で、請求された
　　時刻を変更することがあります。
　２．前項の労働を免除した時間は、無給とします。

（休　日）
第34条　休日は次のとおりとします。
　　　　①毎週、日曜日・土曜日　　　　　②国民の祝日に関する法律に定める休日
　　　　③年末年始（12月○日から１月○日）　④夏季（８月○日から８月○日）
　　　　⑤その他会社が定める休日

（休日の振替え）
第35条　電力事情、交通機関のストライキその他やむを得ない事由がある場合は前条の休日
　　を１週間以内の他の日に振り替えることがあります。この場合は、前日までに対象
　　者を定め、振り替える日を指定し、対象者に通知します。

（時間外および休日労働）
第36条　業務の都合により、所定時間外および休日に勤務させることがあります。
　２．前項の時間外および休日労働を命じる場合で、それが法定労働時間を超え、あるいは
　　法定休日に及ぶときは、労働者代表と締結し、労働基準監督署長に届け出た「時間
　　外および休日労働に関する協定」の範囲内とします。

（妊産婦の時間外労働）
第37条　会社は、妊娠中の女性および産後１年を経過しない女性が請求したときは、法定労働
　　時間を超え、または法定休日もしくは深夜に勤務を命じることはしません。

（非常時災害の特例）
第38条　災害その他避けられない事由により臨時の必要がある場合は、労働基準監督署長の許
　　可を受け、または事後届出により、この章の規定にかかわらず、労働時間の変更、
　　延長または休日勤務をさせることがあります。

（年次有給休暇）
第39条　6ヵ月間を超えて継続勤務しその間の所定労働日数の8割以上を出勤した者、およびその
　　後1年ごとに区分した各期間を継続勤務し所定労働日数の8割以上を出勤した者には、
　　勤続年数の区分および週の所定労働日数ごとに次のとおり年次有給休暇を与えます。

週所定労働日数	勤続年数（年）						
	0.5	1.5	2.5	3.5	4.5	5.5	6.5
4日	7日	8日	9日	10日	12日	13日	15日

3日	5日	6日	6日	8日	9日	10日	11日
2日	3日	4日	4日	5日	6日	6日	7日
1日	1日	2日	2日	2日	3日	3日	3日

2. 前項の出勤率の算定上、次の期間は出勤したものとみなします。
①業務上の傷病による休業期間　②年次有給休暇の取得期間
③産前産後休業の取得期間　④育児休業、介護休業の取得期間のうち、法定の期間
3. 年次有給休暇の取得日に支払う賃金は、所定労働時間労働した場合に支払われる通常の賃金とします。
4. 付与された年次有給休暇のうち次の付与日までに取得しなかった日数は、1年に限り繰り越すことができます。
5. 1項により付与する年次有給休暇の日数が10日以上の者については、そのうち5日を会社が各年休対象期間に取得する時季を指定するものとします。パートタイマーはこれを拒むことはできません。

(生理休暇)
第40条　生理日の就業が著しく困難な女性パートタイマーが請求した場合は、休暇を与えます。
2. 前項の休暇は、無給とします。

(産前産後休業)
第41条　会社は、6週間(多胎妊娠の場合にあっては14週間)以内に出産する女性パートタイマーから請求があった場合は、本人の希望する日から産前休業を与えます。
2. 会社は、女性パートタイマーが出産したときは、8週間の産後休業を与えます。ただし、産後6週間を経過し本人が就業を申し出た場合は、医師が支障ないと認めた業務に限り就業させます。
3. 前各項の休業は、無給とします。

(育児・介護休業)
第42条　「育児・介護休業規程」に定める対象者が申し出た場合は、その規定に基づき育児または介護休業、もしくは短時間勤務制度等を利用することができます。
2. 前項の場合の賃金その他の取り扱いは「育児・介護休業規程」の定めによります。

第5章　賃　金

(賃金の体系)
第43条　賃金体系は、次のとおりとします。
①月例賃金　┬基準内賃金　┬基本給
　　　　　　│　　　　　　├諸手当　┬精皆勤手当
　　　　　　│　　　　　　│　　　　└通勤手当
　　　　　　└基準外賃金　──時間外・休日手当
②臨時の賃金　賞与

(計算期間および支払日)
第44条　賃金の計算期間は、前月21日から当月20日とし、当月25日に支払います。ただし、支払日が会社の休日に当たるときはその直前の日とします。

(非常時払い)
第45条　前条の規定にかかわらず、次のいずれかに該当する場合であって、パートタイマー(パートタイマーが死亡したときはその遺族)の請求があったときは、賃金支払日の前であっても既往の労働に対する賃金を支払います。
①パートタイマーまたはその収入によって生計を維持する者が結婚、出産し、疾病にかかり、災害を受け、または死亡したとき

②パートタイマーまたはその収入によって生計を維持する者が、やむを得ない事由によって1週間以上にわたり帰郷するとき

（支払方法）
第46条　賃金は、原則として本人の指定する本人名義の預貯金口座へ、その全額を振込みにより支給します。ただし、所得税その他法令に定めがあるものは支給額より控除します。
　2．　口座振込みを希望するパートタイマーは、所定の用紙により、本人名義の預貯金口座を会社に届け出なければなりません。

（端数処理）
第47条　賃金の計算上、円未満の端数が生じたときは、パートタイマーにとって有利になるよう切り捨てまたは切り上げるものとします。

（基本給）
第48条　基本給は、時間給とし、各人の能力、経験、その他を総合的に勘案して決定します。

（通勤手当）
第49条　電車、バス等の公的交通機関を利用して通勤する者について、会社が認める最短順路により計算した実費を通勤手当として支給します。ただし、所定労働日数に応じて支給限度を別途定めます。

（精皆勤手当）
第50条　1ヵ月間の出勤成績に応じて、次の区分に従い精皆勤手当を支給します。
　　　　① 欠勤、遅刻、早退、私用外出がゼロの者　　　　5,000円
　　　　② 遅刻、早退、私用外出があわせて2回以下の者　2,000円

（時間外・休日手当）
第51条　会社は、所属長の指示により法定労働時間を超えて（深夜を含む）または法定休日に労働させた場合、次の割増率によって計算した時間外・休日手当を支給します。

	時間外労働	深夜労働	休日労働
割増率	25%	25%	35%

　2．　時間外勤務または休日勤務が深夜に及んだ場合は、深夜勤務の手当を併給します。

（休業手当）
第52条　パートタイマーが会社の責に帰すべき事由により休業した場合は、休業1日につき、平均賃金の6割を支給します。

（昇　給）
第53条　雇用契約を更新する場合、勤務成績、出勤率等を勘案し、時間給を昇給することがあります。

（賞　与）
第54条　賞与は、支給対象期間全てに在籍した者について、毎年7月および12月の2回、会社の業績により支給することができます。
　2．　支給対象者は支給日現在在籍している者とし、次の者には支給しません。
　　　　①賞与支給対象期間中に、出勤停止以上の処分を受けた者
　　　　②その他会社が賞与を支給することについて適当でないと認めた者
　3．　賞与の支給期日はその都度定めます。

（不正受給の返還）
第55条　この規程に定める額を不正に受給した場合、会社はその全額の返還を求めるものとします。この場合、パートタイマーはこれを返還しなければなりません。

第6章　安全衛生

（安全衛生の基本）
第56条　パートタイマーは、安全衛生に関し定められた事項を遵守し、災害の未然防止に努め

なければなりません。

(安全衛生)
第57条　パートタイマーは、危険防止および保健衛生のため、次の事項を厳守しなければなりません。
　　　①安全管理者の命令指示に従うこと　②常に職場の整理整頓に努めること
　　　③通路、非常用出入口および消火設備のある箇所には物を置かないこと
　　　④原動機、動力伝導装置その他これに類する機械設備の始動または停止の操作は、担当者または責任者以外の者は行わないこと
　　　⑤ガス、電気、有害物、爆発物等の取り扱いは、所定の方法に従い慎重に行うこと
　　　⑥危険防止のために使用または着用を命ぜられた保護具、帽子、作業服および履物を使用または着用すること
　　　⑦作業の前後には、使用する装置、機械器具の点検を行うこと
　　　⑧作業中は定められた作業動作、手順、方法を厳守すること
　　　⑨定められた場所以外で許可なく火気を使用し、または喫煙しないこと
　　　⑩前各号の他、安全衛生上必要な事項として会社が定めた事項に従うこと

(健康診断)
第58条　会社は、所定労働時間が週30時間以上、または継続して1年以上勤務しているパートタイマーについて、入社の際および毎年1回、健康診断を行います。パートタイマーは、正当な理由なく、会社の実施する健康診断を拒否することはできません。
　2．有害業務に従事するパートタイマーについては、前項の他、法令の定めに従い定期健康診断を行います。
　3．健康診断の結果により必要がある場合は、医師の指示に従って就業を一定期間禁止し、または職場を換えることがあります。パートタイマーは、この命令に従わなければなりません。

(就業制限)
第59条　パートタイマーが次のいずれかに該当する場合は、会社の指定する医師に診断させ、その意見を聴いた上で就業を禁止することがあります。この場合、パートタイマーはこれに従わなければなりません。
　　　①病毒伝播のおそれのある伝染病にかかったとき
　　　②精神障害のため、現に自身を傷つけ、または他人に害を及ぼすおそれのあるとき
　　　③心臓、腎臓、肺等の疾病で労働のため病勢が著しく増悪するおそれのあるとき
　　　④前各号の他、これらに準ずる疾病にかかったとき
　2．前項の就業制限については、会社に責がないことが明らかな場合、無給とします。

第7章　災害補償

(災害補償)
第60条　パートタイマーが業務上負傷しまたは疾病にかかったときは、労働基準法の規定に従って療養補償、休業補償、障害補償を行います。また、パートタイマーが業務上負傷し、または疾病にかかり死亡したときは、労働基準法の規定に従い遺族補償および葬祭料を支払います。
　2．補償を受けるべき者が、同一の事由について労働者災害補償保険法から前項の災害補償に相当する保険給付を受けることができる場合、その価額の限度において前項の規定を適用しません。

(打切補償)
第61条　業務上の傷病が療養開始後3年を経過しても治らないときは、平均賃金の1,200日分の打切補償を行い、その後は補償を打ち切ることができます。
　2．前項の定めは、労働者災害補償保険法が支給する傷病補償年金に代えることができます。

(災害補償の例外)
第62条　パートタイマーが故意または重大な過失によって負った傷病等について、労働者災害

補償保険法から不支給の決定が出た場合、会社も災害補償を行いません。
（民事上損害との相殺）
第63条　会社は、パートタイマーから業務上災害により民事上の損害賠償を求められた場合、その事故を理由にすでに会社から見舞金その他の名目で支給された額があるときは、その額を損害賠償額より控除します。

第8章　表彰および制裁

（表　彰）
第64条　パートタイマーに、会社の名誉を高める社会的善行、または功労があったときは、その都度審査の上表彰します。
　２．表彰は、賞状のほか、賞品または賞金を授与してこれを行います。

（制裁の種類）
第65条　パートタイマーが本規則および付随する諸規程に違反した場合は、次に定める種類に応じて懲戒処分を行います。ただし、情状酌量の余地があるか、改悛の情が顕著であると認められるときは、懲戒の程度を軽減することがあります。
　①譴責（始末書を提出させ、将来を戒めます）
　②減給（始末書を提出させ、1回の額が平均賃金の1日分の半額、総額が一賃金支払期における賃金総額の1割を超えない範囲で行います）
　③出勤停止（始末書を提出させ、7日以内の期間を定め出勤を停止します。なお、その期間中の賃金は支払いません）
　④諭旨解雇（退職願の提出を勧告します。ただし、これに応じないときは懲戒解雇します）
　⑤懲戒解雇（予告期間を設けることなく即時に解雇します。この場合において労働基準監督署長の認定を受けたときは、解雇予告手当も支給しません）

（制裁となる行為）
第66条　パートタイマーが次の各号のいずれかに該当する行為をした場合は、前条の規定に基づき制裁を行います。
　①正当な理由なく、遅刻、早退、欠勤したとき
　②就業規則その他会社の諸規程に定める服務規律に違反したとき
　③勤務時間中に許可なく職場を離れ、または外来者と面談したとき
　④許可なく立入禁止の場所に入ったとき
　⑤本人の不注意により業務に支障をきたしたとき
　⑥会社において営利を目的とする物品の販売を行ったとき
　⑦会社の金品を盗難、横領し、または背任等の不正行為をしたとき
　⑧会社の建物、施設、備品、商品、金銭等の管理を怠ったとき
　⑨職場の安全および健康に危険または有害な行為をしたとき
　⑩会社の内外において刑罰法令に触れる行為をし、社名を著しく汚し信用を失墜させたとき
　⑪職務上知り得た業務上の重要機密を外部に漏らし、または漏らそうとしたとき
　⑫他の社員に対して、暴行、脅迫、監禁、その他社内の秩序を乱す行為をしたとき
　⑬その他前各号に準ずる程度の行為があったとき

（損害賠償）
第67条　パートタイマーが故意または重大な過失により会社に損害を与えた場合は、損害の一部または全部を賠償させることがあります。

付　則

　１．この規則は、令和　年　月　日から実施します。

[さくいん]

【あ】
- 育児休業 224
- 1年単位の変形労働時間制 75
- 1ヵ月単位の変形労働時間制 64
- 1週間単位の非定型的変形労働時間制 81
- 一定期日払いの原則 132
- 異動（人事異動） 44

【か】
- 解雇 188
- 介護休業 225
- 解雇制限 200
- 解雇予告 202
- 解雇予告手当 202
- 管理監督者 115
- 企画業務型裁量労働制 91
- 休業 160
- 休憩時間 56、99
- 休日 101
- 休日の振り替え 103
- 休職 48
- 競業避止義務 177
- 勤務間インターバル 121
- 計画的付与 164
- 継続雇用制度 191
- 慶弔休暇 172
- 欠勤 180
- 減給 208
- 健康診断 204
- 高度プロフェッショナル制度 118
- 公民権の行使 124
- 雇用確保措置 191

【さ】
- 災害補償 206
- 裁量労働制 85
- 産前産後休業 218
- 時間外労働 57
- 時間外労働・休日労働に関する協定 105、106
- 事業場外労働 83
- 自己都合退職 189
- 児童 214
- 就業規則（変更）届 24、26
- 出向（在職出向） 46
- 出退勤 180
- 出張 45
- 守秘義務 178
- 試用期間 42
- 昇給 152
- 賞与 154
- 所定労働時間 57
- 制裁 208
- 整理解雇 196、199
- 絶対的記載事項 23
- 全額払いの原則 130

- 専門業務型裁量労働制 85
- 早退 180
- 相対的記載事項 23

【た】
- 代休 103
- 退職 188
- 退職金 156
- 代替休暇 141
- 短時間労働者 232
- 断続的労働に従事する者 116
- 遅刻 180
- 懲戒解雇 196、209
- 長期労働契約 38
- 直接払いの原則 130
- 賃金 126
- 賃金体系 148
- 賃金の支払い5原則 128
- 賃金の支払形態 148
- 通貨払いの原則 128
- 通常の労働時間の賃金 137
- 定年 190
- 転籍（移籍出向） 46
- 同一労働同一賃金 240
- 特別休暇 172
- 特別条項付き協定 110

【な】
- 二重就業禁止（兼業禁止） 176
- 妊産婦 216
- 年次有給休暇 160
- 年少者 214

【は】
- パートタイマー 232
- 配置転換 44
- 非常時災害 105
- 比例付与 244
- 服務規律 174
- 普通解雇 196
- フレックスタイム制 68
- 平均賃金 146
- 変形休日制 102
- 変形労働時間制 62
- 法定休暇 160
- 法定労働時間 57

【ま】
- 毎月1回以上払いの原則 132
- みなし労働時間制 83

【や】
- 雇い止め 236
- 諭旨解雇 209

【ら】
- 労働協約 21
- 労働契約 18
- 労働時間 56
- 労働時間の特例 115

【わ】
- 割増賃金 136

287

■著者紹介

岡田 良則（おかだ よしのり）

岡田人事労務管理事務所所長／株式会社ワーク・アビリティ代表取締役、東京都社会保険労務士会会員。

1965年生まれ。日本ビクター株式会社で生産管理に従事、会計事務所勤務、株式会社コンサル・コープを経て、現職。各企業の就業規則の作成、賃金体系・社内諸制度の構築をはじめ、人事全般にわたる指導を手掛けながら、講師、執筆と幅広く活動している。

著書に「働き方改革法で労務管理はこう変わる」「有期労働契約の無期転換がわかる本」「人材派遣のことならこの1冊」「退職・転職を考えたらこの1冊」（自由国民社）、「就業規則と人事労務の社内規程集」（共著、自由国民社）、「事例解説 賃金退職金制度」（共著、第一法規）などがある。

〈執筆協力〉**桑原 彰子**（くわはら あきこ）

岡田人事労務管理事務所／株式会社ワーク・アビリティ マネージャー。
滋賀県社会保険労務士会会員。1975年生まれ。同志社大学商学部卒業。
共著に「就業規則と人事労務の社内規程集」（自由国民社）など。

■連絡先　〒150-0013　東京都渋谷区恵比寿1-30-8　プライムコート恵比寿2F

岡田人事労務管理事務所
TEL　　03-5789-2704
URL　　http://www.okada-sr.com
E-mail　info@okada-sr.com

株式会社ワーク・アビリティ
TEL　　03-5789-2200
URL　　http://www.work-ab.co.jp
E-mail　info@work-ab.co.jp

就業規則をつくるならこの1冊

2019年4月18日　第6版第1刷発行

著　者／岡田良則
発行人／伊藤　滋
印刷所／横山印刷株式会社
製本所／新風製本株式会社
発行所／株式会社自由国民社
　　　　〒171-0033　東京都豊島区高田3-10-11
　　　　販売部　TEL 03-6233-0781／FAX 03-6233-0780
　　　　編集部　TEL 03-6233-0786／FAX 03-6233-0790
　　　　URL　http://www.jiyu.co.jp/

■カバーデザイン・JK／本文デザイン＆組版・小島文代

ⓒ2019 本文記載の無断複写・転載を禁じます。落丁・乱丁はお取り替えいたします。